多文化教育の国際比較

エスニシティへの教育の対応

江原武一　編著

EHARA Takekazu

玉川大学出版部

はじめに

　このところ、先進諸国を中心に世界の多くの国ぐにでは、民族や言語、文化などの相違に起因するさまざまな教育問題が注目されている。世界的な規模で国際化・ボーダーレス化が急速に進んだため、外国人労働者や国内の少数民族などの社会的な統合や処遇が社会問題化し、彼らの子どもに対する教育機会の整備も重要な解決課題としてとりあげられるようになったからである。また国民国家という理念的な国家モデル、つまりその国の住民は政治的共同体を構成する国民として同等の権利と義務をもつとともに、文化的共同体の成員として同じ民族文化を共有しているとみなす国家のイメージも大きくゆらぎ、そのあり方が問われているが、それにともない、国民国家の国民的統合は普遍主義的な公教育の拡充整備によって達成できるという教育観も根本的に問い直され、多文化社会にふさわしい新たな公教育像と、それにもとづいた教育制度の再編整備が求められるようになった。

　こうした状況に対処するために、北米や西ヨーロッパの国ぐに、あるいはオーストラリアなどの教育現場では七〇年代以降、多文化主義（文化的多元主義）に立脚した多文化教育（multicultural education）が導入され、社会を構成する人びとの文化的・民族的背景の相違に配慮した教育が展開されてきた。多文化教育の考え方からみると、どの国も事実上多民族によって構成されているが、そうした多種多様な文化的・民族的背景をもつ青少年、とくに先住民、移民、外国人労働者、定住外国人、その他の少数民族集団など、社会的に不遇な立場にある少数文化者集団（エスニック・グループ）の子どもに対して平等な教育機会を制度的に保障することは、彼らにとってだけでなく社会の主流派の人びとにとっても、また社会全体にとっても非常に重要な教育課題であり、そのために、彼らのエスニシティ（民族性）や文化的特質を尊重する教育を確立することがめざされている。

本書では、この多文化教育に先進的にとりくんできた六つの主要国に注目して、公教育におけるエスニシティ（民族性）への対応を中心に、その実態や理念的・政策的・実践的諸問題を系統的・総合的に研究するとともに、わが国におけるこの分野の実状と教育課題を体系的に検討することにより、国際比較の観点から、多文化教育の可能性と限界を明らかにすることを試みた。なお日本比較教育学会では、この分野の研究に早い時期からとりくみ、世界の主要国における学校教育改革の動向をはじめ、多文化教育やマイノリティ教育の問題などに関する調査研究を積み重ねてきたが、本書はその研究実績をふまえて実施された日本比較教育学会の共同研究の成果を、次のような二部構成でまとめたものである。

はじめにⅠ部「公教育における多文化教育の展開」では、公教育におけるエスニシティへの対応を中心に、各国の多文化教育の展開過程や理念、実態、課題などを明らかにする。本書全体の導入をかねた一章「公教育における多文化教育の展開」に続いて、分析の対象国としてとりあげたのは、多文化教育の先進的な主要国であるアメリカ（二章）、カナダ（三章）、イギリス（四章）、ドイツ（五章）、フランス（六章）、オーストラリア（七章）の六カ国および日本（八章）である。どの章でも、それぞれの国の多文化教育の全体像が系統的にまとめられているが、それと同時に、各国の多文化教育の特徴を際立たせるために、ポイントを絞った分析も行われている。二章のアメリカの分析でとくに注目しているのは、マイノリティ教育の歴史と二言語教育の問題であり、三章のカナダでは、ケベック問題もからんで複雑な公用語教育と宗教教育の問題や、先住諸民族の教育課題に焦点があてられている。

西ヨーロッパの国ぐにのうち、四章にまとめられたイギリスの多文化教育の動向でとくに注目しているのは、反人種差別教育の展開と多文化教育に対する保守党の教育政策の影響である。また五章のドイツの研究では、異文化間教育の理念と実践が具体的な授業場面や教材の分析を通して明らかにされており、六章のフランスでは、統合化政策にもとづいた市民になるための教育の特徴と課題がとりあげられている。七章のオーストラリアの分析では、多文化教育がどのように公教育のメインストリームにくみこまれてきたのか、その過程がとくに詳細に検討されている。そして日本の多文化教育の実状と教育課題をまとめた最後の八章では、オールドカマーとその子孫、つまり二世、三世が中心になりつつある永住外国人の子女教育に分析のポイントを絞って、多文化化した日本社会における公教育の問題点が系統的に論じられている。

II部「多文化教育の諸問題」は、カナダの多文化教育理論を理論的に検討した章と、オーストラリアおよび日本の多文化教育について、具体的な教育政策や教育実践活動を比較の観点から整理したり、さらに深く掘り下げて詳細に分析するとともに、それぞれの立場から、今後の課題と方向性を論じた章によって構成されている。一章でとりあげたジム・カミンズのエンパワーメント理論は、カナダのみならず各国の多文化教育研究でも高く評価され、その理解と適用がはかられている実践的な多文化教育理論である。オーストラリアの多文化教育政策を論じた二章と三章のうち、二章では、アボリジニーやトーレス海峡島しょ民といった少数文化者集団に対する教育を公教育のなかで保障しようとする教育行政の具体的な対応が、クイーンズランド州を中心に構造的に明らかにされている。また三章では、言語教育政策の州間比較を通して、オーストラリア以外の社会でも共有できるような、多民族に対応する言語教育政策の一般的な指針を構築することが試みられている。どちらの章でも、複数の人種や民族をかかえた多文化社会であり、しかも分権的な連邦制を採用しているオーストラリアにおける多文化教育を実状に即して理解するために、連邦段階、州段階、州内の地区段階まで視野に入れて、体系的な分析が行われている。

最後の三つの章はいずれも、日本の多文化教育をテーマにした章である。そのうち四章では、ニューカマー、つまり新来外国人労働者の子どもの教育に対して、日本の学校が実際にどのように対応してきたのか、その実態を批判的に検討することによって、日本の公教育における多文化教育の展望と可能性を探ることが試みられている。日本の公教育とイスラームとの本格的な接触ははじまったばかりだが、五章の課題は、日本におけるムスリム（イスラーム教徒）の教育問題とその特殊性を、歴史的な考察と教育実践の事例分析をふまえて考察することである。また六章では、他者との共生にとって望ましいコミュニケーションの確立をめざす多文化教育の観点から、小学校における外国語教育の考え方と実践が分析され、その成果をふまえて今後の方向性が考察されている。

この本に収めた研究成果が、多文化教育はもとより、広く民族や言語、文化などの相違に起因する教育の諸問題に関心のある人びとや、現在転換期にある日本の学校教育をめぐるさまざまな問題と、その改革のゆくえに注目している人びとにとって、何かお役に立てれば幸いである。

なお本書のもとになった共同研究は、平成八～九年度文部省科学研究費補助金・基盤研究（A）の交付を受けて、「多文化教育に関する総合的比較研究――公教育におけるエスニシティへの対応を中心に」（研究代表者 江原武一、研究課題番号 〇八三〇一〇二五）という研究課題で実施され、その成果の一部はすでに同名の研究成果報告書として公刊されている。この共同研究に専門的な立場から積極的に参加していただいた研究分担者、研究協力者の方々に、あらためて厚くお礼申し上げげたい。また本書は日本学術振興会の平成一一年度科学研究費補助金「研究成果公開促進費」（一般学術図書）の交付を得て刊行されるものである。玉川大学出版部の髙野修司氏には申請用の書類の作成や原稿の修正、調整などで大変お世話になった。この他にも日本比較教育学会の関係者をはじめ、実に多くの方々からいろいろな形でご援助いただいた。この場を借りて、お礼を申し上げげたい。

平成一一年七月二一日

江原武一

多文化教育の国際比較

目次

II　多文化教育の諸問題

I

公教育における多文化教育の展開

一章　公教育における多文化教育の展開

1　多文化教育の背景

言葉の意味

この本は、最近、教育の分野で注目されている多文化教育について、エスニシティへの教育の対応を中心に、国際比較の観点から明らかにしようとした共同研究の成果をまとめたものである。この章では本書全体の導入をかねて、はじめに、いくつかの重要な言葉の意味について整理した後、多文化教育が出現した社会的背景について検討する。おもな社会的背景としてとりあげるのは、(1)先進諸国における少数民族問題の社会問題化、(2)少数民族あるいは少数派の異議申し立ての活発化、(3)国民国家という国家モデルの再構築の動向である。さらに一九七〇年代以降の社会的背景として、七〇年代の二度にわたるオイルショック（石油危機）と九〇年前後の社会体制の再編成にも注目する。それに続いて、この章の後半では、多文化教育の基本的な特性をそのカリキュラムに対する四つの考え方、つまり(1)文化理解、(2)文化能力、(3)文化解放、(4)批判的文化解放の特徴を中心にまとめ、各国で推進されている多文化教育の実状を概観した後、今後の方向を論じる際に考慮すべきポイントについてコメントしてみたい。

なによりもまずはじめに、いくつかの重要な言葉の意味について整理しておこう。どの言葉もとくに定評のある定義があるわけではないし、この本でも論者によってそれぞれ少しずつ異なる意味をこめて使われているが、あらかじめ大まかなイメージを描いておく必要があるからである。

第一に、この本の最も重要なキーワードである多文化教育については、とりあえず次のように定義しておきたい。つまり多文化教育（multicultural education）とは、事実上、多民族によって構成されている現代の国民国家において、多種多様な文化的・民族的背景をもつ青少年、とくに先住民、移民、外国人労働者、定住外国人、その他の少数民族集団など、社会的に不遇な立場にある少数文化者集団（エスニック・グループ）の子どもに対して平等な教育機会を制度的に保障するために、彼らのエスニシティ（民族性）や文化的特質を尊重する教育理論および教育実践活動のことをいう(1)。

なおこの言葉はおもにアメリカや英連邦諸国などのアングロサクソン文化圏で使われているが、ドイツやフランスなどのヨーロッパ大陸諸国では、ほぼ同じ意味をもつ言葉として「異文化間教育」がよく使われている。したがってそうした国ぐにを対象にした研究では、多文化教育よりも異文化間教育を使用した方が、実状に沿った分析ができるだろう。しかし二つの言葉に関する理論的考察や具体的な政策、教育実践を比較してみると、両者の間にそれほど大きな違いはない。また関連した用語として「多文化主義」や「多文化社会」といった言葉が使われることも多いので、ここではとりあえず「多文化教育」を使うことにしたい(2)。

第二に、多文化教育の定義にも含まれているエスニシティ（民族性 ethnicity）とは、身体的特徴や出自、言語、宗教、生活様式（服装、髪型、食事、家族構成など）といった客観的な特徴と、同類意識（われわれ意識）や所属・共属・帰属意識といった主観的な特徴を含めた文化的・心理的特性を共有していると、自分たち自身または他者によって認められた人びとによって構成される集団の特性を総称する言葉である。そしてそうした特性を共有している集団を少数文化者集団という。エスニシティやエスニック・グループという言葉は、ある国民国家内の多数派にも少数派にも、また社会的に有利な立場にある集団にも不利な立場にある集団にもあてはめることができる。しかしこれらの言葉は一般的には（マレーシアのような例外もあるが）、その人口規模の面で少数派であり、社会的にも主流派に比べると不遇な立場にある集団について議論するときに使われることが多い。エスニック・グループを「少数文化者集団」と訳したのは、こうした研究の現状を考慮したからである。[3]

第三に、公教育（state system of education）についても、簡単に触れておく必要があるだろう。この言葉は第二次大戦後の日本の教育学研究でもよくとりあげられ、専門的な論議が積み重ねられてきた。それだけでなく教育裁判をはじめ具体的な政治や行政の場面でも論議を呼んできた言葉だが、近代に成立した公教育とは一般に、国民国家や地方自治体などの公権力が管理運営し、(1)義務性、(2)無償性、(3)世俗性（宗教的中立性）を備えた学校で行われる教育をいう。この公教育の背景にある理念は、教育は人間の基本的権利であるとともに、社会を構成する者の義務でもあり、公権力はそうした教育の機会を信仰や信条にかかわらず国民すべてに対して平等に保障する、宗教から自由な学校制度を整備する必要があるという考え方である。なお学校教育の公共性や私立校への公権力の実質的な関与を考慮すると、国公立校だけでなく私立校の教育も公教育として位置づけられる。また教育段階でいえば、初等中等教育段階の教育を中心に考えるのが一般的である。[4]

社会の変化と多文化教育の出現

多文化教育は一九七〇年代以降、北米や西ヨーロッパ、オーストラリア等の先進諸国を中心に注目されるようになった。この多文化教育が出現した社会的背景としては、次のようなことが考えられる。

第一は、国境を越えた人口移動が急速に進み、多くの先進諸国で少数民族問題が社会問題化したことである。この国境を越えた人口移動は、もともと移民によって建国されたアメリカやカナダ、オーストラリアなどへの通常の移民の増加や、植民地からの独立戦争や米ソの対立を反映した局地的な代理戦争などの政治的な理由による亡命者や難民の旧宗主国等への流入などによってももたらされた。しかし最も重要なのは、第二次大戦によって壊滅的な打撃を受けた経済が六〇年代以降、活発化するにつれて、多くの先進諸国で未熟練労働者や非熟練労働者を中心に、大量の外国人労働者を受け入れるようになったことである。

二〇世紀後半の五〇年間の人口移動で特徴的なのは、第三世界から先進諸国への人口移動と冷戦期におけるヨーロッパ諸国間の人口移動が多かったことである。たとえば西ヨーロッパだけに限ってみても、一六〇〇万人が北アフリカや中東、アジア、あるいは東ヨーロッパや南東ヨーロッパから流入した。アメリカは総人口の八%にあたる二一〇〇万人の移民を受け入れた。オーストラリアの総人口のほぼ四分の一、カナダの総人口の一五%は外国生まれである。日本は先進諸国のなかで最も同質性が高いと考えられているが、それでも七〇万人の韓国・朝鮮人を含めて一二〇万人の外国人をかかえている。(5)

こうした外国人の存在は、その数が少なく、しかも出稼ぎ労働者として短期間滞在して帰国する場合にはそれほど大きな社会問題になることはない。しかし彼らの数が増えただけでなく、その多くが長期にわたって滞在し、家族をもち、子どもや孫が生まれるようになるにつれて、どの国でも彼らを社会的にどのように統合したり処遇するかが問われ、社会保障制度の適用や住宅問題、宗教上の処遇などと並んで、彼らの子どもに対する教育機会の整備も重要な課題になった。

第二は、第二次大戦後、急速に浸透した基本的人権思想や平等主義思想の影響を受けて、少数民族あるいは少数派の異議申し立てが活発になったことである。国際連合の「世界人権宣言」(一九四八年)や「人種差別撤廃宣言」

（一九六三年）などの国際的合意は、発展途上諸国だけでなく先進諸国にとっても、社会変革を促す重要なメッセージを含んでいた。

たとえばアメリカの黒人の差別撤廃をめざした公民権運動は五〇〜六〇年代にピークをむかえたが、この運動はその後、ネイティブ・アメリカンやヒスパニック、プエルトリコ系、アジア系などの少数派にも波及した。さらに東欧系やユダヤ系などの白人の内部からも異議申し立てが行われ、ワスプ（ＷＡＳＰ）文化への同化を基本とするアメリカ化から、さまざまな民族の文化を尊重する方向への転換が模索されるようになった。またカナダのケベック州では、連邦レベルでみれば多数派だが州内では少数派にすぎないイギリス系住民の経済的支配と社会的優越に対して、多数派であるフランス系住民の不満が顕在化するようになり、六〇年代には「多様性を受け入れた上での統一」をめざす「静かなる革命」が進められ、教育の大改革が行われた。この路線はその後さらに拡大し、カナダはフランス系住民の権利の要求の時代から、九〇年代は先住民の権利の擁護を前面に掲げる時代に入ったといわれている。[6]

第三は、ナショナリズムにもとづいた国民国家という国家モデルのあり方が問われ、その再構築が求められるようになったことである。ナショナリズムとは一般に、あるネーション（国民、民族）の統一、独立、発展をめざす人びとの意識と運動を意味し、国民国家（nation-state）とは、ある国に住む人びとのすべてあるいは主要な部分が、自国の独自性と自分たちの共属性を意識して一体感をもち、政治的に実現した独立の統一主権国家を意味する。この国家モデルでは、その国の住民は政治的共同体を構成する国民として同等の権利と義務をもつとともに、文化的共同体の成員として同じ民族文化を共有しており、しかもこの政治的共同体と文化的共同体の範囲は一致していると想定されている。また国民国家は、こうした同質性からの逸脱に対して監視や規制を行ったり、異質な人びとを同化する装置として、法律や学校、軍隊、官僚機構などを備えている。

この国民国家の建設は一九世紀以降ヨーロッパではじまり、第二次大戦後、植民地からの独立を達成した新興諸国でも、国民国家の形成が国家建設の建前として採用された。しかしその過程で明らかになったのは、国民国家の理念と実態の間に大きな乖離がみられたことである。多くの新興諸国の国境線は旧宗主国が線引きした植民地の境界線に沿ったものだったので、その地域で歴史的に形成されてきた文化的共同体を分断した形で決められたが、その結果、国境内に多くの異質な民族集団をかかえこみ、さまざまな紛争や対立をひきおこした。

国民国家の先行例ともいえるヨーロッパ諸国でも、その歴史を少し詳細にふりかえってみれば、実際には多種多様な少数民族をかかえこんでおり、その権利の回復や同化の拒否をめざす地域主義・分離主義運動がくりひろげられてきた。また国民国家の競合が二度にわたる世界大戦を招いたことも国民国家の限界をはっきりさせ、民族や国家の間の協調を求める国際主義（インターナショナリズム）の具体化を促したといってよいだろう。(7)

このように国民国家という国家モデルは世界的規模で普及したが、そのあり方は現在大きくゆらいでいる。とくに問題なのは、どの国でも文化的共同体としての国民国家はけっして一枚板ではなくて複数の文化を含んでおり、しかも政治的共同体と文化的共同体の範囲が必ずしも一致していないことである。ところが実際には、ほとんどすべての国はなによりも政治的共同体としてまとまりのある国民国家として存続、発展することをめざしている。したがって各国にとって当面の課題は、対外的には国民国家の連合組織である国際連合やEU等への参加、あるいは国際条約や国際協約等の締結といった、さまざまなルートを通して国家間の協調と協同をはかりながら、対内的には複数の文化の共存を前提にして政治的共同体としての統一を実現することである。近年よく使われる「国際化」はこうした国民国家の姿勢を含んだ言葉として理解すべきだろう。

ある社会の内部に複数の文化が共存することを積極的に評価する多文化主義（multi-culturalism）が幅広い関心を集めるようになったのは、このような背景があるからである。それにともない、国民国家の国民的統合は同質の文化を背景にした普遍主義的な公教育の拡充整備によって達成できるという、それまで自明とされた近代公教育のあり方も問い直され、その再編整備をはかる有力な方策の一つとして、多文化主義に立脚し、社会を構成する人びとの文化的・民族的背景の相違に配慮する多文化教育が注目されるようになった。

第四に、多文化教育をめぐる七〇年代以降の社会的背景として、とりあえず先進諸国の経済構造を大きく変える契機になった七三年と七九年のオイルショックと、八九年のベルリンの壁の崩壊や九一年のソ連の社会主義体制の解体をはじめとする社会体制の再編成をとりあげておこう。

二度にわたるオイルショックにより、六〇年代から七〇年代初頭にかけて経済成長を続けていた多くの先進諸国は、経済の低成長時代に移行した。産業構造も重化学工業部門が衰退し、代わって高度技術産業部門や銀行、保険、証券などのサービス経済部門が成長した。こうした変化は多文化教育に対して、次のような影響を及ぼした。一つは、多くの国はそれまで経済的繁栄を底辺で支える労働力として外国人労働者を積極的に受け入れてきたが、その受け入れを制限するようになったことである。また雇用機会の縮小による自国民と外国人労働者との競合をはじめ、さまざまな葛藤や対立が発生し、少数民族問題がいっそう社会的な関心を集めるようになった。もう一つは、多くの国で公的財源の不足により、肥大化した国家の役割が見直されるようになったことである。中央政府の権限を拡大し、高福祉・高負担政策をめざす「大きな政府」から、経済面での自由放任と福祉政策の大幅な縮小を進め、自助努力を重視する「小さな政府」への転換がはかられた。(8)

少数文化者集団の子どもに対して平等な教育機会を制度的に保障しようとする多文化教育はどちらかといえば、「小さな政府」よりも「大きな政府」によって採用されやすい教育実践活動である。しかしオイルショックによる経済の低成長時代への移行により、その実施は限られた公的財源を活用して行うことを余儀なくされている。もっとも見方を変えれば、民族や言語、文化などの相違に起因する教育問題は、それまでの公教育を膨大な経費を投入して拡充整備しても解決できないことがわかり、その行き詰まりを打破し、新たな再編整備をはかる方策の一つとして、多文化教育に関心が集まるようになったといった方が正確なのかもしれない。

九〇年前後を境とする社会体制の再編成は、国境を越えた経済活動をいっそう促した。資本主義のグローバル化は超国家企業（多国籍企業）を中心に、これからさらに進行すると考えられる。それはまた一面では、西欧文化、とくにアングロサクソン文化による世界文化の一元化・画一化の傾向がますます強まることを意味する。(9)

近代化の過程では、西欧文化圏以外の人びとは自国の文化に対する自信を喪失したり、近代化のために改変したり、伝統文化を消し去ったりしたが、それでもなお歴史が示すように、それぞれの近代化が可能であった。また国際化も国民国家の存在を前提にしており、国家間の協調と協同をはかるものなので、それぞれの国民国家がヒト・モノ・カネを自律的にコントロールすることを想定している。しかし圧倒的な経済力の行使とその背後にある軍事力を背景にしたアングロサクソン文化によるグローバル化が要求しているのは、細部を省略してやや誇張していえば、弱肉強食、優勝劣敗、適者生存の世界で生き残ることである。

したがって現代の国民国家は、一方でそうした対外的な競争に勝てる強い文化を確保したり、国境を越えて役立つ人材を育成するだけでなく、自国の文化や、国内の少数文化者集団の文化を尊重する教育を模索することを多文化教育に期待している。たとえばフランスが自国の文化を擁護してアメリカと対抗する姿勢を強めながら、公的領域である学校では宗教的な目立つ行為を禁止し、学校の規則にもりこまれた民主的な価値に賛同させ、各個人の文化的・民族的な問題は私的領域に属するものとして各家庭に任せるという、統合化政策にもとづいた外国人（移民）子弟への教育的対応を打ち出しているのは、こうした対応の一つのあらわれであるように思われる。(10)

社会体制の再編成のインパクトとしてもう一つ指摘しておきたいのは、資本主義諸国の人びとにとって、自国における労働党や社会民主党などの社会主義的な政党や政治団体の位置が、旧ソ連や旧東ドイツといった社会主義諸国が存在していた時代と比べて大きく変わったことである。つまり今日では、政権交代は必ずしも革命や体制変換につながるわけではなく、漸次的で実現できそうな体制内変革を進めることが求められている。近代以降の歴史をたどってみると、物質的進歩を効率的に促し、豊かな社会をもたらすのは資本主義だけかもしれない。しかし資本主義の弊害はこれまでもくりかえし論じられてきており、資本主義がこれから人道的なものになるという保証もあるわけではない。社会主義的な政党や政治団体にとって、こうした批判的な声をどのように政治的に集約するかはきわめて重要な問題である。

多文化主義と多文化教育

多文化教育は多文化主義（文化的多元主義）と密接に結びついている。多文化主義とは一般に、ある社会の内部に複数の文化が共存することを積極的に評価しようとする考え方や運動を意味する。この多文化主義が七〇年代以降、とくに社会的な注目を浴びたのは、カナダやオーストラリアといった、もともと移民によって建国され、複数の人種や民族をかかえた国であり、分権的な連邦制を採用している国である。この二つの国では現在、多文化主義は国家統合のためのシンボルともなっている。その他の先進諸国でも多くの場合、多文化主義は望ましい「規範」であり、実現すべき「目標」とみなされている。ただし大部分の発展途上諸国にとっては、多文化は規範というよりも現実そのものであり、多文化主義は国民国家としての統一や国民の形成に対してブレーキともなりうることに留意する必要があるだろう。(11)

この多文化主義にもとづく国家観を端的にあらわす言葉として、「るつぼ」と対比させながらよく使われるのは、「レインボー」や「シチュー」、「サラダボール」などである。国民国家という器を「るつぼ」ととらえる考え方では、たとえ質的に異なる複数の文化が国内にあっても、それらはしだいに融合し、そこから新しい文化が生まれるとみなされている。複数の金属から一つの合金が作られるように、複数の文化は融合することにより質的に変わり、一種のメタ文化が作られるという発想である。したがって長い目でみれば、政治的共同体と文化的共同体の範囲は一致すると考えられている。これに対して多文化主義の立場では、個々の文化は必ずしも変化する必要はなく、国民国家という器のなかで、それぞれの特質を保持しながら、全体としてゆるやかなまとまりをもつ多文化社会が想定されている。

ただしここで強調する必要があるのは、多文化主義にもとづく国家観では、たしかに国内の文化的多様性が公的に承認されているが、他方で、多くの場合そうした複数の文化を結びつけるものとして、国内のすべてのコミュニティや集団に受け入れられる共通の文化が存在すると認識されていることである。そうした共通項がなければ、国内が文化的にひび割れた状態になり、国民国家としての統合や発展が確保できないからである。

この共通の文化は同じ先進諸国の間でも国によって異なるが、おおよそ次のような内容を含んでいる。つまりそれらは生命の保護や自由な言論、宗教の自由な実践といった人間の基本的権利の承認、社会活動や私的生活、職業選択における個人的な意思決定の尊重であり、あるいは議会制民主主義の是認、機会均等の重視などである。それに加えてその国の主流派であり多数派の言語を国語や公用語として使用することや、近代社会で通用する一定の基礎学力も共通の文化として位置づけるべきだろう(12)。そして多文化教育に期待されているのは、国内の文化的多様性を尊重すると同時に、こうした共通の文化にもとづく国民国家としての統合や発展をはかるために、教育機会をどのように整備していけばよいかということである。

ところでこのようにみると、多文化主義や多文化教育の考え方は、産業革命以来、世界システムのなかで主導的な役割を演じ続けてきた、西欧生まれの国民国家の再編成をめざすイデオロギーといってよいかもしれない。アンダーソンのいう「想像の共同体」としての「国民」像を確立することが近代化の実現をめざす発展途上諸国の課題だとしたら、先進諸国は同じ課題への対応を、脱工業化の段階であらためて行うために、多文化主義や多文化教育を推進しようとしているように思われる。[13]

2　公教育と多文化教育

多文化教育の基本的特性

それでは多文化教育の考え方にはどのような特徴があるのだろうか。アメリカの教育における人種的不平等に対する多文化主義政策の類型化を試みたマッカーシーの整理を参考にすると、多文化教育のカリキュラムに対する考え方は、(1)文化理解（cultural understanding）、(2)文化能力（cultural competence）、(3)文化解放（cultural emancipation）、(4)批判的文化解放（critical cultural emancipation）の四つに大きく分けられる。[14]

これらの四つの考え方はいずれも、ある社会の内部に複数の文化が共存することを積極的に評価し、とくにその社会の主流派で支配的な集団よりも少数文化者集団の文化遺産のプラス面を強調する。たとえばアメリカについていえば、四つの考え方はいずれも、次のような国家観や教育観を前提にしている。(1)国民国家としてのアメリカは文化的・民族的に多様な国家である。(2)この文化的多様性はアメリカを強力な国家として発展させるのにプラスに作用してきた。(3)アメリカのすべての少数文化者集団は、それぞれその方法は違うにしても、これまでアメリカの発展に貢献してきた。(4)しかし過去の教育システムは、そうしたアメリカ社会の多文化主義的な見方を十分に促進してこなかっただけでなく、特定の少数文化者集団に対する差別と偏見を助長してきた。

こうした前提をふまえて、第一の文化理解の考え方では、文化相対主義の立場から、すべての社会集団や少数文化者集団は公的に同等の価値をもっていると考え、相互の異文化理解が重要なことを強調する。異文化理解の具体的な内容として重視されるのは、異なる少数文化者集団間のコミュニケーション能力の発達、民族的な違いに対する敬意の育成、人種問題や民族問題についての月並みな思い込みの是正、少数文化者集団や恵まれない人びとに対する肯定的な態度の発達などである。この考え方の支持者は、学校がすべての生徒の文化的価値を高める方向に改革されることを期待している。また学校と教員に求められるのは、教室で文化的な豊かさを提供したり、生徒同士の異文化の理解と受容を手助けすることにより、学校と社会における人種間の緊張や少数文化者集団相互の対立と葛藤を解消し、人種間の調和と社会的・人種的相違に対する寛容を促進することである。

第二の文化能力の考え方では、多文化主義（文化的多元主義）の価値観が学校のカリキュラムの中心に置かれるべきだと考え、生徒は自分自身の文化遺産に加えて、他の集団の言語や文化を修得したり、駆使できるようになることを重視する。少数文化者集団の生徒はそうした能力を身につけることにより、エスニック・アイデンティティ、つまり自分自身の文化的・民族的アイデンティティを獲得したり維持できるだけでなく、白人が支配的な主流社会で活躍したり、他の少数文化者集団とスムーズに交渉することができるようになるからである。それと同時に白人の生徒もまた、少数文化者集団の言語と文化について親しんだり学ぶことが期待されている。

したがって学校や教員の役割は、生徒がそれぞれのエスニック・アイデンティティを獲得したり、異文化集団についての知識や複数の文化にまたがる能力を発達させるのを助けることである。ただしこうした多文化教育を効果的に進めるには、教員はそれぞれの少数文化者集団の生徒に固有の言語や文化の理解をはじめ、かなり高度で個別的な知識や技能を求められる。また多くの少数文化者集団の言語や文化をカリキュラムのなかに統合する作業は、それほど簡単に実現できることではない。

第三の文化解放の考え方によれば、現在の学校のカリキュラムは白人の中産階級の文化や価値観を中心に構成されているため、少数文化者集団の生徒の人生経験や文化的背景との間に大きなズレがある。学校の教員も白人が多く、社会階層の点では中産階級に所属しているので、彼らに対して誤った先入観をもちやすい。このような現状を打破するために、文化解放の考え方では、これまで軽視されてきた少数文化者集団の文化遺産や歴史、経験を正式に学校のカリキュラムに含めて平等に扱うべきだと主張する。少数派の生徒のエスニック・アイデンティティを抑圧したり、学習の機会を差別的にゆがめやすい教員の態度や教授法の改善も重要な課題である。そしてこうした改革は、少数文化者集団の生徒の自己像の形成にプラスに作用し、その結果として彼らの学力の向上や、さらに卒業後のライフチャンスの拡大にも役立つと考えられている。

この第三の文化解放は社会改造主義的な多文化教育の構築をめざしている。少数文化者集団の生徒を抑圧するカリキュラムの内容や教員の態度、教授法などを改善すれば、彼らの学力は向上し、さらに労働市場で通用する能力や資格を手にしたり、よりよい就職機会を得ることができるとみているからである。これは文化理解や文化能力の考え方が教科書や教室での教育実践などといった学校内の問題に焦点を限っているのと比べると、多文化教育の社会的効果まで視野に含めている。

しかしたとえ少数文化者集団の若者が高い学歴や資格を獲得しても、実際には就職の際に人種や社会階層によって不利な処遇を受けているのはよく知られたことである。またカリキュラムに含まれる知識の内容や学校の内部にみられる差別的な学習機会は、学校外の不平等な社会構造によって影響を受けているので、学校内の部分的な改革だけですべての問題が解消されるほど脆弱なものではない。さらに文化解放の考え方では、既存のカリキュラムに少数文化者集団の文化を含めることを主張しているが、この戦略は西欧文化中心のカリキュラムに多様性をつけ加えることだから、逆説的にいえば、従来の西欧文化中心のカリキュラムを正当化していることになる。それだけでなく、西欧文化やアメリカ文化という言葉が批判的に吟味されないまま使われているのも問題である。西欧とアメリカはけっして同じものではなく、しかもどちらも時代とともに変化してきているからである。

第四の批判的文化解放の考え方では、こうした批判をふまえて、学校のカリキュラムを文化的に多様なものにする際には、アメリカ社会でこれまで社会的に抑圧されたり、不当な処遇を受けてきた集団の多様な経験や価値観を中心にすえて、その内容を構成すべきだと主張する。それは白人の男性で中産階級出身の人びとの経験や価値観ではなく、少数文化者集団や労働者階級出身の女性や男性がもつ経験や価値観を中核にしてカリキュラムを再編成することをめざしている。この社会的に恵まれない人びとの人間的な関心を優先させたカリキュラムは、社会的な不平等の重荷を背負った人びとが複雑で差別的な社会に参加するために必要なのである。

批判的文化解放の考え方のポイントは、社会的に不利な条件をもった人びとの立場から多文化教育を構想しようとしていることである。ここで重要なのは、彼らを社会の主流派の人びとから区分する条件は、エスニシティも社会階層も性別も生得的な条件であり、彼らが自分自身の社会生活のなかで個人的に変えることができないことである。またこの考え方では、知識は社会的に生産されるものであり、そのなかでどれを学校のカリキュラムに含めるかは従属的な地位にある集団間の協議によって決められると考えられているので、人びとは個人ではなく集団としてこの問題に対処することを要請されるが、こうした見方は必ずしも幅広い社会的な支持を得ているわけではない。

これまでの紹介からもわかるように、四つの考え方が構想する多文化教育はそれぞれ微妙に異なっている。実施可能性の観点からみると、実施しやすいのは文化理解と文化能力の考え方にもとづいた多文化教育である。文化理解の多文化教育は特定の少数民族について学習したり、複数の少数文化者集団について総合的に学習する民族学習コースや、人間関係のあり方の改善をめざす人間関係プログラム、第二言語教育などとして部分的に学校のカリキュラムに導入されている。二言語教育や二文化教育は文化能力の考え方にもとづいた多文化教育の具体例といってよいだろう。またアメリカの州のなかには、この二つの考え方をくみこんだ多文化教育政策を実施しているところ

も少なくない。(15)

これに対して、文化解放や批判的文化解放の考え方にもとづいた多文化教育は、少なくともアメリカの場合、教育研究における議論や、いくつかの州や学区における実験的な教育実践活動のレベルにとどまっている。文化解放の考え方では、これまで軽視されてきた少数文化者集団の文化遺産や歴史、経験を正式に学校のカリキュラムに含めるべきだと主張し、社会改造主義的な多文化教育の構築をめざしている。また批判的文化解放の考え方では、社会的に不利な条件をもった人びとの立場から多文化教育を構想し、既存の学校教育を根底から改革しようとするが、こうした発想はアメリカ社会の主流派にとって脅威であり、移民によって建国された国という神話が定着したアメリカでは、少数文化者集団を含めて社会の多数派の支持を得るのもそれほど簡単ではないからである。とくに批判的文化解放の考え方にもとづいた多文化教育は、平等な教育機会の制度的な保障を個人ではなく集団のレベルで実現することを主張しているので、その実施には多くの障害が予想される。

もっとも、多文化教育の意義をその実現可能性だけで評価するのはあまり生産的ではない。現状を鋭く批判する理論や根底的な改革をめざす改革ほど、その実現には時間とコストがかかるからである。またアメリカ以外の国に目を向ければ、示唆に富む事例を見出すことができる。たとえば北米やヨーロッパ、オーストラリアの多文化教育を概観したエルダリングも明らかにしているように、カナダにおけるフランス語系と英語系の学校制度の共存や、ベルギーにおけるフランス語系とフラマン語系の学校制度の並立、オランダにおける宗教立学校の並立などは、集団レベルで平等な教育機会の制度的な保障をめざす政策といってよいだろう。また既存の学校制度をさらに多文化的なものにするために、カリキュラムだけでなく、教授方法、教員や学校管理者の構成などを文化的に多様化する方策も、さまざまな立場から試みられている。(16)

多文化教育と学校改革

国際連合の加盟国と南アフリカなど数カ国の非加盟国を対象に、各国の多文化教育の実状を調べた国際調査がある。それによると、少数の限られた国を除けば、公教育における多文化教育の推進はようやくはじまったところである。[17] 多文化教育の教育課題としての優先順位が低い国や、政治的に微妙な問題であるためにその推進に消極的な国も少なくない。しかし社会内の複数の文化の間にみられる対立や葛藤は最近、とくにアメリカや南アフリカなどの諸国でエスカレートしてきているので、各国でその対応に真剣にとりくまなければ、いっそう深刻な事態を招くおそれがある。

この調査に回答を寄せた四二カ国についてみると、公教育は多文化教育の観点から、次のような課題に対処することを求められている。

(1) 教員の養成教育や現職教育を改善して、教職に就く者が自分自身の国や世界が文化的・民族的に多様であることを理解したり、多文化教育を中核にした授業計画を立案、実施できるようにする。

(2) 人種別学校は学校制度を一流と二流に分化させてしまうので、異なる文化的・民族的背景をもつ生徒がともに学べる統合型の学校制度を構築する。

(3) 少数文化者集団の生徒が学業を継続できるように、彼らに母語を学習した後、国語や公用語で新しい概念を学習する二言語／二文化教育を提供する。

(4) 学校のカリキュラムに先住民の歴史と社会的な貢献を重要な構成要素として含める。

(5) すべての教材を審査して、人種差別や女性差別を助長する内容を排除する。

多文化教育の積極的な支持者からみれば、こうした提言は平凡すぎるかもしれない。しかし日本を含めた多くの国ぐににとって、多文化教育の推進はこれから果たすべき教育の課題である。また多文化教育の先進的な主要国についても、多文化教育は正規のカリキュラムのたんなる添え物として、最小限にしか適用されない場合が多いとか、すべての生徒を対象にした多文化教育の実施が望ましいとされているが、実際には順調に進められていないなど、いろいろな問題点が指摘されている(18)。いずれにしても、多文化教育が優れた教育理論や教育実践活動として発展するためには、さまざまな課題を解決しなければならない。最後に、その際に考慮すべきポイントのいくつかを、思いつくままにとりあげてコメントしてみよう。

まず第一に、どのような教育政策や教育実践についてもいえることだが、多文化教育の意義や効用は時間をかけて検討したり評価すべきだろう。とくに多文化教育は数世代にわたる教育問題を扱うが、少数文化者集団を抑圧してきた歴史的な負の遺産の解消は、二〇年や三〇年といった短い期間ではとうてい達成できないからである。またこれまで試みられてきたさまざまな教育改革の歴史が示すように、一つの教育政策や教育実践ですべての積年の教育問題が解決すると考えるのは、あまりにも現実離れした楽観的な発想である。

第二に、多文化教育に関する教育理論を検討したり、教育実践活動を推進する際には、国民国家の基本的なあり方との関連について常に考慮する必要がある。多様な価値観が渦巻く今日の民主主義社会における多文化主義の特徴を分析したテイラーの論文「承認をめぐる政治」に対するコメントのなかで、ウォルツァーはテイラーが述べた二種類の自由主義を次のように整理している(19)。第一の自由主義は、厳格に中立的な国家、つまり生命の保護や自由な言論、宗教の自由な実践といった人間の基本的権利を越えたいかなる集合的目標ももたない国家を支持する考え方である。これに対して第二の自由主義は、異なる帰属意識をもつ人びとやそうした帰属意識をとくにもたない人びとの基本的権利が守られている限りにおいて、特定の民族や文化、宗教などの集合的な存続と繁栄を公的に助成する国家を許容する考え方である。

このうち、テイラーが国民国家のあり方としてより望ましいと考えるのは、個人の権利とともに集団の権利をも尊重する第二の自由主義であり、多文化教育もどちらかといえば、そうした国民国家観と近い関係にある。しかしアメリカやカナダの連邦政府をはじめ、ほとんどの先進諸国は現在、第一の自由主義をより重視している。したがって遠い将来はともかく当面は、こうした状況のなかで多文化教育の可能性を探る必要があるだろう。

第三に、多文化教育の考え方にもとづいた公教育の改革は、中央政府主導よりも地方自治体主導で、また根底的でラジカルな手法よりも漸次的な手法を用いて、時間をかけて実施した方が実現しやすいように思われる。多文化教育の考え方にもとづいた学校改革を国家の教育政策として公的に承認し、その実施に必要な財源を確保するのは、中央政府の仕事かもしれない。しかし具体的な改革は地域の事情に即応しやすい地方自治体の手にゆだねるべきである。またそれぞれの学校で試みる数多くの実験的な実践の成果を、その地域の実情に応じてチェックし、そのなかから優れた事例をモザイクのように積み上げていかなければ、実質的な改革は実現しないだろう。そうした改革の進め方こそ、国民国家という器のなかで、それぞれの文化の特質を保持しながら、全体としてゆるやかなまとまりをもつ多文化社会にとってふさわしいように思われる。

第四に、公教育を改革する際に、国内の文化的多様性をどの程度考慮し、それをどのようにくみこんでいくかは、非常に論議を呼ぶ問題である。今日の多文化社会における公教育に期待されているのは、国内の文化的多様性を尊重すると同時に、共通の文化にもとづく国民国家としての統合や発展をはかるために、教育機会を整備していくことである。その際にとくに重要なのは、社会的に不遇な立場にある少数文化者集団の子どもに対して平等な教育機会を保障することである。しかし先進諸国の公教育における多文化教育の実状をみると、どの国でも共通の文化、とりわけ脱工業化段階の社会で通用する一定の基礎学力の向上を最も重視しており、しかもこの傾向は今後も続くように思われる。少数文化者集団の子どもも、その多数派は平等な教育機会を利用して、それぞれの国民国家の支配的文化を身につけることになるかもしれない。この問題は、こうした文脈のなかで議論すべき課題だろう。

注

(1) 江淵一公「異文化間教育と多文化教育——研究の意義と課題」『異文化間教育』七号、アカデミア出版会、一九九三年、四〜六頁、原田種雄・赤堀侃司編『国際理解教育のキーワード』有斐閣、一九九二年、五〇頁、H. Ekstrand, 1994. "Multicultural Education." In T. Husen and T. N. Postlethwaite (eds.), *The International Encyclopedia of Education*. Second Edition. Oxford: Pergamon, pp. 3960-3963 などを参照。

(2) たとえばドイツについては天野正治「ドイツにおける異質との共存を目ざす教育」天野正治編著『ドイツの異文化間教育』玉川大学出版部、一九九七年、四三〜四四頁、フランスについては吉谷武志『フランスにおける異文化間教育に関する研究』(平成七・八年度文部省科学研究費補助金研究成果報告書) 九州大学教育学部附属比較教育文化研究施設、一九九七年、二〜一五頁などを参照。

(3) 梶田孝道編著『国際社会学』放送大学教育振興会、一九九五年、六八〜六九頁、関根政美『エスニシティの政治社会学——民族紛争の制度化のために』名古屋大学出版会、一九九四年、五〜一七頁、ゼボルド・W・イサジフ「さまざまなエスニシティ定義」青柳まちこ編・監訳『「エスニック」とは何か』新泉社、一九九六年、八六〜九四頁などを参照。

(4) 安原義仁「西欧における学校の発達と性格」上原貞雄・三好信浩編『教育原論』(教職科学講座一二) 福村出版、一九九二年、三六頁。他に堀内孜「公教育の意義と公教育経営の概念」堀内孜編『公教育経営学』学術図書出版社、一九九六年、一〜三頁、高津芳則「第三共和制公教育理念と現代フランス教育改革」小林順子編『二一世紀を展望するフランス教育改革——一九八九年教育基本法の論理と展開』東信堂、一九九七年、四二〜四九頁などを参照。

(5) M. Weiner, 1996. "Determinants of Immigrant Integration: An International Comparative Analysis." In N. Carmon (ed.), *Immigration and Integration in Post-Industrial Societies: Theoretical Analysis and Policy-Related Research*. London: Macmillan Press Ltd., pp. 46-47.

(6) 平沢安政『アメリカの多文化教育に学ぶ』(オピニオン叢書一四) 明治図書、一九九四年、一四〜一七頁、田中圭治郎『多文化教育の世界的潮流』ナカニシヤ出版、一九九六年、一六〜一八頁、小林順子『ケベックの教育——カナダの教育一』東信堂、一九九四年、七五〜七六頁、一一五頁などを参照。

（7）森岡清美・塩原勉・本間康平編『新社会学辞典』有斐閣、一九九三年、四五四〜四五五頁、一一二一頁、綾部恒雄「国民国家・民族集団・エスニシティ――日本、アメリカ合衆国、フィリピンについて」古屋野正伍・山手茂編『国際比較社会学』学陽書房、一九九五年、一八八〜一九一頁、伊藤るり「エスニシティと西欧国民国家――領域政治とマイノリティ政治の展開」梶田孝道編『国際社会学――国家を超える現象をどうとらえるか』名古屋大学出版会、一九九二年、六二〜六四頁、小倉充夫「移民・移動の国際社会学」梶田孝道編『国際社会学――国家を超える現象をどうとらえるか』名古屋大学出版会、一九九二年、五三〜五五頁などを参照。

（8）藤田弘夫「現代西欧諸社会の変貌と再編成」宮島喬・梶田孝道編『現代ヨーロッパの地域と国家――変容する〈中心―周辺〉問題への視角』有信堂、一九八八年、二七一〜二七三頁、長沼秀世・新川健三郎『アメリカ現代史』岩波書店、一九九一年、一九六〜一九九頁、P・ブラウン他（小内透他訳）「教育と社会の変容［翻訳］」『北海道大学教育学部紀要』第七四号、一九九七年、二〇七〜二〇九頁などを参照。

（9）L・スクレアー（野沢慎司訳）『グローバル・システムの社会学』玉川大学出版部、一九九五年、一九〜二三頁。

（10）池田賢一「ジョスパン改革以降の外国人（移民）子弟教育」小林順子編『二一世紀を展望するフランス教育改革――一九八九年教育基本法の論理と展開』東信堂、一九九七年、二九四頁。

（11）関口礼子「カナダ多文化主義教育の意義と展開」関口礼子編著『カナダ多文化主義教育に関する学際的研究』東洋館出版社、一九八八年、一五〜一七頁、梶田孝道編著、一九九五年、前掲書、九五〜九七頁。

（12）川村覚昭「多文化主義における課題と教育――その理論的考察」関口礼子編著『カナダ多文化主義教育に関する学際的研究』東洋館出版社、一九八八年、七三〜七四頁、見世千賀子「オーストラリアにおける多文化教育の展開――ニューサウスウェールズ州を事例として」『比較・国際教育』第四号、筑波大学比較・国際教育学研究室、一九九六年、四五〜四六頁。

（13）B・アンダーソン（白石隆・白石さや訳）『想像の共同体――ナショナリズムの起源と流行』（社会科学の冒険七）リブロポート、一九八七年、一六〜一九頁、田村知子「カナダ多文化主義の現実とジレンマ」初瀬龍平編著『エスニシティと多文化主義』同文館、一九九六年、一三七〜一四二頁。

（14）C. McCarthy, 1995. "Multicultural Policy Discourses on Racial Inequality in American Education." In R. Ng, P. Staton, and J. Scane (eds.), *Anti-Racism, Feminism, and Critical Approaches to Education.* Westport, CT: Bergin &

Garvey, pp. 24-43.

(15) 松尾知明「多文化教育と学校改革に関する一考察――アメリカ合衆国の事例から」『比較教育学研究』第二〇号、東信堂、一九九四年、一四三～一四四頁。

(16) L. Eldering, 1996. "Multiculturalism and Multicultural Education in an International Perspective." *Anthropology & Education Quarterly*, 27(3), p. 321.

(17) この調査の回答者は各国の文部省の渉外担当者である。有効回答数は四二カ国（回収率三六％）なので、回答にはやや偏りがある。調査項目は多文化教育に対する中央政府の方針、多文化教育の財政基盤、学校の教授言語、学校教育への二言語／二文化教育の導入、カリキュラムにおける先住民の歴史の扱い、最も重要な改善課題など、計一三項目である。B. M. Mitchell and R. E. Salsbury, 1996. *Multicultural Education: An International Guide to Research, Policies, and Programs.* Westport, CT: Greenwood Press, pp. 345-346, pp. 351-352.

(18) L. Eldering, 1996. *op. cit.*, pp. 321-322.

(19) M・ウォルツァー「[コメント] 二つの自由主義」C・テイラー他（佐々木毅他訳）『マルチカルチュラリズム』岩波書店、一九九六年、一四五～一五二頁。

二章　アメリカ――教育における文化的多元主義

1　文化的多元主義と教育

文化的多元主義の概念

文化的多元主義の考え方は、古来ヨーロッパをはじめ、複数の民族によって構成されている国家では、程度の差こそあれ存在していたが、近年、移民国家アメリカ合衆国において活発に論議されてきた概念である。多民族国家ゆえに民族的多様性を認め合うことによって国家を形成してきたアメリカ人にとって各民族の文化を尊重することは必須のことである。クロス、ハッペルらは、アメリカの文化的多元主義について次のように述べている。(1)アメリカ合衆国において、われわれは、人種的神話、典型的アメリカ人像と人種主義との間の密接な関係を社会的に無視してきたし、また、過去、現在において、地域社会、国または国際的レベルでの非生産的な争いをくりかえしてきた。(2)社会的な争いを生み出すのは、各個人の文化的差異ではなくて、文化的差異に対する反応であるという事実を社会的に無視していた。[1]この見解は、アメリカ人がアングロサクソン的な価値観（White Anglo Saxon

Protestant, WASP）へと一元化され、その考え方が地域社会、国家、国際的レベルにおいて普遍化していくことを示唆している。一九〇八年イズリエル・ザンクスヴィルの戯曲『るつぼ』が発表されて以来、多くのアメリカ人はアメリカに居住する人種、民族が一つに融合されてアメリカ人へと変貌するという神話を信じるようになった。それが「人種のるつぼ」論であり、「一つの人種」へと形成されていくということと、人種主義が併存していることを意味している。つまり、「一つの人種」がすべての人種の融合したものではなく、アングロサクソン人種へとすり替えたものであるため、それ以外の人種は、アメリカ人としては認知されず、程度の差はあるが、差別されていく。

差別は、個々人の文化的相違を認め合わないで、アングロサクソン的なものを最高の価値とすることから生まれる。この考え方を補強するものとして、人種に関係なく、各人の能力に応じて社会的階層が規定され、貧富の差も個々に帰すというアメリカ建国以来の理想主義がある。すなわち、本来、人種に関係なく個々人の平等が保護されねばならないにもかかわらず、人種による差別が存在することをあえて無視している。

アメリカにおける文化的多元主義を考える場合、同化は避けて通れない問題である。新来の移民たちがイギリス型文化すなわちＷＡＳＰへと文化変容することが同化である。ゴードンは、マイノリティ（少数派、少数民族）の同化を、文化的同化と構造的同化に分類している。文化的同化は、マイノリティが、生活習慣、行動様式、言語などを、マジョリティ（多数派）と同じくすることを示し、構造的同化は、マイノリティが、マジョリティが支配している社会制度のなかに偏見、差別なく入り込めることを示している。(2)

文化的同化は、比較的容易であり、二世代、三世代になると文化的同化はかなりの程度進む。それに対して構造的同化は世代を重ねてもなかなか容易ではない。ゴードンは、さらに、アメリカにおける同化過程のモデルを、(1)文化的、(2)構造的、(3)婚姻的、(4)自己肯定的、(5)態度受容的、(6)行動変容的、(7)公民的、の七つに分け、(1)からはじまり、最終的に(7)の段階までいくことが理想であるとしている。

ゴードンによれば、異なった民族集団をもつ多元的な社会には、(1)人種差別型、(2)同化主義型、(3)リベラルな多元主義型、(4)集合的多元主義型の四つの型が存在する。[3] リベラルな多元主義とは、人種的・宗教的・言語的ないし民族的な起源をもった集団を、特定の型の人種基準を用いて、法律ないし政治的な面で差別することを禁止している。ここでは人種であるからというのではなく、個人として、反貧困法規、住宅政策、教育・福祉措置を受けるのである。これに反し、集合的多元主義は、人種・民族の独自性を認めつつも、人間として一人ひとりを考えることを求めている。ゴードンによれば、今後、教育の方向は集合的多元主義をとることが求められる。

多文化教育の概念

「西洋民主主義社会は、国家の主要な目標が、人権を擁護し、平等を推進させることであり、また、すべての人種的、民族的、文化的集団を社会の一員として構成させることであるという、人類平等主義のイデオロギーをもっている[4]」とバンクスとリンチが述べているように、一九六〇年代と七〇年代、民族文化覚醒の動きのなかで、文化的多元主義が出てきた。バンクスとリンチによれば、この運動のおもな目標は、種々の人種的・民族的・社会階級的集団の生徒が、教育的平等を経験するような教育改革をめざすことである。「文化的多元主義は、教育プログラムに移植されうる新しい方法ではない。教育における多文化主義の概念は、現在存在しているものよりも、より異なった社会観にもとづいている[5]」のであり、子どもを教育する場合、次の五点に留意しなければならない。

(1)子どもに、自己の文化や価値を尊敬することを教えること、(2)すべての子どもが、多文化・多民族社会のなかでうまく機能するように学習することを援助すること、(3)人種主義によってより影響を受ける子どもに積極的に自己概念をもたせること、(4)文化的に異なった人びとの相違について、積極的な方法により、人類の類似性について子どもの経験を援助すること、(5)子どもに地域社会全体の特異な部分としての異なった文化の人びとと一緒に仕事をする経験をもたせることを援助すること[6]。

多文化教育は、まず最初、民族学習（ethnic studies）、つまり民族集団の歴史、文化についての科学的・人文的学習から始まり、さらに時期がくると、多民族教育（multiethnic education）へと発展していく。つまり、この運動は、さまざまな人種的・民族的集団の生徒が多数派集団の生徒と教育的に同様な成績をとることが可能になるよう、学校環境を変化させることである。

現在、多民族教育の概念がより広がることが重要であると考えられている。民族学習が実現するにともなって、カリキュラムのなかに民族性をとりいれることにより、種々の民族集団の生徒がよい成績をとることを可能ならしめるよう援助するのに役立つという主張がなされているのがその理由である。多民族教育が充足されるとき、全学校環境が改革されるのである。

多文化教育は、民族学習、多民族教育、反人種差別教育（anti-racist education）を含む幅広い概念であり、これは、学校環境改革を意図した教育改革の一側面をもっているため、民族集団、女性、特別な生徒（たとえば障害児、才能児）を含むさまざまな種類の集団が教育的平等を経験するだろう。現在、いくつかの国ぐにでは、さらにどのような集団や問題がこの概念のなかに含まれるべきかが、論議されている[7]。

多文化教育は、現在、その概念規定がはっきりとしていないのであるが、さまざまな理由によって生じた学習上の障害を取り除き、多数派である生徒と教育的に平等な条件で学ぶようにすることが、真の教育的平等であり、それがすなわち多文化教育である。だが、現実は、劣悪な環境のなかで生活を強いられている子どもが存在し、彼らはそれゆえに学校教育のなかで十分な学業成績を収めることができず、その結果、社会的にも低い階層に押し込められ続ける。多文化教育は、現実に存在する社会的矛盾を解決するため、どのような教育が、すべての子どもに幸せをもたらすかを追求する、教育の本質に迫るものといえよう。

2　アメリカにおける多文化教育

公民権運動以前の同化政策

アメリカはヨーロッパ大陸で迫害を受けた人びとが移り住んでつくった国家である。合衆国憲法前文には「われわれとわれわれの子孫の上に自由の祝福の続くことを確保する」ことがうたわれており、また、トマス・ジェファーソンの大統領就任演説（一八〇一年）では「苦悩と騒乱に満ちた旧世界に、また血と殺戮によって長い間失われていた自由を狂わんばかり求め続けた人々の苦悩に満ちた激情を顧みると、繰り返し押し寄せる旧大陸の激動がこの遠い平和な岸辺にすら届いてくることも決して不思議ではありません(8)」と述べ、フランス革命で人びとが追い求めた自由こそ、新生国家アメリカが真に求めたものであることを示している。また、彼は「多数の意志がすべての場合に有力であっても、正しくあるべき意志は合理的であらねばならないし、また少数の者も平等の法律がこれを保護せねばならず、これを踏みにじることは弾圧に他ならないという神聖なる原理をすべての人々は、十分に心にとめて欲しいものです(9)」と述べ、少数派の権利の保障を求めている。しかしながら、一七七六年イギリスから独立を勝ちとったとき、アメリカを構成する人びとはイギリス系が圧倒的に多く、そのためそれ以後アメリカに移民したイギリス系以外の人びとは、アメリカ社会に同化すること、すなわちWASP文化を身につけることが求められた。ビアードは公教育制度成立において、移民の適応について次のように述べている。移民問題もまた、無料で全国民的な教育が必要であるという理由の一つとされた。外国から何千という男、女、子どもの群れがアメリカに殺到しつつあった。彼らの多くは英語も知らなければ自治の方法も知らなかった。教育改革論者は、移民の子どもをこの共和国の市民として新たに出発させ、ヨーロッパからもってきた封建的遺産を精算させるためにも、無月謝学校が必要であると論じたのだ。

アメリカの公教育制度が一般民衆の教育を要求した進歩的なものであることは評価されるにもかかわらず、移民を遅れたものとしてとらえ、彼らをアメリカ化させることが、彼らの幸せにつながり、学校がそれらを無償で保障しなければならないとしている。

これらのやり方は、第一次大戦前までは漸進的に行われた。しかしながら、大戦後、アメリカナショナリズムが起こるにつれ、アメリカ人は、ヨーロッパ文化とは独自な、かつ自立したものを希求し、移民の子どもに急激なアメリカ化を求めた。それと同時に、従来アングロサクソン的なもの（WASP）に近い文化をもった移民が中心であったのに反し、南・東ヨーロッパといった文化的・宗教的に異なった移民の数の増大も急激なアメリカ化の一つの要因であろう。それらは当然のことながら、かなり強制力をもち、子どもは母国の文化を完全に否定することでしかアメリカ人となりえなかった。アメリカへの同化は自己の民族のもっているすべてのものを捨て、アメリカとくにWASPの文化を受け入れることである。

これらは、白人の移民だけでなく、黒人、アジアからの移民に対しても要求された。とくに黒人は奴隷としてアフリカから強制的に連れてこられたため、自己の民族の文化から完全に断ち切られてしまう。彼らは、奴隷にされたため、アメリカ人の生活様式を強制的に身につけさせられ、すなわち完全なアメリカ化をさせられたにもかかわらず、白人は彼らの正当な権利を認めようとはしない。またアジア系移民は黒人とは違い、自己の民族文化をもち続けていたため、WASPの価値観を身につけることがむずかしく、アメリカ社会に受け入れられることが困難となる。

公民権運動

アメリカにおける黒人は「分離すれど平等」という考え方のもとに、教育をはじめすべての社会生活の面で差別されていた。高等教育機関ではすでに一九四〇年代後半に黒人の学生に対して門戸を開放する方針が打ち出された。しかしながら、多くの南部諸州当局はこれらを実施に移すことには難色を示し、黒人学生が白人の大学に学ぶことは容易ではなかった。一九四八年オクラホマ大学、デラウェア大学、一九四九年ケンタッキー大学への黒人学生入学裁判の勝訴、などがあったが、これらはごく一部の黒人学生にすぎず、黒人の高等教育への道は、依然として閉ざされたままであった。初等中等教育段階においては、当然のことながら条件がまったく異なって白人用学校と黒人用学校の併存が公認されていた。これら二つのタイプの学校は、理念上は同じものであるべきにもかかわらず、実態は施設・内容ともに黒人の子どもが通う学校は、格段に劣っていた。黒人用学校は分離学校といってよいものである。また日常生活のなかで利用する施設も、白人用、黒人用と分離され、さらに就職の面においても、黒人は完全に未熟練労働に従事しつづけていた。

一九五四年の連邦最高裁判決は、分離教育は違憲であるという内容であり、従来のような「分離はしても平等の待遇ならよい」という考え方を全面的に否定したものであった。この判決は、従来の考え方を否定する画期的なものであったにもかかわらず、ただちに、アメリカ全土の黒人の教育の改善を実施に移すような拘束力をもち合わせていなかった。一九六〇年代に入っても、黒人の教育に対する権利は依然として奪われていた。一九五六年のアラバマ大学ルーシー事件、アーカンソー州リトルロック高校事件、一九六二年のミシシッピ大学のメレディス事件は、黒人の学生が白人の学校へ通学することが、いかに困難であるかを示している。

そのため、キング牧師を先頭にして、差別撤廃の運動がはじまる。この運動は非暴力から暴力までさまざまな要素を含みながらも、黒人への差別を取り除くという一つの目的では一致しており、そのため、一九五七年と六〇年に公民権法（Civil Rights Act）が制定される。一九六〇年代に入ると憲法で認められた権利が行使できないという状況に失望した黒人たちが大衆運動に参加するようになる。白人の側からの激しい反対にもかかわらず、この運動によって黒人の権利が徐々に獲得されていったのは事実であった。

黒人の運動は、抑圧されていたプエルトリコ人、インディアン（ネイティブアメリカン）、中国人、日系人をはじめマイノリティと呼ばれる少数民族集団に衝撃を与えた。彼らは自分たちの置かれている状況にめざめ、権利を主張することによって、自分たちの社会的地位の向上をはかろうとした。さらに、白人の側でもポーランド人、ユダヤ人など抑圧されている民族集団までもが、その権利を主張しはじめる。このように公民権運動を通して、独立以来一貫して行われてきたＷＡＳＰへの同化政策へ疑問が投げかけられ、アメリカ人を構成する民族の文化を尊重する方向が模索されはじめた。とくに、マイノリティに対して、彼らの社会的・経済的条件こそがアメリカ社会への適応の障害であるという考え方のもとで、それらを取り除く努力がなされるようになる。

マイノリティの教育問題

黒人差別撤廃により教育面での改革がはかられるようになった。補償教育（compensatory education）である。さまざまなハンディキャップをもった子どもに不利な条件を克服することができるように配慮することである。そのため、一九六四年、経済機会法（Economic Opportunity Act）が制定された。教育を受けることによって、経済的に豊かになり、社会的地位が上昇できるという考えのもとにこの法律が施行された。低所得者層の小学校就学準備のためのヘッドスタート計画、貧困家庭出身の大学進学志望の高校生のためのアップワードバウンド計画が立案された。テレビ番組「セサミストリート」が作成され、基礎学力の不足している子どもの教育の充実がはかられた。

これは、黒人を中心とする経済的貧困家庭の子どもが、文化的にも貧困ゆえに、小学校入学以前にすでに、学力差がついているという現実を改革するために、小学校入学以前の子どもに、さまざまな教育機会を与えるやり方である。さらに、一九六五年には「初等中等教育法」(Elementary and Secondary Education Act) が制定されたが、これも貧困児童の教育に力点が置かれたものである。連邦政府が貧困児童のために、各州に補助金を与え、その補助金は、学級規模を小さくすること、教員の増員、朝食の給食化、就学前教育など、貧困児童のために割り当てられている。公民権法以来、黒人に対する権利拡大とともに、教育の機会均等が強く求められていく。

ヘッドスタート計画の追跡調査としてコールマン・レポートが発表される。(1)施設などの面では、白人学校と黒人学校の相違が徐々に縮まっている。(2)施設などの面では、児童生徒のテストの得点にはほとんど影響していない。(3)テスト得点という点からみれば、白人児童と黒人児童の間には明らかな差がある。小学校入学当初だけではなく、中学校、高校と進むにつれて、その差は拡大していく[10]。黒人の学校教育の条件は、白人のそれとあまり相違がなくなったにもかかわらず、テストの成績が学校入学後、ますます広がるという結果があらわれる。子どもの文化的背景を無視した教育はあまり効果がないことが指摘された。子どもの文化的背景を考慮に入れた教育の必要性が認識され、黒人の子どもと白人の子どもが同じ教室で学習することが求められた。そのため、白人用学校と黒人用学校に分かれている学区制度が見直される。白人の子どもと非白人の子どもが同じ学校で学ぶように学区が再編成される。この政策が徹底的になされたのがバス通学 (busing) である。白人の子どもが通学する郊外の学校から、生徒の半分をバスで町の中心部の非白人の子どもが多く通学する学校に運ぶ。同様に非白人の子どももバスで郊外の学校に運ばれる。しかし、バス通学は白人の親たちから激しい抵抗・反対に会い、各地で挫折していく。彼らはスクールバスをデモで阻止したり、なかには焼き討ちといった手段によってバス通学を中止させる場合が多々あった。

連邦政府は平等という理念のもとに強行する姿勢を崩さなかったが、ニクソンが大統領に就任するとともにバス通学は徐々に不活発になっていく。バス通学は当初、東海岸が中心であったのに反し、西海岸では時期的に遅れて実施されたため、ニクソン大統領のもとでも、新たに実施に移される学区もあり、現在でも存続している。

二言語教育の概念と実践

(1) 二言語教育の概念

黒人は自分たちの権利を主張し、教育の機会均等を求めているが、他のマイノリティは言語のハンディキャップに苦しみ、言語の問題と教育を結合して考えようという気持ちをもつようになる。とくに移民して日の浅いヒスパニックやアジア系の人びとは自己の文化・言語を再認識するようになる。また、土着のインディアンも自己の文化・言語を奪回しようと努力する。それらのために、二言語教育が求められる。ここではマイノリティのための二言語教育について述べる。

二言語教育という言葉は、文字通り単純に解釈すれば、二つの言語を話すことができるという意味である。個人が二つの言語を使用するということは、二つの視点から考えられる。まず、最初は、二言語を話す人が、一つまたは二つの言語を使用したり、それに対する知識をもっている状態から、家庭でも二つの言語を完全に操れることができる堪能さのレベルの問題であり、二番目は、人が日常生活の問題を解決するため、生活のすべての領域において、二つの言語で学習するという問題である。

人は同じ経験を取り扱うのに、二つの言語を使用するか、または生活のそれぞれの場面で用いる言葉を使い分けるかのどちらかである。二言語を使うことの学習は、また社会的場面の違いによって、言語を使い分けるということである。これは二文化主義と意味が重なる。二言語主義ということになろう。

アメリカにおいて「二言語」の意味は、しばしば研究者が使用するほど、厳密な意味で使用されていない。広く使用されている意味は、第二外国語としての英語を使用しはじめるか、または、現に使用している人に対して適用される。

もし「二言語人」が母語と同様、英語を機能的に使用するという意味で、すでに二言語ならば、彼らはおそらく多くのアメリカの研究者とは縁がないであろう。「二言語」は第二外国語としての英語であるという考え方は、多くのアメリカ人が生活のなかで、政治的・心理的に感じとっている事柄である。英語は標準語と考えられており、アメリカ人であることは、「アメリカ英語を話す」ことであり、アメリカの生活への文化変容は、古い生活様式・価値、英語以外の言語を捨てさることを要求していると考えられる。(11)

フィッシュマンによると、二言語教育は四つのタイプに分類される。第一のタイプは、伝統的二言語教育と呼ばれるものであり、小学校の早い時期から、学校に適応させるためと、学校の教科を理解させるために、子どもが英語ですべて理解できるまで行うものである。スペイン語を母語とする子どもの場合、従来のようにスペイン語を否定するのではなく、英語の理解をあまりできない段階では、スペイン語を授業で使用することも奨励されており、子どもの発達段階に焦点が置かれている。

次に第二のタイプとして、単一文化二言語主義がある。これは、自己の母語での教育が学校在学中、維持されており、たとえばインディアンの場合は自己の文化を保持したままで学校の授業を受ける。

第三のタイプは、部分的二文化二言語主義である。ここでは授業での母語で行う教科は限定されている。社会・文学・美術のようなものは母語でやるが、自然科学や数学は英語で行うよう求められており、言語的ハンディキャップがある教科のみに限定されていることがわかる。

第四のタイプは完全二文化二言語主義である。これはすべての授業が二言語で行われ、二つの文化をバランスのとれた視点で教えることを意味している。

アメリカの二言語教育は、第一と第三のタイプが多いのであるが、この理由として、「アメリカ人が、二言語教育を、厳密な意味でアメリカの罪または美徳であったとしても、歴史的・文化的視野なしでみているため」であろうと、フィッシュマンは結論づけている。(12)

(2) 二言語教育法

二言語教育は、従来、アメリカの高校教育から排除されており、わずかに私立学校または民族学校で教えられていたにすぎなかった。一九六〇年代まで公立学校の教師たちは、二言語教育の歴史が長かったにもかかわらず、二言語教育にはほとんど関心を示さなかった。しかしながらマイノリティへの教育の機会均等の要求が強まるとともに、中産階級の英語を話す子どもに焦点を置いたカリキュラムへの批判が出てきた。二言語教育法（Bilingual Educational Act）、一九六五年の初等中等教育法タイトル七と一九六七年の修正法）は、教室で母語を使用することにより、教育効果を高めようと意図したものであった。一九六七年になると、多くの州にインディアン諸言語、スペイン語、中国語、日本語での教育が公立学校にもち込まれた。二言語プログラムが多くの面で、個々に異なっているにもかかわらず、それらすべてに共通していえることは、子どもたちの家庭で使用されている言語を大切にすることである。すなわち、二言語使用児童にとって、基礎的な英語を学習することは、それ自体が目的ではなく、学校の他のすべての目標に優先することである。むしろ、英語は、基本的な概念、技術と態度の発達において使用するため、多くの手段の一つである。この場合、学習者の使用言語は非英語である。

次に、一九六八年の二言語プログラム（タイトル七）から、その方針（第七〇二項）について述べてみる。アメリカにおいて、わずかしか英語を話す能力がない、多くの子どもに対して、特別に教育を与えなければならないということが認識されたため、議会は、これら特別教育の必要性に合致させようと、新しい、創造的な初等中等プログラムを発達させ、実行する地方教育組織へ財政援助を与えることをアメリカの政策とすることを宣言する。このタイトルの目標に述べられている「わずかしか英語を話す能力のない子ども」とは、よく使用する言語が英語ではない環境で生活している子どもを意味している。[13]

二言語教育の実践

二言語教育法の認可によってつくられた、最初の七六の二言語教育プロジェクトについて説明する。この法律は、公立学校では一つの言語（英語）でしか教育できないとする従来の方針を一八〇度転換したものであり、民族尊重主義者や文化的多元主義者の意図をとりいれたものである。英語を母語としない子どもたちに学校の授業をいかに理解させるかが大きな目的である。彼らは英語での理解が遅いため、英語を母語とする子どもたちに比べ、学習の遅れが存在し、彼らをアメリカ人としてどう適応させるかに眼目が置かれている。とくに、従来のようにＷＡＳＰ文化に強制的に適応させるのではなく、子どものもっている文化を尊重しながら、ＷＡＳＰ文化へ同化させるか、さらにＷＡＳＰ文化だけではなく、他の文化を認めたうえで、アメリカ人としてどう統合するかに目標が置かれている。このプロジェクトの主目的は、スペイン語を母語とする子どもに、英語での授業をどう理解させるかである。このプロジェクトでは初年度は、第一・二学年に限定し、二、三のクラスで試行的に行う。そして年々増やしていき、五年間で完全実施に移していくというものである。最初の年だけでも、七五〇万ドルもの予算が計上されており、連邦政府の二言語教育にかけるすさまじい情熱には驚かされる。

この二言語教育の対象となる児童は、黒人以外のマイノリティの子どもであり、言語だけでなく、文化もＷＡＳＰのそれと異なるため、教師自身、他の文化への理解をもつことが求められる。しかしながら、このプロジェクトのうち、二〇事例はディレクター（外国人教師）が二つの言語を話す以上のことは求められはしないし、少なくとも二八事例は、英語以外の限定された知識しか求められはしない。また、その他のプロジェクトでは、ディレクターのみが二言語を話せるが、正規の教師は、主任教師なのだが、英語しか話せないし、他の文化への理解をあまりもっていない[14]。

二言語教育は、プロジェクトがディレクターと教師に解決を求めている次のような問題点についての助けを必要としている。

(1)プロジェクト・ディレクターは、非英語媒体において、教師または助手として採用されるだろう人間の学問的な態度の能力を、すばやく、確実に、いかに確認できるか、(2)二カ国語を通じて仕事をする教師を確保すること、それぞれの言語で話す別個の教師をもつことの違いをいかに明白にできるのか、(3)生活のなかで、ある状況ごとに言語が変わるのではなくて、すべての状況でも二言語を使用する人にとって、言語を絶えず模倣しなければならないという負担を強いられるため、学校での教師との会話においてそれぞれ別個の言語を使用することは、比較的利点となるであろうか、(4)能力、経験のある外国生まれの教師や職員を雇用しているために、どのような行政的法律的な障害が生じるのか、それらはいかに克服できるのか、(5)まず、アメリカ・インディアンの子どもに彼ら自身の言語で教え、これらの教えた言語を教育の手段とするために、すべての種類の学校教材はどのように作成されるべきか、(6)英語を母語としない子ども（小さい子どもさえ）が、彼らの言語をどの程度もち、どの程度操れるかを測定する手段の必要性が存在する、(7)プロジェクトを行っている学校での通常カリキュラムと一致させ、かつ英語を母語としない児童やその先祖の「歴史や文化」を取り扱う英語以外の言語で書かれた教材を教えるために外国から人材を捜す必要性が大である[15]。

英語を母語としない子どもの言語を尊重することによって、学校での教育効果を高めようとする試みは、彼らの言語・文化を教師側がいかに理解するかにかかっているといえよう。それは、元来、対策的であった二言語教育が、逆に二言語教育によって、アメリカを構成する諸民族の文化を再認識する萌芽ともなりうる可能性を内包していることがわかる。

マイノリティにとっての二言語教育・多文化教育

マイノリティが自己の文化・言語を無視されず、他の民族集団への社会化を強制されないのが必要であると認識することが、教育の機会均等を保障することにつながってくる。「マイノリティ集団にとって、母語の保持は、おそらく言語計画の最も決定的な役割を果たすものであり」[16]「一九六〇年代後半アメリカ合衆国で発達した新民族運動は、マイノリティの言語保持が彼らの社会から劇的に生じてきたことに起因する」[17]のであり、言語を中心とした各民族の文化遺産が、マイノリティの権利拡大に大きく寄与した。そのため、各マイノリティへの言語教育、すなわち二言語教育が大きな役割を果たすのである。二言語教育・多文化教育は、たんに国の政策だけにとどまらず、地域社会、さらに個々人のレベルまでに下りてきてこそ、その教育効果は高まるのである。「文化は、マイノリティを支配的な多数派に同化させるよりは多元性の方が適合している」[18]のである。

しかしながら、二言語教育・多文化教育は、マイノリティの文化・言語を尊重しているが、大勢としては主流の文化に彼らを同化させようとしており、それがときとして、彼らの教育条件を悪くし、その教育機会を奪うことにもなりかねない。また、「特別な干渉プログラムや補償教育は、一般的にたびたび教育を受ける子どもを、マイノリティであるという烙印を押すことになる。そのため、多くの民族的マイノリティの指導者たちは文化的多元主義に反対する」[19]と述べている人もおり、多文化教育はさまざまな問題点をかかえている。教育を基本的人権の一部ととらえ、人種、言語、宗教に関係なく、すべての子どもに保障することが大切である。そして、子どものもっている文化遺産を基盤にして、各人の可能性を限りなく伸ばしていこうという姿勢こそ真の教育なのである。

3　多文化教育の実践

多文化教育の発展

黒人にはじまり、メキシコ系、プエルトリコ系、インディアンにまで広がった少数民族の権利獲得の運動の究極的目標が、多文化教育につながることはいうまでもない。一九六五年の初等中等教育法第一項修正は、低所得者の子どもの教育に平等な教育機会を保障しようとするものであったし、一九六八年の同法第七項修正（二言語教育法）は、英語以外の言語を母語とする子どもの教育を保障するための、特別な基金を与えるものであった。一九七二年の同法第九項修正（民族遺産学習法）は、民族集団の歴史と文化をカリキュラムのなかにとりいれ、かつそれを実施するための教師を養成することを求めている。

このような二言語教育の動きのなかから、従来は存在しなかったユダヤ系、イタリア系、ポーランド系など、白人のカテゴリーに入るが、白人のなかで差別されてきた民族集団も、自己主張するようになってくる。さらに、時代が下ると、女性、障害をもった人びと、高齢者なども、その権利が認められるようになる。とくに、第九項修正（一九七二年）では、「いかなる人びとといえども、連邦の財政的援助を受けた教育プログラムまたは活動において、参加を拒まれないし、不利益を被らないし、差別を受けない[20]」とし、社会的弱者の教育を保障している。

一九六〇年代に生じた民族再生運動（ethnic revitalization movement）において、教育上最も初期の取り組みは、メキシコ系のような特別な民族集団に焦点をあてた民族学習コースやプログラムである。民族学習運動が成熟してくるに従って、カリキュラムのなかに、民族的内容を挿入するだけでは、マイノリティの子どもに十分な学力が保障できないということが認識されてくる。すなわち、たんに自分の民族を自覚させるにとどまらず、他の民族文化を知り、より広い視野に立って文化を考えるという多民族教育が求められる。これが発展してすべての子どもの人権を認めた教育である多文化教育となっていくのであるが、今日ほどその概念が議論の的となっているものはない。この考え方は、当初、学校のなかでの分離、非分離の問題として出てきた。暴力事件やいろいろな軋轢のなかでの特徴的なことは、白人の親がマイノリティの子どもとの統合教育を認めようとはしなかったことである。初期には南部が中心であった差別問題も、黒人の移動とともに、北部、西部へと広がっていく。多くの大都市人口は、マイノリティの占める割合が多くなり、一九八四年、アメリカの代表的大都市二五のうち、二三都市において、生徒のほとんどが非白人で占められるようになる。また、中産階級のマイノリティは、郊外に移住し、都心部の学校は貧しい非白人で占められていく。(21)

これに対して、「分離学校は不平等である」というブラウンとトピア教育委員会との訴訟についての最高裁の判決(一九五四年)によって、分離学校は教育の平等の理念に合致しないことが明白になる。ところが、多くの親は、自分の子どもが文化の異なる民族集団と交わることによって、自分のもっている文化を喪失することを恐れるとともに、自分の自信を失うのではないかとの危惧の念をもっている。また、ヒスパニックの親でも幾人かは、ヒスパニックで固まった分離学校の方が、子どもの教育にはよいと主張する。このような親の意見と教育の理念の対立は、今後も問題点として残る。

同化主義と多文化教育

多くのアメリカ人は、公立学校のなかで、すべて等しく教育がなされるべきであると信じてきた。ここでは一つのアメリカ人、つまり一つの共通なアメリカ人像が描かれている。非英語を母語とするマイノリティの子どもの文化がＷＡＳＰと異なり、それゆえ彼らが学校生活のなかでうまく適応できない問題は、アメリカ人がさまざまな文化・価値をもった人びとによって構成されているという現実を如実に示している。したがって、二言語教育、多文化教育が必要とされ、マイノリティの子どもの教育の機会均等を保障する動きが出てくる。しかしながら、ゴードンの主張のように、同化主義を乗り越えるのはなかなか容易ではない。「同化主義と多文化主義との戦いは、アメリカ社会のなかで存在しつづけることであろう。両者のどちらかが、勝利を収めることはないであろう。同化主義と多文化主義は、アメリカにおいて、デリケートではあるが、緊張したバランスを保って、今後共存しつづける」(22)だろうと予測されている。教育の理想・理念は、多文化教育への方向性を示しているにもかかわらず、現実での困難さを示すのは何か。それは白人側の自分たちの特権喪失への危惧の念のあらわれである。マイノリティの自己主張の運動の高まりと平行して、白人の側の意識の変革がなければ、アメリカにおける多文化教育の実施には、今後ともさまざまな困難がともなうであろう。

多文化教育の実態

多文化教育を教える教師の手引き書に「(1)文化的・民族的多様性をもった多元的社会の肯定的な面を認識すること、(2)すべての集団がわれわれの国民文化の豊かさに貢献することを認めること、(3)本国の民族とアメリカに移住した民族の両者にわたる広い認識」(23)と述べられており、アメリカの多民族性を肯定的に評価して生徒に教育をという姿勢が窺われる。さらに、教師の態度として、「(1)人種差別主義者、男女差別主義者の言葉や標語とは関係のない用語を使用すること、(2)人間を傷つけたり、彼らの可能性を阻害するような不注意な言葉の使用や、人間の紋切り型のとらえ方について認識を深めること、(3)人間を、性、人種、階級または民族的背景によって拘束されないさまざまな特徴をもった個々の存在として取り扱うこと」(24)が重要視されており、これをみても多文化教育が個々の生徒のもっている文化的背景を考慮することは、生徒の存在・人格・価値観を尊ぶことであるといえる。具体的には、個々人が、民族の違いを恥じるのではなく、民族遺産を誇りに思うことができることである。さらに、ケンダールも「教師自身の人種的態度が多文化教育の成功を決定する際の決定的な要素[25]」であろうと述べ、教師の人格、人間性が問題とされる。カリキュラムを組むにあたって、「単元を学ぶことにより、幼い子どもに多文化的視野を与え、アメリカ・インディアン、アジア系アメリカ人、スペイン語系の人びと、黒人と白人が全社会の一部として焦点があてられる[26]」のであり、理念としては、(1)多くの異なった種類の家族が存在する、(2)すべての種類の人びとがわれわれのコミュニティに住んでいる、(3)われわれすべてのもののなかに、いくつかのやり方が存在する、(4)われわれの異なったもののなかにいくつかのやり方が存在する、(5)われわれは、われわれのコミュニティのなかで一緒に仕事をする、の五点が了解される必要がある。

次にカリキュラムについて述べる。多くの異なった文化は、互いに作用し、それぞれの独自な質のものが一つの強力なコミュニティを形成するのに貢献する。具体的な活動としては、(1)子どもと家族のことについて話すことからはじまる。ここでは、両親、祖父母のもっている文化を子どもを通じて知ると同時に、他の子どもにそれぞれの文化についての知識を得させる、(2)雑誌のなかのさまざまな人びとの姿を生徒に示す。日頃子どもが目にするさまざまな民族の衣装についての理解を深める、(3)雑誌のなかのすべての種類の家族に関しての絵を探す。兄弟姉妹のいる家族のそれぞれの例を、絵をみることによって理解する。その際、いろいろな民族の家族も紹介する、(4)子どもに白紙のノートに各自の家族についての紹介を記させる、(5)家族がどのように物事を見、何をしているか等を子どもに書かせる[27]、といった自分の家族・隣人から徐々に環境範囲を拡大しながら学習を進めていく。自分の出身民族やコミュニティ内の他の民族の生活習慣と異なる民族の価値観を尊重する態度の養成が究極的に求められる。

最後に多文化教育の評価はどのようになされるのかについて述べる。評価は子どもがどの程度他の文化・価値を理解したかを、教師が知るためのものであり、評価により、教師がよりよい教材、教育方法を考えることができる。

「学校の評価はいかに仕事をし、示唆された活動に接近したかを記録することである。文化的多様性に関する質問に対する子どもの言語的反応や、教室の中と外の両方で、文化的に異なっている人びとに対する生徒の反応のあり方が、子どもがいかに単元を理解したかの評価を援助するものである[28]」。

4　多文化教育の展望——文化的多元主義の限界

文化的多元主義のさまざまな問題点について、マーゼマンとイラムは次のように述べている。(1)とくに文化的・言語的な集団の地位の不均衡が存在する場合、さらに支配的集団と被支配的な集団が存在する場合、憲法上の規定は平等または公平さを保障することに十分でない、(2)多文化的なものが発達したか、または人権が尊重されているかを測ったり、評価することは難しい。寛容や異文化間理解を質で判断することが、評価困難な文化的な考え方の進展プログラムのなかから生じてきたならば、または戦争のような政治的な出来事が絶えず民族集団の間の関係を、否定的なものとしてとらえるならば、文化的多元主義という結果が出てくる。(3)多文化的な考え方の進展は、もしその基盤がすでに一国の歴史的構造のなかで出来上がっているならば、政府の法令によって促進させることは不可能であろう。(4)公式の言語についての政令は、多文化教育的考え方の進展の重要な部分である。そして、そのような政策での教育的枠組みは、言語的・文化的質についてどれほどかかわり合いをもつかを示している。(5)民族集団間の明白な敵意、または服従関係といった政治的な現実は、政策決定者や教育者の民族的調和への願望よりはるかに勝るであろう。

これらの点をみると、多文化教育を進めることの困難さが窺われる。いくら法律的・政策的に行おうとしても民

族集団の敵意・偏見があるかぎり容易ではなく、長い時間をかけて徐々にしか進展しないことがわかる。(29)

一九九〇年代に入ると、白人の側からマイノリティの文化を大切にする多文化教育に対する非難の声がより増大してくる。白人が享受していた特権が脅かされると感じた白人が、自分たちの権利を守ろうとして、黒人を中心とするマイノリティの人びとに対する攻撃を激しくする。バンクスは、「多文化教育は現在、保守的なグループや研究者から激しい、組織立った挑戦を受けている。この挑戦は今後も続き、激しく、そして時に醜く、破壊的なものになるだろう。それは多様な形態をとり、表現方法やあらわれ方もさまざまである(30)」と述べ、この傾向は今後ともますます強まるであろうと予測している。一九九六年カリフォルニア州ではアファーマティブ・アクション（Affirmative Action マイノリティ優遇施策）が廃止された。この措置に対してクリントン大統領はただちに抗議声明を出した。また、同年黒人英語（イボニクス）を、第二外国語として認定する動きもあり、多文化教育に対する動きは今後とも混乱するであろう。

「エスニック研究や女性研究の運動の目的は、一部の利益を追求することではなく、カリキュラムを改革することによって、より真実の、包括的な、そしてアメリカ社会を形成する多様な集団の歴史や経験、文化を反映したものにすることである。これらの運動は、一部の利益のための改革運動とは違って、学校や大学のカリキュラムの民主化に貢献しているのである(31)」し、バンクスが述べるように、多文化教育運動のなかで、アメリカのカリキュラム、教育内容、教科書は、WASP中心、男性中心のものから、社会的弱者に基盤を置いたものへとつくりかえられてきたことは事実であり、この傾向は今後とも変化はないであろう。

シュレージンガーは、「歴史的かつ文化的にこの共和国はアングロサクソンの基盤をもっている。しかし、この基盤は、当初から、他の大陸や文明からの輸血によって変容を受け、豊かにされ、再構築されてきたものである。締め出しから包括への動きは、われわれの文化の構造に絶えざる改変をもたらす(32)」と述べ、アメリカ社会は将来ますます多文化の流れを強めるだろうと予測する。彼は、さらに、「多様な伝統の相互交流」がますます強まり、「相違に対する寛容と相互尊重の上に築かれた、開かれた社会」がアメリカの民主主義の原理であると主張する。

アメリカの多文化教育は、各民族間の対立、民族間の階層分離、非白人人口の増大、白人の非白人への敵意等、さまざまな問題を含みながらも、シュレージンガーのいうように、「統一化をめざす政治的理想が、かくもたやすく、また気持ちよく社会的・文化的価値観の多様な共存」をはかる状態を実現している。アメリカは複数の文化から成る共通の文化を保存しているのである。文化的多様性を認めることと、一つの共通の文化を志向することが矛盾なく共存することが、アメリカ公教育の特徴であり、課題なのである。

注

（1） D. E. Cross, M. H. Happel, G. A. Doston and L. J. Stiles, 1977. "Responding to Cultural Diversity", In D. E. Cross, G. C. Baker and L. J. Stiles (eds.), *Teaching in a Multicultural Society.* New York: The Free Press, p. 4.

（2） M. M. Gordon, 1977. *Assimilation in American Life: The Role of Race, Religion and Origins,* New York: The Free Press, p. 4.

（3） M. M. Gordon, 1975. Toward a General Theory of Racial and Ethnic Group Relationship, In N. GLazer and D. P. Moynihan (eds.), *Ethnicity: Theory and Experience,* Cambridge: Harvard University Press, pp. 105-106.

（4） J. A. Banks and J. Lynch (eds.), 1986. *Multicultural Education in Western Societies,* Praeger, New York: Preface p. 1.

（5） F. E. Kendall, 1983. *Diversity in the Classroom: A Multicultural Approach to the Education of Young Children.* New York: Teachers College Press, p. 3.

（6） *Ibid.,* p. 3.

（7） J. A. Banks and J. Lynch, *op. cit.,* p. 201.

(8) チャールズ・ビアード、メアリー・ビアード、ウイリアム・ビアード（松本重治・岸村金次郎・本間長世訳）『アメリカ合衆国史』岩波書店、一九六四年、五〇二頁。

(9) ビアード、一九六四年、前掲書、五二一頁。

(10) J. S. Coleman, E. Q. Campbell, C. J. Hobson, J. Mcparlad, A. M. Mood, F. D. Weinfeld and R. L. York, 1966. *Equality of Educational Opportunity.* Washington, D. C: U. S. Department of Health, Education and Welfare, pp. 21-31.

(11) *The Encyclopedia of Education* vol. 1. New York: Crowell-Collier Educational Corporation, 1971. p. 466.

(12) J. A. Fishman, 1977. *Bilingual Education,* Newbury House Publication, 1977. p. 27.

(13) *Better Chance to Learn: Bilingual Bicultural Education,* United States Commission on Civil Rights Clearinghouse Publication No. 51, 1975. p. 180.

(14) F. Cordasco, 1976. *Bilingual Schooling in the United States.* New York Mcgraw-Hill Books Company, p. 216.

(15) *Ibid.,* pp. 221-222.

(16) D. Sharp, "Trend in Educational Response to Multicultural Challenge". In J. Megarry, S. Nisbet and E. Hoyle (eds.), 1981. *World Yearbook of Education, 1981. Education of Minorities* Kogan Page, p. 60.

(17) *Ibid.,* p. 60.

(18) J. Megarry, S. Nisbet and Eric Hoyle (eds.) *World Yearbook of Education 1981: Education of Minorities.* Kogan Page, 1981, p. 12.

(19) *Ibid.,* p. 12.

(20) J. A. Banks and J. Lynch, *op. cit.,* p. 42.

(21) *Ibid.,* p. 45.

(22) *Ibid.,* p. 48.

(23) P. L. Tiedt and M. Tiedt, 1979. *Multicultual Teaching,* Allyn and Bacon, Inc., pp. 1-2.

(24) *Ibid.,* pp. 1-2.

(25) F. E. Kendall, *op. cit.,* p. 4.

（26）*Ibid.*, p. 42.
（27）*Ibid.*, pp. 44-45.
（28）*Ibid.*, p. 56.
（29）V. L. Masemann and Y. Iram, 1987. "The Right to Education for Multicultural Development; Canada and Israel." In Dougrous Ray and Norma B. Tarrow, *Human Right and Education*, Oxford: Pergamon Press, p. 117.
（30）J・A・バンクス（平沢安政訳）『多文化教育』サイマル出版会、一九九六年、四三頁。
（31）バンクス、一九九六年、前掲書、四七頁。
（32）A・シュレージンガーJr.（都留重人監訳）『アメリカの分裂』岩波書店、一九九二年、一七五頁。

三章　カナダ――多文化社会に対する教育政策の概観

カナダは教育に関する州自治制度が確立している国であるが、多民族・多文化社会を反映して少数派の擁護に関する州の教育立法条件を憲法によって定めている。すなわち、一八六七年憲法においては宗教上の少数派、一九八二年憲法では公用語上の少数派の擁護である。このことはカナダにとって、宗教と言語が重要な指標となっていることを示している。この文脈にしたがって、本章では、社会的・政治的背景を概観したうえで、カナダの複雑な言語教育問題と宗教教育問題に焦点をあて、最後に対先住民教育政策を概観する。なお、カナダの人口構成の多様性は、民族の多様性のみではなく民族と出身国が異なるという意味でも、文化的背景の多様性の側面をもつ。しかし、ここでは「多民族・多文化」の意味を含めて「多文化社会」の語を用いることとする。

1　カナダの人口構成の特徴

多民族化の歴史

カナダは移民によって築かれた国であるといわれる。南の隣国であるアメリカ合衆国も移民国家であるように、移民によって築かれた国はカナダだけではない。しかし、移民国家であっても、その国特有の事情がある。

まず、カナダはアメリカのように明確な独立宣言によって植民地支配から脱却した国ではなく、植民地として発展し、その流れのなかで主権を獲得した国である。現在でもイギリス女王が、イギリス女王としてではなく、カナダの女王を兼ねている立憲君主国である。したがって、この植民の歴史が人口構成に大きな影響を与えている。ここでは詳細な移民の歴史を展開する意図はなく、本論に関係する点のみを指摘する。

ヨーロッパのいわゆる大航海時代には、現在カナダの国土となっている地域に、すでにさまざまな民族が住んでいた。今ではアメリカインディアン、ファーストネイションズ（First Nations）などの名称でまとめられている諸民族とイヌイットの二つに行政上カテゴリー化されている。イヌイットは前者に比して時代がくだってから渡来した民族として認識されているが、一九三九年インディアンと同様に先住民の扱いとなることが認められた。

カナダは一七世紀から一八世紀中葉までフランスの植民地で、フランス政府の移住政策に支えられ、フランス的文化圏の植民地として発展した。しかし、一八世紀に入ってから英仏抗争により徐々に縮小され、一七六三年のパリ条約により、最終的にイギリスの植民地となった。しかし、イギリスの植民地となってもイギリスよりの移住者が急増することはなく、また、フランス人の一般住民でフランスへ帰国する数は多くなかった。ここに、少数のイギリス系住民が多数派であるフランス系住民を支配するという事態が生じた。おりしも、南の植民地諸州で独立運動がはじまり、イギリスは不満を抱いているフランス系住民が独立運動に荷担することをおそれ、一七七四年に「ケベック法」を制定し、フランス系住民がフランス的文化を存続させることを積極的に認めた。ところがアメリカの独立に反対する忠誠派がカナダに北上、イギリス系住民の増加により実質的にイギリス植民地として存続することが可能となった。その結果、積極的な英化政策とフランス系社会の存続指向との間の確執が表面化し、この確執がその後の学校教育の歴史に影響を与えることとなる。

その後、各地からの移住者が増加し、今日のような多文化社会となっていく。移民受け入れ政策は白人主義であったが、一九六七年の移民法改正後、非ヨーロッパ系移住者が増加、難民をも含めて広く世界各地からの移民を受け入れるようになった。

このように、カナダの人口構成はモザイクに比べられるような平面的な多様性ではなく、いくつかの層に分かれ、いわば重層構造をなしている。すなわち、

(1) 先住民——植民地支配下にあった人びと。
(2) フランス系住民——植民地支配者であった後に征服された人びと。被征服民の意識を伝承。
(3) イギリス系住民——カナダを征服・支配する人びと。カナダ社会の多数派。
(4) 移住者——既存のカナダ社会を肯定して移住した人びと。

ただし、このような単純なカテゴリー化は住民個人の観点からは必ずしも妥当ではない。しかし、政策樹立など住民をマクロにとらえねばならない場合、この分類が基盤となっている。

以上、述べてきたように、英仏というようにヨーロッパ人同士が征服者・被征服者の関係がしこりとなって存続している一方、先住民もいわゆる複数の民族の総称であるアメリカインディアン、メティス（フランス人との混血の子孫）、イヌイットというように単層ではなく、多民族が同じ立場で人口を構成しているのではないということ

が、カナダの人口構成の特徴であるといえる。

多文化社会の現状

カナダは前項で述べた経緯をへて多様な民族・文化が共存する社会、たんなる共存のみではなく多様性の内容が変動しつづける社会となった。五年ごとに行われる国勢調査の結果はこのことを裏づけている。ここでは、一九九六年の国勢調査結果をもとに概観する。

⑴ 民　族

カナダの総人口は約三〇〇〇万人である。民族に関する調査は、一九八六年から単一民族と混血による複合民族に大分類されている。複合民族は一九八六年二八%、九一年は二九%と微増であったが九六年には三五%以上となり、民族の混血が進んでいる。一方、大都市への人口集中も進み、全人口の三分の一以上が、トロント、モントリオール、オッタワ・ハル、バンクーバーに居住、その過去五年間の人口増は、バンクーバーが一四・三%、そのうち四五%が移住者による増加、トロントでは九・四%増、そのうち六〇%が移住者による増加である。また、民族の種類は一〇〇を越え、ビジブル・マイノリティと総称される先住民を除く非白人系住民の人口比は一一%で、とくにブリティッシュ・コロンビア州は一九・九%、オンタリオ州は一五・八%と全国比を越えている。先住民人口は約八〇万人とされ、総人口の二・八%、そのうちインディアンと総称される人びとが約五五万人、メティス約二一万人、イヌイット約四万人と報告されている。

⑵ 言　語

カナダの人口調査における重要な要素の一つが言語に関する調査である。これは、母語と家庭語の双方を対象として行われる。英語のみを母語とする人は人口の五七・五%、一九八一年には六一・二%、九一年には六一・〇%、英語を含む複数言語を母語とする人の一・三％を加えても減少している。フランス語のみを母語とする人は二三・三％、一九八一年に二五・五％、九一年に二四・五％、フランス語を含む複数語を母語とする人は〇・四％である。英仏言語以外のみは一六％である。家庭語も英語のみ、フランス語のみは減少傾向にある。英仏言語以外の言語のみは八・九％と母語の場合より少なく、英語またはフランス語を含む複数言語を家庭語とする人口が増加している。この母語と家庭語のずれは、公用語以外の言語にもあらわれている。すなわち、母語については、一九八一年にイタリア語、ドイツ語、ウクライナ語の順であったが、九一年にはイタリア語、中国語、ドイツ語、九六年には中国語、イタリア語、ドイツ語、家庭語については、一九八一年はイタリア語、中国語、ドイツ語、九一年は中国語、イタリア語、ポルトガル語、九六年には中国語、イタリア語、パンジャビ語となっている。このなかで、とくに中国語人口が他を抜きん出て多く、ブリティッシュ・コロンビア州では中国語のみを母語とする住民が集中、五年間で州人口の四・七％から六・八％に増加している。なお、一九九一年から九六年までの移住者の八〇％が英仏語以外を母語とする人びとで、その九〇％が前述の大都市のある三つの州に集中している。先住民はすでに七〇％近くが英語を、約五％がフランス語を母語とし、先住民の言語（数十種類に及ぶ）を母語として回答した人は二三％にすぎない。

(3) 宗　教

一九八一年と九一年を比較すると、カトリックの人口比が四七％から四六％に、プロテスタントが四一％から三六％に、無宗教が七％から一三％になっている。その他の宗教のなかでは、この一〇年間にイスラーム教が〇・四％から〇・九％、仏教が〇・二％から〇・六％、ヒンズー教が〇・三％から〇・六％、シーク教が〇・三％から〇・五％と顕著な増加をみせている。

上述のごとく、民族、母語、家庭語、宗教の多様性が統計上指摘できる。しかも、これらの要因の数値が相互に異なっていることは、単純にX民族は母語も家庭語も宗教もXであると決めつけることができないことを示している。さらに、人口分布も一様ではなく、カナダにおける多文化社会を対象とした教育政策は、この州による人口構成の多様性を基盤に展開している。(1)

2　連邦政府の多文化問題に関する政策

連邦政府の政策は、前節で指摘した住民のカテゴリー化に準じて、(1)先住民に対する政策、(2)フランス系住民とイギリス系住民との共存に関する政策、(3)英仏系以外の移住者に対する政策の三つの流れに分けてとらえることができる。一九六〇年代以降を中心にすると、時系列的には(2)→(3)→(1)の順に扱われはじめている。以下、この順序にしたがって連邦政府の一般行政を概観する。

フランス語系住民の問題

一九六〇年代にケベック州で起きた「静かなる革命」により連邦政府は積極的にフランス系住民問題に対応する必要にせまられた。この「静かなる革命」は、人口の八割以上を占めるフランス語を母語とする住民にケベック州の主導権を移すこと、フランス語を中心とする文化を積極的に保持・発展させることを目的とした。連邦政府は一九六三年に二言語二文化主義政府調査委員会を設置し、フランス系住民の文化的権利を認めたうえでイギリス系住民との共存について検討をはじめた。一九六七年には公用語に関する報告書が提出された。そして、一九六九年にカナダ公用語法を制定、英語とフランス語を対等な公用語として認めた。ただし、この公用語二言語制は連邦政府関係のみで、各州はこの二言語のなかで独自の公用語を定める権利を得た。その結果、公用語二言語制を採用したのはニュー・ブランズウィック州のみで、それ以外の州は一言語制を採用した。ただし、同じ一言語制であっても、ケベック州はフランス語、他の州はすべて英語であった。一九八二年憲法の「第一章　権利および自由に関するカナダ憲章」の「カナダの公用語」(一六条―二二条)において、公用語二言語の平等権が保障された。

カナダにおいて唯一フランス語を公用語とするケベック州では、一九七四年の州公用語法に続いて一九七七年には「フランス語憲章」を制定、州内でのフランス語使用の義務づけを強化した。このケベック・ナショナリズムの潮流はケベック州の主権獲得の動きとなり、連邦政府に対して州が主権を獲得することに関する州住民投票が一九八〇年に行われた。その結果は賛成四〇・五%、反対五九・五%で否決された。しかし、一九九五年に再度住民投票が行われ、その結果は賛成四八・五%、反対四九・七%、無効一・八%という僅差で否決されている。その結果、国家解体の危機感が強まった。一九九七年九月に行われたカルガリー宣言もその一つのあらわれで、これはケベック州を除いた州の首相によるもので、カナダは一つであるとの認識の確認である。

多文化社会への対応

二言語二文化主義政府調査委員会の設置に続いて、一九六九年の公用語法が公用語二言語主義を採用してフランス系住民の文化のみを公に認めることは、他の民族・文化に対して公平を欠くことであるとの批判が顕在化した。これはフランス系住民が東部に偏っているのに対して、西部諸州はウクライナ系住民などフランス系以外の住民が多く居住し、人口の民族構成に州によって偏りがあったからである。フランス系住民は、非征服民として、イギリス植民地となってから自らの選択でカナダに移住してきた人びととは異なり、その文化的権利は尊重されるべきであるという認識をもつ。これに対して、現在居住している人びと全員は平等な立場でその文化の擁護を主張する権利があるとする声が主として西部諸州よりあがった。二言語二文化主義政府調査委員会は、この動きに呼応して、一九六九年、『他の民族集団の文化的貢献』と題する報告書第四巻を提出した。多文化主義は二文化主義という用語に対して用いられた造語である。一九七一年、連邦政府は二言語主義の枠内における多文化主義政策を宣言した。トルドー首相の議会演説のなかで多文化主義は概念としてよりは政策として説明された。この政策の根元はアイデンティティを選択する自由の保障で、民族文化集団の文化的発展を支えること、民族文化集団に属する人びとがカナダ社会への全面的参加を妨げる障害を乗り越えることを助けること、すべての民族集団の相互交流を促進すること、新しいカナダ人が少なくとも公用語の一つを習得することを支援することをその趣旨とする。

こうして採用された連邦政府の多文化主義政策は、多文化主義担当国務大臣職の新設、カナダ多文化主義協会の設置などに具体化され、補助金制度も確立、各地で民族文化の伝承や紹介を目的とする活動が活発に展開されるようになった。しかし、連邦政府の多文化主義に対してケベック州政府は一九七八年に発表した『文化的発展に関するケベック州の政策』において連邦政府の多文化主義を批判、異文化間主義を採用することとした。

一方、一九六七年の移民法の改正によって、人種・民族を問わず一定の条件を満たした者に移住権が与えられることとなった結果、すでに指摘したごとく、一九八〇年代には非白人人口が増加、ビジブル・マイノリティとして政治的にも社会的にもそれまでとは異なった対応がせまられるようになった。一九八二年憲法は「権利と自由に関するカナダ憲章」において「すべての個人は、法の下に平等であり、一切の差別、とくに人種、出身国籍もしくは出身民族、体色、宗教……を理由として差別を受けることなく、法の平等な保護と利益を享受する権利を有する」（一五条）とし、具体的にカナダ在住のすべての民族・文化の平等権を宣言した。さらに、一九八八年には多文化主義法が制定された。この法律は多文化主義政策の内容を具体的に示したもので、人権擁護を基調とし、一九七〇年代前半の文化選択の自由を基礎理念とした多文化主義政策とはニュアンスを異にしている。また、ケベック州の動きに関連して、連邦政府は多文化社会をどのように方向づけるかについて、スパイサー委員会にその問題の検討を依頼した。同委員会は全国的な公聴会を実施し、一九九一年に報告書(2)を提出、文化の多様性の尊重とともにカナダとしてのまとまりを達成するために共通の価値観の必要を指摘している。多文化社会としての統合が求められているのである。

先住民に関する政策

連邦政府が対応せねばならないもう一つの住民のカテゴリーは先住民である。一八六七年憲法は各州の自治権を大幅に認めた。インディアンと総称される先住諸民族とその保護地区は連邦政府の管轄下に置かれたが、イヌイット、メティス(フランス人との混血の子孫)および保護地区以外に居住するインディアンは州政府の管轄となった。その後、一八七六年のいわゆるインディアン法をはじめとする政策が展開し、一九六〇年になってようやく保護地区居住者にも選挙権が与えられた。なお、保護・援助の対象はインディアンとしての身分を政府によって認定されている人びとに限定されており、一般社会に同化して居住する人びとは除外された。連邦政府にはDIANDと略称されるインディアン担当行政機関が設置され、対インディアン行政を管轄し、州政府とその事情に応じた交渉、一部権利委譲なども行ってきた。

連邦政府が一九六九年に発表したインディアン白書は、先住民のみを対象とした立法・行政措置がかえって先住民を疎外することになるので、このような特別措置を行わない方がよいということを指摘した。これに対して、先住民として特色ある生活圏を確保しつづける必要があるとの見解による先住民の権利擁護を主張する運動、自治権を求める運動などがある。その一例が「全国インディアン協会」(National Indian Brotherhood)と称する団体の運動である。

一九八二年憲法は「第二章　カナダの先住民の権利」を設け、「カナダの先住民が現に保有する先住民固有の権利および条約にもとづく権利は、ここに承認し確認する」(三五条一項)と宣言している。また、行政用語としての先住民について、「本法においてカナダの先住民という場合はカナダ人たるインディアン、イヌイットおよびメティスを含むものとする」(三五条二項)と定義した。連邦政府は、インディアン問題特別調査委員会の設置(一九八三年に報告書提出)、先住民に関する政府委員会の設置(一九九二年に第一報告書を提出)、イヌイットが中心となるヌナブト準州を一九九九年に北西準州より独立させる協定の調印(一九九三年)、六月二一日を先住民の日とする決定(一九九六年)など、先住民の権利を積極的に認める政策を進めている。ヌナブト準州は、一九九九年四月一日に、北西準州の一部を分離させて発足した。しかし、ケベック州がフランス語系住民のみの州とはならなかったように、ここでも居住者すべてがイヌイットであるのではなく、準州内の少数派問題への対応が求められよう。

3　学校における公用語教育の問題

連邦政府と教育政策

前述したカナダ特有の事情と政策を背景に、多文化社会に対する教育政策が展開されていく。とくに、連邦政府が一九七〇年代はじめに採用した二言語・多文化主義政策は、直接、学校教育に影響を与えることとなった。カナダでは、一八六七年の連邦政府成立にあたり、それまでの経緯から教育に関しては州の自治権を認めた。これにより、州は引き続き自州の民族構成や情況に即した教育制度を築いていくことが可能となった。したがって、連邦政府が二言語・多文化主義を採用したからといって、全国一律にこの主義にもとづいた教育政策が展開されるとは限らない。連邦政府が主導権をとることができるのは、主として、補助金制度を通してである。連邦政府は公用語法にもとづいた公用語普及を目的とする教育に対する補助金、多文化主義政策にもとづいた英仏系以外の住民の文化活動や言語教育に対する補助金などを通してその政策の普及を促した。

連邦政府の公用語二言語主義は公用語教育の問題、そして、多文化主義は母語ないし民族語の教育問題として展開する。二つの言語が公用語であるということは、国民個人個人に英語とフランス語の両方を使用する能力を義務づけるものではない。どちらの言語でも行政サービスを受ける権利が認められるということ、それ以外の言語を母語とする住民はどちらかの公用語を用いることが要求されるということである。この原則から言語教育の三つの観点が導き出される。すなわち、(1)英語またはフランス語を母語とする住民が居住地域で言語上少数派となった場合でも、その母語で学校教育を受ける権利がある。(2)公用語以外を母語とする場合、州公用語の特別指導を受ける権利がある。(3)個人がもう一方の公用語を学習することを奨励する。

公用語少数派と教授用語の問題

(1) 教授用語と憲法

一九八二年憲法は「第一章　権利および自由に関するカナダ憲章」において、次のように少数派言語教育権を擁護している。

二三条　次の各号のいずれかに該当するカナダ国民は、自己の子どもに少数言語による初等教育及び中等教育を受けさせる権利を有する。

一　自分が最初に学び、現に理解する言語が英語又はフランス語であり、かつその言語が自己の居住する州において言語的少数民族の言語である者。

二　カナダにおいて英語又はフランス語による初等教育を受け、かつその言語が自己の居住する州において言語的少数民族の言語である者。（二項および三項は省略）(3)

この公用語上少数派の教育権擁護規定は、州公用語をフランス語と定めたケベック州の教授用語に関する規定と矛盾する内容があり、連邦政府とケベック州政府との確執の一因となった。

(2) ケベック州の問題

ケベック州では住民の大多数がフランス系であったが、出生率の低下によりフランス系住民人口が減少していった。この現象に反比例するがごとく、英仏系以外の移住者が増加しその人口比の拡大傾向が顕著になった。一九六〇年代の「静かなる革命」によってフランス系住民が州の実権を掌握できたときに、肝心のフランス系住民の人口が減少しはじめ、移住者をフランス語系住民に加えることを目的とした教育政策をとることとなった。一九七四年の州公用語法は学校の教育用語もフランス語とし、英語は例外措置として認め（四〇条）、英語を母語としない児童生徒の英語系学校就学を英語を十分に知っている者のみに制限し（四一条）、この英語能力の判定を教育委員会に委ねた（四二条）。しかし、この判定に問題があるとの指摘により、一九七七年に制定された「フランス語憲章」において教授用語に関する規定が強化された。まず、ケベック州において教育を受ける者はすべてフランス語で教育を受ける権利がある（六条）との表現を用いて、フランス語で教育を受けることを権利として位置づけた。この基本規定にもとづいて「第八章　教授用語」が設けられた。そのなかで、例外措置としての英語系学校就学の条件が示されている。すなわち、(a)父または母がケベック州において英語による初等教育を受けている場合、(b)本法律の施行日においてケベック州に居住している父または母がケベック州以外で英語による初等教育を受けている場合、(c)本法律の施行日において英語による公立幼稚園または小学校あるいは中等学校に在籍していた場合、(d)姉または民が(c)に該当する場合のいずれかとした（七三条)。なお、公用語法においてもフランス語憲章においても、先住民は公用語義務づけの対象外とし、母語で教育を受ける権利を認めている。[4]

フランス語憲章の社会に与えた影響は大きく、他州への転出者を多く出したほどであった。教授用語に関する七三条は数年後に制定された一九八二年憲法の二三条と微妙に異なっている。両者の相異について検討する紙幅はないが、後者はむしろケベック州のフランス語憲章の規定への反発が影響しているとみることができる。この問題については激しい議論があり、多くが語られ、多くが書かれた。子どもの教育に関して親が教授用語を選択する権利を奪ったことに関する説明も多くなされた。このなかで、州フランス語評議会が提出した報告書の「ケベック州のカナダとアメリカのなかにおける地理的位置づけ、アングロアメリカ全体におけるフランス語使用率の低さ（二％)、英語に接する機会の多さ、そして、英語によるコミュニケーションの遍在、これらすべてはケベック州におけるフランス語の地位を脅かしている」[5]という表現は、特別の保護策をとらないかぎり、少数派言語の存続が困難であることを示している。

その後、フランス語憲章の七二条は何回か修正されている。一九八三年には「英語による初等教育」を「教育の大部分が英語で行われる初等教育」と修正し[6]、一九九三年には、「父または母がケベック州において」を「父または母がカナダの国籍を有し、カナダにおいて」に修正、さらに、カナダの国籍を有しない父または母のどちらかがケベック州において大部分が英語による初等教育を受けた場合という規定が追加された[7]。いずれも、規制緩和の方向での改正である。

(3) ケベック州以外について

他の州に関しても、フランス語を母語とする児童生徒を対象にフランス語を教授用語とする学校ないし学級が多くの州に設置されるようになった。たとえば、ケベック州に対峙するオンタリオ州は、一九九六年の調査によると約四八万人のフランス語系住民が居住している。この州では一九一二年に小学校低学年におけるフランス語の使用を禁じる規則一七が制定され、その後若干緩和されたとはいえ、この規則は一九四四年まで存続した。公立学校においてフランス語が教授用語として認められるようになったのは一九六八年で、七〇年には宗教的に中立であることを条件にフランス語系中等学校設置が認められた。その後、一九八二年憲法による少数派言語擁護規定にもとづいて、八八年法律一〇九号を制定、フランス語系教育委員会設置を認めた。また、一九世紀末のいわゆるマニトバ学校問題の結果、フランス語を教授用語とする公立学校が存在しなくなっていたマニトバ州については、学校教育法が一九八二年憲法に違反しているとの最高裁の判決が出された。

その他の州においても、一九八〇年代より、フランス語を教授用語とする学校・学級を、地方教育行政制度のなかに位置づける方向に進んでいる。その結果、一九九一年には、ケベック州を除いたカナダ全体で少数派言語(フランス語)による教育を受けている人数は、初等教育約一〇万人、中等教育約五万人となっている。また、フランス語系公立学校はケベック州を除くと小学校約四〇〇校、中等学校約八〇校、初等中等一貫学校約八〇校で、公立学校の約五%となっている。少数派言語が英語となるケベック州では英語で教育を受けている人数は初等教育約六万人、中等教育が約四四万人、英語系公立学校が約二〇〇校で公立学校の約六%である(8)。

なお、移住者に対する支援として、州公用語特別指導が行われている。英語圏ではESL学級による英語指導が行われており、ケベック州では一九六九年に受け入れ学級制度が設けられた。

公用語第二言語の教育

(1) 第二言語教育の実施

二つの公用語をもつカナダでは、母語以外の公用語を制度上、第二言語と呼ぶ。初等中等教育における第二言語の学習は、義務づけられている場合と自由選択の場合とがある。ケベック州では、英語系学校はフランス語を小学校第一学年から、仏語系学校は英語を小学校第四学年から必修である。開始学年が言語によって異なることは批判の的になっているが、州公用語のフランス語の保護という観点による制度であるとされた。

英語を公用語とする州では、州によって異なるが、第二言語教育としてフランス語の学習を小学校から開始できるような教育課程の編成が行われるなど、各種の対応がみられる。

二言語二文化政府調査委員会は、一九六八年の報告書においてカナダ人が第二言語習得の努力をするように促した。連邦政府は一方では公用語法を制定、他方では公用語局を設立した。その主催で行われた一九七七年大会にフランス語学習機会に関心のある親たちが招かれ、その後、彼らによってフランス語のためのカナダ父母団体（CPF）が結成された。後述するイマージョン・プログラムが行われている地域の教師や研究者などもこの団体の運動にかかわることとなった。その運動の結果、第二言語教育の連邦交付金は、一九七〇年には五〇万ドルであったが七八年には二一〇万ドルになり、さらに八八年の連邦政府と州政府の協定では一・二兆ドルに達した。

(2) フレンチ・イマージョン・プログラム

第二言語としてのフランス語学習は、当初予期しなかった方向に発展した。これがいわゆるイマージョン・プログラムである。「静かなる革命」でフランス系住民が主導権を掌握したケベック州で、英語とフランス語の両言語能力を有することが将来有利であると判断した英語系父母の働きかけで、一九六五年に英語系幼稚園で試みられたのが発端であるとされる。このプログラムではフランス語で授業を行い、学年が進むにつれ本来の英語による授業の比率を増加させ、自然にフランス語を覚えていくようにするものである。

このプログラムの目的は、(a)英語系学校の児童生徒にフランス語の話す能力・読む能力・書く能力を得させること、(b)英語を含む通常の教育課程の学習において通常の水準に達すること、(c)フランス語系カナダ人と英語系カナダ人の両方の伝統と文化が評価できるようにすることの三点に集約できる。すなわち、学業達成度を犠牲にすることなく、二言語・二文化、いわゆるバイリンガルとなることである。この試行は成功したと判断され、その後、急速にカナダ全土に広まった。この急速な普及の要因は次のようにまとめることができる。カナダのイマージョン・プログラムは二つの多数派言語を対象にしたこと、このプログラムは義務づけではなく選択とし、親の信念と教師の熱意が児童生徒の動機づけを好ましいものとしたこと、低学年から開始する場合は、授業以外には家庭で使用されている言語を使うことが許されたこと、教師自身はバイリンガルであるが、児童生徒に対しては英語は理解できるが話せないことにしたこと、児童生徒の言語背景が同じであったこと、イマージョン・クラスの児童生徒は通常の学級と同じ教育課程で学習ができたことなどである。[9]

連邦政府の行政サービスは二つの公用語で行われるので、英仏両語の能力を備えている方が就職に有利であり、企業就職なども有利になるので、子どもの将来を期待する親たちの間でエリート・コースとして認識されるにいたった。一九九四―九五年度にはケベック州以外のフレンチ・イマージョン・プログラムを含んだ第二言語教育を受けている児童生徒は二〇〇万人を越えた。[10]このような現象の結果、今では英仏両語を流暢に使用するカナダ人が増加しているという印象を受けるようになっている。しかし、問題点も指摘されるようになり、州によってはイマージョン・プログラムよりは通常の第二言語教育の履修者が増加する傾向もみられる。

4　公用語以外の少数派言語教育

非公用語教育の形態

連邦政府の多文化主義は、母語ないし民族語の教育問題を提起した。これら少数派言語は非公用語（non-official languages）として位置づけられている。英仏語以外を母語とする住民が次世代にその言語や文化を伝達することを積極的に要望する気運が高まり、その結果、出現したのが遺産言語（heritage language）プログラムである。用語に関しては、ケベック州ではフランス語で民族出自の言語（langues d'origine）が用いられ、オンタリオ州では一九九四年から国際言語（international languages）を用いるようになっている。その形態は三つに大別することができる。(1)バイリンガル教育として授業の半分ほど遺産言語を教授用語とする場合、(2)州政府によって教育課程が作成され、教育委員会が運営し、正規の科目として、あるいは、課外として指導する場合、(3)民族集団が土曜日や放課後に、政府による財政支援や教育委員会から学校の校舎の使用許可などを受けて自主的に組織する場合などがあげられる。州において遺産言語教育を管轄するのは、教育を担当する行政機関と文化や移住問題を担当する行政機関がこれにあたっているが、州によって前者のみの場合や双方が関与する場合がある。財政援助に関しては、州によって、連邦政府の補助金のみの場合、州の財政援助のみの場合、双方の場合などがある。次に、部分的かつ簡潔ではあるが、遺産言語教育政策の展開の事例を紹介する。

非公用語教育の情況

遺産言語プログラムは、一九七一年、アルバータ州がウクライナ系住民グループからの要請によってはじめたのが最初であるといわれている。同じ平原州であるサスカチュワン州は一九七四年に教育法を改正して英語以外の言語を教授用語とすることを認めた。マニトバ州もこれに続き、英語とフランス語以外の教授用語を認めた。このように、教授用語として認めたうえで、バイリンガル教育を可能にしたのである。これら平原州ではウクライナ系の住民が多く居住し、英語とウクライナ語のバイリンガル教育が州の財政援助を得て行われることになった。他の非公用語についても、バイリンガル教育や教科教育としての学習指導要領作成など、多様な措置がみられる。バイリンガル教育については、当初ヨーロッパ系言語が中心であったが、一九八三年にエドモントンの公立学校で英語と中国語や英語とアラビア語が開設された。ビジブル・マイノリティの人口増の影響が小さくないことがわかる。遺産言語プログラムは住民の要請によって開設していくので、言語の種類は多く、数十語にもなっている。なお、担当者が有資格教員であること、その学習を単位として認定することなど、第二言語教育の効果を重視した政策がとられている。財政に関しては、連邦政府と州政府の双方から財政支援を受けているが、この他、教育委員会、教会や家庭を含む地域社会からの援助も受けている。平原州はカナダのなかで非公用語教育制度が最も充実していると評価されている。

ブリティッシュ・コロンビア州では、連邦政府の補助金で遺産言語教育を行っている。州政府は財政援助を行わないが、認定を受けている中等教育レベルの遺産言語教育を修了すれば中等教育の単位として認めている。この場合、正規の科目でも民族集団による学級でもよい。太平洋に面した州として「環太平洋」を意識し、中国語や日本語やスペイン語の学習指導書も作成している。

オンタリオ州では、一九七七年に一定数以上の父母によって要求されれば遺産言語プログラムを開設することを認めた。これは州の生涯教育補助金の対象に加えられ、教育委員会の責任により、学校の教育課程外で行われることになった。言語指導者には教員資格は要求されず、教育委員会と関係父母グループの承認のみでよい。その後、中等教育の単位として認定されるようになっている。言語の種類は非常に多く、学習指導書の作成が急がれ、新しく国際言語学習指導書が作成された。この指導書は六四言語を対象としている。先住民諸言語はこれには含まれず、別途に学習指導書が作成されている。

ケベック州では、一九七七年の「フランス語憲章」に関連して、翌七八年に民族出自の言語教育プログラム（PELO）を制度化した。これは移住者にフランス語系学校への就学を義務づける法律に反対していた住民からは歓迎されなかったが、履修者の数は増加した。当初は当該言語を祖先の言語とする者のみを対象としたが、一九八九年に希望者も、学級の半数を超えないという条件で、履修できることになった。当初、正規の科目として学習指導要領が作成されている言語はギリシャ語、イタリア語、ポルトガル語およびスペイン語であった。しかし、教育委員会の裁量で地域の需要に即した科目を加えることができるので、地域によって各種の言語教育が行われるようになっている。とりわけ、非ヨーロッパ言語が目につく。州政府はこの言語教育プログラムを提供している教育委員会に財政面のみならず教員研修やカリキュラム開発などの支援を行っている。この他、一九七〇年に、当時の州文化・移民省の財政補助（たとえば、経費全体の三割程度）による民族言語プログラム（PLE）が発足している。このプログラムの開設・運営主体は民族団体や非営利団体で、土曜日の午前中などに行われ、一九九〇年には三五言語、履修者数二万人にまで発展した。

これまで、カナダの非公用語を母語ないし民族の言語とする住民を対象とした言語教育を一瞥してきた。とくにとりあげなかった人口の少ない大西洋沿岸諸州では他の州に比して低調であるが、遺産言語教育は地域によって行われている。なお、ある言語の教育を行うことは、その言語を育んだ文化の伝達をともなう。文化の伝達は、文化リテラシーなくして一つの言語を身につけることができないという説があるほどで、民族言語教育において重要な要素である。したがって、この遺産言語教育は同時に民族文化の伝達の役割を直接的にも間接的にも果たしているのである。

5　学校教育と宗教の問題

一八六七年憲法九三条と宗派別学校制度

カナダ連邦成立以前に存在していた各植民地州において、すでに学校教育が制度化されていた。フランスの植民地時代に定着したカトリック系学校とイギリス領となってから発展したイギリス国教会やプロテスタント諸宗派による学校との共存が、制度化ないし慣習化していた。教育の州自治権を認めた一八六七年憲法九三条は、宗派上の少数派擁護を教育立法の条件としたが、これは既存の宗派別学校制度を事実上追認するものである。

九三条　各州の立法府は以下に規定するところに従い、[当該州の] 教育に関して専属的立法権を有するものとする。

一、連邦成立時に当該州によって一定の者に与えられた宗派学校に関する権利に不利な影響を与えないこと。

二、アッパーカナダにおいて連邦成立時に法律によって女王のローマ・カトリックの臣民の分離学校および学校理事会に与えられ課せられたすべての権利・特権・義務は、ケベックにおける女王のプロテスタントおよびローマ・カトリックの少数派の宗派学校にも適用されなければならず、これより適用すること。(三項および四項は省略)(11)

この条文は連邦成立時に連邦に加入した東部四州のみを対象とするもので、他の州に関しては連邦加入時に修正が行われ、それが当該州のみに適用されることとなった。この条文で重要な点は連邦成立時に教育法によって分離学校ないし宗派学校が制度化されているという点である。ノバ・スコシア州では連邦成立直前に制定された教育法によって分離学校制度をもたない公立学校制度が発足していた。また、ニュー・ブランズウィック州では宗派学校は教会法によって認められていたが教育法によるものでないという理由で、宗派上、少数派擁護規定が適用されないと解釈された。結局、九三条の立法条件が適用されるのはケベック州とオンタリオ州のみとなった。その後連邦に加入した州に関しては、マニトバ州の場合「法律もしくは事実により」と修正されるなど、規定内容が微妙に修正されている。しかし、ブリティッシュ・コロンビア州とプリンス・エドワード・アイランド州は宗派学校が制度化されていないという理由で適用されなかった。

一八六七年憲法九三条改正の動き

前述の規定が適用された州のなかで一番問題をかかえることとなったのはケベック州である。フランス系住民が多数派でありながら人口比の低いイギリス系住民が優位に立ち、教育行政上の試行錯誤の後、両者が別々に学校教育を推進する方策を見出した。それが全州の学校をカトリックとプロテスタントに分割することであった。こうしてカトリック系教育委員会とプロテスタント系教育委員会に分かれ、教育制度の二元性として発展した。一九六四年に州教育省の設置により州中央教育行政が一元化されたが、宗派別教育委員会制度と公立学校の宗派別設置制度はそのまま存続した。この州中央教育行政の一元化と世俗化を勧告したパラン審議会は、一九六六年の第三報告書において教育委員会の宗派別設置制度廃止を勧告した。それは住民の多様化によって、カトリックとプロテスタントにカテゴリー化することは現実的ではないという理由であった。しかし、この勧告をめぐって複雑な反対運動が続いた。難航した理由は政府対教会ではなく、宗派別教育委員会がその傘下にある住民集団のシンボル的存在となってしまったことである。(12)

この三〇年にわたる確執はようやく一九九七年になって決着し、一九九八年度から宗派別教育委員会制度の言語別教育委員会制度への再編成がはじまることとなった。しかし、一八六七年憲法制定時に存在していた宗派別学校委員会で存続しているものは憲法によって擁護されていることになり、この再編成を完結するためには一八六七年憲法九三条の改正が不可欠となった。しかし、この条文はオンタリオ州の分離学校をも擁護しているために改正は難航する様相を呈しはじめていたが、事態は急転し、一九九七年一一月中旬、連邦議会下院はケベック州の教育委員会再編成が可能となるような改正を行う提案を可決した。一八六七年以来いわば聖域とされてきたこの条文はそのままの形で存続するが、あらたに九三条Aとして「九三条一項より四項は、これをケベック州には適用しない」という条文が加えられ、ケベック州には一八六七年憲法の教育立法条件が適用されないこととなった。この憲法修正はカナダの教育行政史上画期的なものであった。この改正により、宗派別学校教育制度を最も堅固に存続させてきたケベック州が、宗教的中立を原理とする教育行政を行う州に変容したのである。同州はこの動きを受けて、一九九七年に特別委員会を設置して、学校における宗教の位置づけについて諮問した。同委員会は、一九九九年に「世俗性と宗教――ケベックの学校の新しい展望」と題する答申を提出し[13]、人権と自由の尊重にもとづく宗教的中立の推進に関する勧告をした。宗教的中立は宗教の排斥ではなく、宗教をもつ自由ともたない自由の双方を尊重する立場に立ち、宗教に関する一般的な知識も重要であるとして、「文化としての宗教」と題する科目を設けるように勧告している。

一方、一九四九年に連邦に加入したニューファンドランド州については、同州のために修正された条文をカナダ・ニューファンドランド連邦加入条約一七条として制定されていたので、他の州とのかかわりなしに連邦政府と州政府との交渉のみで改正が可能であった。そこで、一九九六年に住民投票が行われ、その結果をふまえて、一七条の改正が一九九七年に行われた。この問題は施行の段階で難航し、一九九七年九月に再び住民投票が行われ、その結果、一定数の住民の要請によって公立学校でも宗教の授業を行うことを条件に一九九八年度より宗派別学校制度を廃止することとなった。この背景には教育財政負担の軽減があり、この改正によって教育委員会数を半数以下に削減した。教育委員会数削減による学区再編成の問題はカナダの多くの州でとりあげられている。オンタリオ州では教育法改正による教育委員会数削減が分離学校制度廃止への布石として受け止められ、問題となっているように、宗派別教育委員会制度廃止もこの文脈と関連している。また、伝統的なキリスト教諸宗派以外の宗教団体の種類が増加し、公費による学校教育を要求する動きもある。住民構成についてすでに指摘したように、宗教の観点からも住民構成が大きく変化している。キリスト教のみを前提とした一八六七年憲法九三条は実情にそぐわなくなってきたといえる。文化的多様性を尊重することを基本原理とし、宗教を強要することも宗教を否定することも、ともに中立に反するという認識が一般化しているカナダでは、この考え方にもとづいて憲法修正という画期的な制度改正に踏み切ったといえる。

6　先住諸民族の教育

歴史的背景

先に述べたように、一八六七年憲法によって保護地区に居住する先住諸民族は連邦政府の管轄下に置かれた。その学校教育は早い時期からキリスト教諸宗派の宣教師によってはじめられていた。その後、連邦政府の補助金を得ることとなり、北緯六〇度以北の学校に補助金が交付された記録は一八九四年にさかのぼる。今世紀の初頭には連邦政府の財政支出による学校が保護地区に二〇〇校以上あった。学校運営は引き続き宣教師にゆだねられ、宗教教育が中心であった。一九三〇年頃までに教育課程は一般の公立学校に似てきたが、学校修了者はわずかで、多くは第三学年か第四学年をくりかえし、中等学校へ進学する生徒は少なかった。連邦政府は一九四〇年代になると同化政策を打ち出し、州公立学校就学を奨励するための補助金制度を設けた。一九六〇年頃までには、保護地区外の州公立学校に就学する者が増加し、それとともに問題も意識されるようになった。教員が先住民の子どもを教えるように養成されていないこと、通学についてバス通学の問題や寄宿舎に入るために家族生活から引き離されることなどが指摘された。一九六七年に大学に在学していた先住民の学生はカナダ全土で二〇〇人にすぎなかった。

一九七二年、全国インディアン協会は「インディアンによるインディアンの教育」(Indian Control of Indian Education) を主張、連邦政府もこれをとりあげた。その結果、教育の改善のために地域が責任主体となること、先住民の教員を増強すること、先住民教育のためのカリキュラムや教材を開発すること、各民族特有の価値と言語を伝達することなどを重点施策とした。この方針にもとづき、部族 (band) の自治による学校が設立されはじめた。ただし、部族の自治ではあるが連邦政府や州政府が財政を負担している。その数は着実に増加、生徒数も一〇年間で約一〇倍に増加した。それに反比例して連邦政府による学校で学ぶ生徒数は減少した。州の公立学校に通学する生徒数にはあまり変化はない。部族学校の多くは自民族言語の教育をなんらかの形で行っている。教員養成については、先住民が教員になるためと先住民に教えるための教員養成に教育政策上分けることができる。先住民教員養成は一九七〇年代から着手され、今では多くの大学が関与し、地域に根差した教員養成を模索するなど、多くの試行や研究報告がなされている。

先住民教育の情況

先住民の教育に関しても、州ごとに独自の政策をもち、連邦政府は州ごとに補助金契約を結び、先住民が就学している公立学校の財政補助を行っている。その内容は州によって異なる場合がある。ブリティッシュ・コロンビア州は先住民がカナダで最も多様な地域で、公立学校制度のなかで先住民教育を行ってきた。教育課程の工夫その他各種の試みがなされ、公立学校で指導する先住民言語は二〇種類以上もあるという。また、先住民の積極的な地方教育行政への参加もみられる。ケベック州については、一九七〇年代後半に先住民の土地権に関する協定を結んだ。これは水力発電所開発に関連した協定で、その土地に居住する先住民の伝統的生活様式の保存を大幅に認め、彼らの教育は州に移管された。一九七八年の州公教育法の改正によって、その地に先住民の教育委員会が設置された。州内の大学では先住民の教員や教育行政官の養成など、積極的に先住民教育の推進策が講じられている。先住民の教育については、オンタリオ州の先住民に関するカリキュラムの開発、大西洋沿岸諸州による先住民児童生徒の学力向上の試み、アルバータ州の先住民諸言語によるカリキュラム開発など枚挙にいとまがない。なお、これらの試みは、連邦政府の補助金を得て行われているものが多い。

7　展　望

多文化主義政策をめぐって

前述のごとく、カナダ政府は一九六三年に二言語二文化主義政府調査委員会を設置、文化の多様性を受容する政策を表明し、さらに、一九七一年には二言語主義の枠内における多文化主義政策を宣言した。その後、この政策推進にともなって批判的な意見が表面化するようになった。カナダの政治哲学者キムリッカ（Will Kymlicka）[14]は、人文・社会系学会連合協会主催で政治的影響力のある「丘の上の朝食会」での講演において、二五年以上経た今日、この政策を再評価すべき時期であるとし、この論議を二つの観点に整理し、それぞれについて次のような見解を示した。

多文化主義政策の批判の一つは、多文化主義政策は高邁な趣旨によるものであろうが、現実には民族的分離主義や民族相互の無関心などを結果し、移住者がカナダ社会に統合されるのを妨げているという批判である。これに対して、いくつかの論拠をあげて反論している。まず統合の最も基本的な形はその国の国籍を取得することで、多文化主義政策が移住者のカナダ社会への統合を妨げているとすれば、移住者は永住権のみで居住することを望み、カナダの国籍取得者数が減少するはずである。しかし、反対に一九七一年以降に国籍取得者数が増加している。政治的観点からも、一九七一年以降の方がそれ以前に比べて議員の多民族化が進んだ。すなわち、多文化主義政策採用後の方が、移住者はカナダ国籍を取得し、政治にも参加するようになっている。また、個人的な生活についても、多文化主義政策は各民族集団をいわば孤立させるとの批判に反して、移住者は積極的に公用語を習得する傾向にあること、同族結婚が減少傾向にあり、異民族・異人種間の婚姻が増加していることを指摘している。アメリカとの比較においても、カナダの方が国籍取得者の比率、政治参加率、公用語習得率、異民族・異人種間婚姻率が高いことに触れ、カナダの多文化主義政策が民族集団のゲットー化や分離主義を結果するという批判はあたらないとしている。

多文化主義政策の批判のもう一つは、多文化主義政策の理念があいまいであるという点である。とくに、同一社会における生活において異文化を無条件で受け入れるのか、すなわち、社会の安定のためには多文化主義の限度について明確な理念が必要であることが指摘されている。この政策に関する不安を解消するためには、多文化主義の目的を明確にすること、多様性と共通性との関連づけや人権に関する許容についての理念を示すことが必要である。しかし、一九七一年の多文化主義政策は、公用語二言語主義への反発を鎮めるために急遽導入されたのであって、多文化主義の理念を明確に理論化したうえではなかった。一般に文化の多様性と許容が自明の善であるかのように扱われているが、多様性も許容も限度が求められるのではないか。しかし、政府による多文化主義の理念に関する明確な説明はないが、その政策を導いている暗黙の原理があり、それが時とともに変化していっているのではないか。その原理は政策が展開されるなかで、公正な統合関係の模索としてまとめることができるような原理となったのではないか。そして、この公正な統合関係の考え方のなかに共通性に関するはっきりとした限界が含まれるのではないか。

一方、多文化主義政策について論じるときには、これを単独の問題としてではなく、政府の多民族社会に関する他の政策全体のなかに位置づけてとりあげるべきである。市民権、教育、雇用は政府の移住者統合政策の重要な柱で、公用語によって運用されている教育制度、経済制度、政治制度のなかで生活することができるように奨励かつ要求している。多文化主義政策はこの文脈のなかで推進されているのであって、その予算額も非常に限られている。一九七一年に公用語二言語主義の枠内における多文化主義と説明されていたことは、当初から多文化主義政策が、公用語と既存制度のなかに移住者を統合していく政策と並行して運用されるものとされたことは明白であった。もしカナダが公用語で営まれている政治・社会制度に移住者を統合することを要求するならば、統合関係が公正であることが求められる。そこで、公正な統合の条件として、次の二点を示している。一つは、統合のための移行措置を十分に考慮すること、たとえば、当初は母語による行政サービスを行うことで、他は、すべての民族的少数派のアイデンティティを同等に尊重すること、たとえば、公用語の英語またはフランス語の習得を要求することが、英仏系住民の生活文化を強要することになってはならないことである。事実、社会の主流にのって生活できるために、例外はあるにせよ、多くの移住者は公用語習得の支援が増強されることを望んでおり、既存社会に統合されること自体に反対しているというよりは、統合の条件として公正な統合関係を求めている。なお、統合という用語は、同質化を求める同化とは異なり、多様性を認めつつ一つの社会としてまとめることを意味する。

このように、既存社会への統合に関する公正さという理念とともに明確にすべき理念は、多様性の許容に限度を設けるか否か、限度を設けるとすれば、どのような考え方にもとづけばよいのかという点である。多文化主義は各民族の伝統的文化を尊重する。しかし、カナダでは憲法で保障されている個人の権利や男女の平等などに反する生活文化までも許容すべきであるかが問題となっている。この点に関して連邦政府は明確な説明を行っていない。このことが、多文化主義政策が政府の立法や政策の全体の文脈との整合性について批判される原因となっている。もっとも、多文化主義法（一九八八年）の前文には人権、個人の自由、男女同権が強調されているが、法文そのものには自文化の実践に関する制限を課してはいない。この点ではケベック州が明確な方針を示している。同州では多文化主義ではなくインターカルチュラリズム（邦訳は異文化間主義）という語を用いており、その限界として、公的生活の言語がフランス語であることを認めること、公民権および機会の平等を含む自由主義的民主主義の価値観を尊重すること、他文化に対する寛容と許容を含む多元主義を尊重することの三つの原理を明示している。これらの原理は連邦政府の多文化主義政策に含まれ、多文化主義法もカナダ憲法の「権利と自由の憲章」（一九八二年）にもとづいているが、この多文化の許容に関する原理を明確な形で示すとともに、この原理以外については文化の多様性を認めるべきであると主張する。なお、カナダがイギリス植民地となる以前の先住者である先住民とフランス系住民の問題は、いまだにすっきりした解決がなされておらず、それが多文化主義政策について国民の自信を失わせることになっているのではないか。しかし、この問題も多文化主義政策で時間をかけて解決していくことが可能であると主張する。

以上が多文化主義政策をカナダの重要な政策として支持するキムリッカの論である。彼は、カナダの多文化主義政策は民族集団をゲットー化し孤立させるのではないかとの危惧に対して、この政策はかえって多様性と共通性を両立させ、カナダを多くの民族にとって住みやすい国とする方向に向かわせていると結論づけている。そして、この多文化主義政策の理念として求められることは、統合に関する政策における公正さと文化的相異の許容に関する限度の認識であると主張する。

多元的市民性教育の提言

前項で、キムリッカの多文化主義に関する理論を紹介したが、この問題は多民族国家における学校教育の方針を定めるうえで重要な観点でもある。彼が他の著書において問題の中核として指摘している「多民族国家において、民族間の差異を否定するのではなく、それを肯定しつつ、社会の統一性の源泉となり得るもの」の模索は、教育思想界においても重要課題として論じられている。その代表的なものがシティズンシップ教育である。通常市民権と訳されるシティズンシップについて、キムリッカは「単に一組の権利と責任によって定義された法的地位であるだけでなく、一つのアイデンティティでもあって、人が政治共同体に帰属していることの表現でもある」と説明し、「公民的アイデンティティ」という用語でまとめている。[15] したがって、これを教育内容との関連で論じるときは、狭義の市民権ではなく広義の市民性という語を用いる方が妥当と考える。

モントリオール大学教授パジェ（Michel Pagé）は、多文化主義を超える理念として、これまで唱道されてきた異文化間主義にも限界があることを指摘し、異文化間主義の理念の中心となっている民族・文化の多様性に、市民性という理念が門戸を開くことによって事態の改善に向かうことができると主張する。現在の異文化間主義の流れは、あらゆる民族・文化に属する生徒の平等を実現することを目的として、直接的に文化の相異を扱う教育方略を提供すべきであるとする。たとえば、ＥＳＬや受け入れ学級のように、移住者の欠けている点を補うという補完的方略、母語教育のように、移住者の文化的アイデンティティ保持を直接に支援する方略、多数派文化のなかに異なった諸民族文化が存在するという現実を教育内容に正当に位置づけようとする他者中心的方略などがある。この流れの用いる「異文化間」という表現は、少数派文化の貢献によって豊かになる多数派文化保持者も多数派文化に適応する少数派文化保持者もともに文化の相互浸透による利益を蒙ることができるという考えにもとづいて、特定の文化をもつ人びとの相互作用を強調する。

以上のような異文化間主義思潮について、他者中心主義によって民族中心主義のマイナス面を克服しようとする点など、利点を肯定しつつも、異文化間主義の限界を次のように分析する。まず、ある社会における異民族間の関係を調整するためには、相互の文化的相異を許容するだけでは不十分な場合が生じる。具体的な社会生活における異文化の共存を可能にするためには、どのように共存するかを現実に即して検討し、組織していくことが必要である。この共存のための方策を見出す手立ては、たんなる相互理解や相互尊重の理念だけでは解決できない。異民族間関係を調整するために必要な理念を示すことのできる他の概念ないし観点が必要であるとする。

次に問題視している点は、ある人の行動を理解する鍵はその人の文化的背景を知ることであるという考えである。この考え方が真であるためには、個人の行う行動選択すべてが民族文化によって決定されることが認められなければならない。現実には、個人とその民族文化との関係は一様でない。自分の属する民族文化に忠実である人もいれば、反対にそこから解放されることを望む人もいる。したがって、個人の文化的背景を理解することは重要であるが、それだけではその個人を理解するには不十分である。

第三の点として指摘していることは、人間関係にみられる緊張、憎悪、嫉妬などの原因が文化の相異であることは稀であるということである。また、文化の相異を強調することによって集団内のカテゴリー化がなされ、それが集団内のグループ間の差別意識を助長する可能性も指摘している。

このように、異文化理解のみでは社会における異文化共存を実現するには不十分であるとして、ここでは市民性と表現されている社会の成員としての自覚という観点をもってくる。すなわち、市民性の観点から多民族社会における異なった文化生活を維持する方策を見出そうとする。まず、民族文化の保存は、市民社会に属する個人のイニシアチブによるものであることを前提とし、市民性は自己の文化を保持するために個人がかかわるように促す。この認識から、個人は先祖の文化を保存する集団的努力に参加することは自由であることと、市民が社会参加をするためには自分の属する民族集団のみによるということはないという二つの重要な点が導き出される。一定の民族に属する個人としてのみでなく、たとえば、消費者として、女性として、高齢者として、若者としてなど、民族を超えて社会全体を視野に入れた立場で市民社会に参加することができるとする。そして、この参加の概念を市民性の概念の中心に位置づける。

参加の条件は個人のアイデンティティにとって重要な意味をもち、それは市民性教育の目標設定において一番重要なことである。事実、参加のすべての段階で、個人は市民社会の一員であることと特定の民族出身者であることを調和させるすべを知っていることを求められる。多民族社会は一つの社会であると同時に多様性を反映している社会であるという複合的なアイデンティティをもつ。したがって民族出身者であることは市民社会における他の人びととの関係において最も重要な位置にあるものではない。市民社会で一番重要なことは異なるアイデンティティの肯定の適切な度合である。この適度さは差別ではなく、他の人びとを共に生きていくパートナーとして受け入れることである。この過程において他の人びととは異なるアイデンティティを保持することは可能であるが、他の人びととのかかわり合いにおいて、そのアイデンティティが行為を限定するものではない。なお、参加については、政治参加、コミュニティへの参加などが指摘されている。

異文化間教育は重要であるが、これを補完するために、市民性教育は社会への参加を指導することと現代の民主主義社会における参加が求めるアイデンティティを学ばせることを教育目標とする。この目標について、多様性に適応するように公共機関や組織などの運営規定を改正するときにはこれに参加するという政治感覚、成員が指導者を選択し判断する手段を得ることを可能にするという政治的なコミュニティ連帯感、個人の利益と集団の利益を関連づける相互依存性の明確な理解の三点を指摘している。さらに、他と異なるアイデンティティの肯定における節度および社会における異なった所属感と多様な忠誠心を否定することなく国家集団としてのアイデンティティの観念も必要であるとしている。

このように、多元社会において多元主義は市民性の観念のうえに築かれ、そこから多元的市民性という概念が生まれる。多元的市民性教育は、異文化間教育と市民性教育の相互補完性を認めた考えである。相互に認め合いながらしかし同時に、相互にがまんし合いながら、調和のとれたよい社会の建設に参加し協力する方向を示そうとしている。これは理想論であるとことわりながら、理想論だからといって無視するのではなく、少しでもよい方向に向かう可能性を否定してはならないと述べている。そして、このような多元的市民性教育が教育課程全体を通して実施されることを提案している。(16)

本章では、カナダの多文化社会に対する教育政策について概観し、重層となっている住民構成を基盤に、憲法の教育条項と連邦政府の二言語・多文化主義を軸に政策が展開されていることを指摘した。教育行政の自治権を有する各州はそれぞれ独自の政策を展開しているので、ここでは州ごとの全貌を把握することを意図しなかった。カナダはいわゆる多文化主義教育の先進国と呼ばれるだけあって、この分野でのカリキュラムや教材の開発、地域との連携、教員研修や養成などが活発に行われている。人権教育、他と異なる権利の尊重、社会的不利な立場にある移住者への援助、出身国の教育水準に起因する学校不適応問題への対応など、さまざまな観点からの政策・試行などが展開している。また、研究に関しても、広く教育関係諸科学に及び、研究報告の数だけでも膨大である。

しかし、多文化主義に前向きにとりくんできた結果、これに関する考え方が変化してきている。本節で例示したように、たんなる文化の多様性の容認から、移住者の増加と多様化を背景に、一方では人権尊重を重視し、他方ではカナダという国としての統合を積極的に考える方向がみられる。カナダはどこへ行くのだろうかということが意識的に問われはじめている。カナダ史の権威ラムゼイ・クック（Ramsay Cook）は、ポストナショナリズムの世界に言及したうえで、「カナダは再形成されるであろう」（"Canada will be reshaped"）と述べている。[17] しかし、どのように再形成されるかについて明確な答えはまだ出ていない。一方には無条件ですべての異文化を容認するという立場があり、他方には、既存文化への同質化を意味する同化を要求する立場がある。おそらく、カナダは、人権尊重と自由主義的民主主義を軸に、両者の統合を模索する方向に進み、その方向で、学校教育も多文化社会に対応していくように思われる。

注

（1） 人口統計に関しては、以下のカナダ連邦政府統計局の文献を参照。
・Statistics Canada, 1993. *Mother Tongue. 1991 Census Technical Reports: Reference Products Series.* Ottawa: Minister of Industry, Science and Technology.
・Statistics Canada, 1995. *Canada's Culture, Heritage and Identity: A Statistical Perspective.* Ottawa: Minister of Industry, Science and Technology.
・Statistics Canada, 1997. "More Canadians have non-official language as mother tongue." In *Census・Recensement 96, Immigration and Citizenship.* (The daily, Catalogue no. 11-001E, November 4, 1997). Ottawa: Minister of Industry, Science and Technology.
・Statistics Canada, 1997. *Informat* (A Weekly Review, Dec. 12 1997). Ottawa: Minister of Industry, Science and Technology.

・Statistics Canada, *Census* 1996, URL http://www.statcan.ca

(2) Citizens' Forum on Canada's Future, 1991. *Report to the People and Government of Canada*. Ottawa: Canadian Government Publishing Center.

(3) 日本カナダ学会編『史料が語るカナダ――一五三五－一九九五』有斐閣、一九九七年、三〇三頁。

(4) Assemblée nationale du Québec, 1977. *Projet de loi no. 101, Charte de la langue française sanctionné le 26 août 1977*. Editeur officiel du Québec.

(5) Conseil de la langue française, 1985. *Avis du Conseil de la langue française au Ministre responsable de l'application de la Charte de la langue française Monsieur Gérald Godin sur La situation linguistique actuelle. Québec*, p. 30.

(6) Editeur officiel, 1989. *Charter of the French language, Update to 18 January 1989*. Québec.

(7) Editeur officiel, 1994. *Charte de la langue française, â jour au 8 février 1994*. Québec.

(8) Statistics Canada, 1993. *Minority and Second Language Education, Elementary and Secondary Levels*. Ottawa. 参照。

(9) F. Genesee, "The Canadian Second Language Immersion Program", O. García et al. ed. 1995, *Policy and Practice in Bilingual Education*, Clevedon: Multicultural Matters Ltd., p. 129. 参照。

(10) Statistics Canada, 1997. *Education in Canada*, 1996. Ottawa. 参照。

(11) 日本カナダ学会編、一九九七年、前掲書、二二八頁。「分離学校」(separate school) は、公教育制度のなかで、宗派上少数派のために分離して設立する学校を指す。

(12) この経緯に関しては、小林順子「ケベック州におけるパラン審議会の宗派別教育委員会制度廃止勧告――勧告不採用の経緯(一九六六年－一九七二年)」『カナダ研究年報』第一一号、日本カナダ学会、一九九一年を参照。

(13) Ministére de l'Education, 1999, *Laïcité et religions : Perspective nouvelle pour l'école québécoise*. Québec.

(14) W. Kimlicka, *The Theory and Practice of Canadian Multiculturalism*, (Breakfast on the Hill, November 23, 1998), URL: http://www.hssfc.ca

(15) W・キムリッカ(角田猛之外監訳)『多文化時代の市民権――マイノリティの権利と自由主義』晃洋書房、一九九八年、二八〇、二八八頁。

(16) M. Pagé, 1997. "Interculturel et citoyenneté : une complémentarité nécessaire", L'Association pour l'éducation interculturelle du Québec: *De l'Interculturel à la citoyenneté : un plus pour la cohésion sociale?, Actes du Colloque de l'Association pour l'Education interculturelle du Québec, tenu le 9 mai 1997*. (monograph)

(17) R. Cook., 1997. *Canadian Studies in a Multicultural, Postnationalist World*. (Keynote Speech of 22nd Annual Conference of Japanese Association for Canadian Studies, September 20, 1997). (monograph)

参考文献

その他の参考文献の主なものは次の通り。

「各国別多文化教育年表」〈カナダ〉、江原武一編著『多文化教育に関する総合的比較研究——公教育におけるエスニシティへの対応を中心に』京都大学、一九九八年、一四二〜一四五頁。

関口礼子編著『カナダ多文化主義教育に関する学際的研究』東洋館出版社、一九八八年。

M. Battiste et al., 1995. *First Nations Education in Canada: The Circle Unford*, Vancouver: UBC Press.

J. L. Black-Branch, 1995. *Making sense of the Canadian Charter of Rights and Freedoms*. Toronto: Canadian Education Association.

Canadian Education Association, 1984. *Recent Developments in Native Education. A CEA Report*. Toronto: Canadian Education Association.

Canadian Education Association, 1991. *Heritage Language Programs in Canadian School Boards*. Toronto: Canadian Education Association.

Canadian Education Association, 1992. *CEA Information Note: French Immersion Today*. Toronto: Canadian Education Association.

Commission royale d'enquête sur l'enseignement dans la Province de Québec, 1966, *Rapport. Troisième partie : l'administration de l'enseignement*. Québec.

Council of Ministers of Education, Canada, 1986. *Multicultural Education Policies in Canada*. Toronto: Council of Ministers of Education, Canada.

D. Downer, 1996. *Newfoundland's Denominational Education System: Stages of Development, the Constitution & Legislative Changes.* (A paper presented at the Annual Conference of the Canadian Association for Studies in Educational Administration, June 1996) (monograph).

V. J. Kirkness, 1992. *First Nations and Schools: Triumphs and Struggles.* Toronto: Canadian Education Association.

四章　イギリス——多文化教育の理念と政策の変遷

ここでは、イギリスにおける多文化教育の展開の推移を分析することにより、今後日本が外国人の子どもの教育をめぐってどのような課題に直面し、かつどのような対策が必要なのかを、考察するための視点を示す。

もちろんイギリスの教育政策や教育実践を、直接そのままの形で現在の日本の学校に導入することはできない。イギリスにおける多文化教育は、イギリスという国の国内事情およびイギリスをめぐる国際状況により大きく影響されてきた。たとえばイギリスにおける進歩主義教育の普及は、多文化教育を学校に普及させる大きな推進要因となった。また一九八〇年代以降にサッチャー・メイジャー保守党政権が強力に推進した、教育行政における規制緩和の推進（これをイギリスでは「教育改革」と称している）は、多文化教育の普及を結果として阻害する方向に作用した。

しかし現在の日本の学校では、一斉指導主体の授業を行っているし、また学校教育の運営については、文部省の指導・助言のもと教育委員会が細かな点まで法令で定めて管理している。だから学校教育の実践と制度の両面で、日本とイギリスとでは土壌が異なることになる。当然ながら多文化教育の展開や課題についても、両国の間に異なる点は多々あろう。しかしながら、これらの差異とその差異にもとづく影響とを明確に把握すれば、イギリスの学校現場で一九六〇年代以降、時間をかけて展開された多文化教育に、われわれが学ぶ点は多いと考える。
なお一部の統計数値で明示する場合を除き、この章ではイギリスをイングランドおよびウェールズの意味で用いる。

1 イギリスのエスニック・マイノリティ

イギリスの文化的土壌

イギリスの国語である英語は、いわずと知れた国際共通語であり、かつイギリス人の多くが信仰するキリスト教は、世界の三大宗教の一つである。そのため無意識のうちに、イギリスの文化が世界の共通要素だと錯覚するイギリス人も多い。そして言語（英語）と宗教（プロテスタント）という民族文化の根源的な要素については、イギリス社会への同化を当然視して強く推進する傾向がある。たとえば公営の初等および中等学校において、原則としてキリスト教の伝統に則る宗教の授業と集団礼拝とが法律で義務づけられている(1)。

このような文化的な特徴があるので、アングロサクソン系のイギリス人は、同じキリスト教の文化圏で育った欧米の白人に対して、親近感を感じる。またヨーロッパの言語は英語と同様なアルファベットを用いるので、彼らはヨーロッパの言語に対しては極端な違和感を感じない。一方、言語や宗教が大きく異なるアジア・アフリカの人びとに対しては、逆に違和感を感じる傾向がある。さらに肌の色の違いが、この違和感に拍車をかけている。これらからイギリスでは、肌の色の違い（あるいは人種の違い）という視覚的な体験が、異文化を感じる重要な要素となっている。

マイノリティ・コミュニティの成立とその特徴

さて、一九五〇年代から開始された、英連邦諸国（旧植民地）からの非白人の国内移住は、イギリス国内にかつてない異文化「接触」と「摩擦」とを生み出した。[2] 移住者の大半が黒人と南アジア系の人びとで、白人とは肌の色が異なり、なかでも南アジア系の人びとに、イスラーム教やヒンズー教などの非キリスト教を篤く信仰する者が多かったからである。そのため、非白人の同化の是非をめぐって、数多くの議論が生じた。そして非白人の人びとは、日常生活において数多くの差別をくりかえし体験することとなった。[3]

なおイギリスにおいては、これらの非白人市民を、通常マイノリティ（またはエスニック・マイノリティ）と呼ぶ。ただし彼らのほとんどはイギリス国籍をもっており、法律上正規のイギリス人であって、外国人労働者、移民や難民ではない。また一九七二年以降の入国制限の強化の結果、[4] 現在はマイノリティの半数前後が、イギリス生まれの二世・三世であると推測されている（表1に示すように、イギリス生まれの者の比率は、一九九一年時点ですでに四六・八％であり、その後さらに上昇していると考えられる）。当然ながら、義務教育段階の学校に就学する世代では、大半がイギリス生まれであると推定される。

それでは、マイノリティの人口はどの程度であろうか。表1に、一九九一年時点でのイギリス（Great Britain）のマイノリティの人口と、そのグループ別内訳とを示した。マイノリティの人口は合計三〇一万五〇〇〇人で、全人口の約五・五％を占めている。グループ別にみると、インド、パキスタン、バングラデシュ等の南アジア系の者が、マイノリティ全体の五割近くを占めている。それに続いて黒人（その五割強はカリブ海地域出身の者およびその子孫）が三割近くを占め、中国系が三番目に多い。また居住地域については、都市部のスラム街に、エスニック・グループごとに集中して居住する傾向があるといわれる。[5]

表1　イギリスにおけるエスニック・マイノリティの人口（1991年国勢調査）

	人口（千人）	総人口に占める比率（%）	イギリス生まれの者の比率（%）
総　人　口	54,889	100.0	93.1
白　　人	51,874	94.5	95.8
エスニック・マイノリティ合計	3,015	5.5	46.8
①黒　人　小計	891	1.6	55.7
カリブ系黒人	500	0.9	53.7
アフリカ系黒人	212	0.4	36.4
その他の黒人	178	0.3	84.4
②南アジア系　小計	1,480	2.7	44.1
インド	840	1.5	42.0
パキスタン	477	0.9	50.5
バングラデシュ	163	0.3	36.7
その他　小計	645	1.2	40.6
中国人	157	0.3	28.4
他のアジア系	198	0.4	21.9
その他	290	0.5	59.8

注1）ここではイギリスは，Great Britain を意味する．
2）各欄の数字は100人の位を四捨五入しているので，これらを合計すると合計欄の数値と一致しない場合がある．

出典）University of Warwick Centre for Research in Ethnic Relations, 1993. *1991 Census Statistical Paper No. 2. Ethnic Minorities in Great Britain: Age and Gender Structure*. Table 1 および Table 5.

表２　イギリスにおける宗教の信者数の推計値（1991年）

キリスト教	723万人
イスラーム教	99万人
シーク教	39万人
ヒンズー教	14万人
ユダヤ教	11万人

注1）ここではイギリスは，Great Britain を意味する．

注2）信者数は各宗教・宗派の団体が申請したもので，信者についての定義は各教団により若干異なる．

出典）Central Office of Information, 1992. *Britain 1992-An Official Handbook*.

しかしながらマイノリティの文化的特徴を分析するには、たんに出身地域による分類だけでは不十分であるので、次におもな宗教別の信者数（信仰活動に積極的に参加する者と定義される）の推計値をみる（表２）。イギリス（Great Britain）における最大の信仰集団は、当然ながらキリスト教徒である。しかし南アジア地域で信仰されている各種の宗教も、多数の信者がイギリスに存在する。なかでもイスラーム教徒は、約一〇〇万人近くおり、イギリスにおけるその社会的影響は無視できない。

多文化教育を規定するイギリス固有の要因

イギリスの多文化教育を考える際に、多文化教育を直接もしくは間接的に規定する要因に留意する必要がある。とりわけイギリスと日本の多文化教育（日本の場合は外国人子女教育などの用語の方がよく用いられるようだが）を比較する際には、それぞれの国の文化、社会制度、教育制度、教育実践、マイノリティもしくは外国人の構成、そのホスト社会との関係（たとえば在日朝鮮人が日本社会で置かれている状況や、日本社会におけるベトナム難民の状況など）を、明確に把握すべきであろう。なかでも日本社会の常識から考えて当然のこととして見落としがちな条件（もしくは事情）を、とらえておかなければならない。

そこでイギリスの多文化教育の展開と課題とを、とくに日本の教育を比較対象に念頭して分析する際には、次の五点に留意する必要があろう。

(1) イギリスは大英帝国の植民地支配の時代以来、歴史的・文化的に第三世界と深くかかわってきた。他民族や他文化との接触や摩擦の歴史は、たいへん長い。それゆえ他民族や他文化圏の人びとに対する対応のノウハウをもっている。たとえば言語教育について考えると、英語が国際共通語としての地位を確立していて、英語を母語としない者への英語（国語）教育の教授法や教材が発展している。しかし逆に接触が長いことにより、数多くの差別や搾取などの行為も蓄積され、差別として非難されるのを避けるために差別行為を露骨に示すのではなく巧妙に行うようになっている。たとえば法律上は、住居の賃貸などで人種や民族を理由に入居を拒むのは違法行為（人種関係法に違反）であるが、現実には民族ごとに住居の住み分けが行われ、マイノリティは特定の地域に集中して居住している。

(2) イギリスのエスニック・マイノリティの大半は、法律上は正規のイギリス国籍を所有するイギリス人であり、イギリス国籍の有無による差別は主要な問題ではない。マイノリティの人びととアングロサクソン系のイギリス人との最大の相違は、肌の色である。これは一目瞭然にみえる差異である。そこで差別も肌の色にもとづいた人種差別という形で行われる。そのためイギリスの多文化教育においては、人種差別への対処の仕方が議論の焦点となる。

(3) イギリスに限らず欧米の多くの国の学校では、日本の学校に比べて生徒一人ひとりの個性を重視して、実験、グループ作業、討論などをよく行うといわれる。日本では、一斉指導による授業が主流で、教師中心に授業が展開して、教科書の内容を暗記させることに授業の重点が置かれている。多文化教育をとくに国際比較の視点で考えるときは、教育の内容だけではなく、教育の方法（授業の進め方、評価の仕方、教師と生徒の関係など）についても、留意する必要がある。とくにイギリスの初等学校では、一九六七年のプラウデン報告[6]の公表以来、児童中心的な教育方法が普及し、教室では日本に比べて一斉指導はあまり行われていない。多様な文化的背景をもつ子どもが学校のなかで互いに理解・尊重するためには、教師が一方的に訓育を垂れるよりも、子どもたちが多様な活動の体験を通じて身につける方法が適している。それゆえ多文化教育を成功させるためには、進歩主義的な教育実践の導入が欠かせない。

(4) 教育行政における規制緩和が進んでいるイギリスの義務教育では、日本のように文部省や教育委員会が全国共通の規則を設けて、全国共通の教育サービスを提供するという形は、現在とられていない。一九八〇年代以降、金融ビッグバンの教育版ともいえる学校教育の規制緩和がたいへん進んでいる。詳細は3節で論じるが、たとえば義務教育の公立学校においてもいわゆる学区はなく、親は子どもが入学する学校を希望することができる。また学校の予算や教員の人事も、学校理事会の裁量事項になっており、各学校が独自の特徴を出した学校運営ができ、在校生徒のニーズに沿ったきめ細かな対応が可能になる。しかし各学校間に生徒獲得の競争原理が働くことになるので、学校経営において弱肉強食の風潮が強まって、手のかかる子どもの教育がなおざりにされる恐れも生じている。マイノリティの子どもは、英語力にハンディのある子も多いので、学校運営における規制緩和を極端に進めると、彼らの教育上のニーズが逆に放置される恐れも強い。

(5) 宗教が重要な問題となるイギリスの学校では、政教の分離が他の先進国に比べるとあまり進んでいない。キリスト教会が設置運営する学校のうち、一定の基準を満たす学校に対して管理運営費を公費で補助して、事実上、公立学校と同等の扱いをしている(7)。また義務教育段階で宗教の授業を開講しかつ集団礼拝を実施することを、一九四四年教育法で公営の学校に対して義務づけた。当時はキリスト教徒以外は少なかったので、宗教教育をキリスト教の教義に即して行っても、なんら問題はなかった。しかし南アジア系のマイノリティの子どもが多数イギリスの学校に就学するようになると、キリスト教一辺倒のやり方には問題が生じるようになった。南アジア系の人びとのなかには、イスラーム、ヒンズー、シークなどのキリスト教以外の信者が多いからである。なかでも生活のなかでの信仰の役割を重視するイスラーム教徒の子どもの場合、彼らの信仰上のニーズとイギリスの学校における生活とが、頻繁に摩擦を起こすようになった。

2　イギリスにおける多文化教育の理念の発展

イギリスにおいては、マイノリティの子どもに関連する教育または多文化教育の歴史は、イギリス社会におけるマイノリティの政治・経済・社会的な状況の変遷と、密接に関連している。そして多文化教育は、マイノリティの移住が開始して以来、次に述べる同化、統合、文化的多元主義の三つのモデルに即して発展したといわれる。また一九八〇年代に入ると、イギリス社会における人種差別の解消を求めて、反人種差別教育が提唱されてくる。ただし現実の教育実践は、必ずしも上記四つのモデルに明確に分類されるわけではなく、複数のモデルを混合したものも多い。そして一九九〇年代に入ると、これらの理念を現実的に総合的にとりこんだ形で、学力の向上を目的とする多文化教育が実践されるようになる。そこでここではこれらの五つのモデルの特徴を分析する。

同　化

一九五〇年代から六〇年代の半ばまで、マイノリティの子どもの教育は、同化（assimilation）の考えにもとづいて行われた。海外から移住してきた子どもに、イギリス社会の仕組みと文化にできるだけ早くなじんでもらおうとしたのである。同化の考えでは、当時学校に通いはじめた、西インド諸島から移住した黒人（Afro-Caribbean）の子どもと、インド亜大陸から移住したアジア系（Asian）の子どもとを、海外からの移民（immigrants）と呼び、イギリス社会への同化と定着とを、彼らの教育の目標に置いた。そのため、英語の熟達がなによりも重要視され、外国語としての英語（English as a Second Language, ESL）の教授が行われるようになった。たとえば一九六三年に、教育科学省は「移民のための英語」の普及を、自治体に対して奨励している。

同化の考えによれば、マイノリティがイギリス社会にとけ込むためには、マイノリティ独自の文化を保持することはむしろ障害になる。そのためマイノリティの文化や歴史は、可能なかぎりカリキュラムから排除された。また彼らの母語の使用や生活習慣の導入を、教師たちは学校生活のなかで認めようとしなかった。ましてやバイリンガル教育の実施や、マイノリティの母語（コミュニティ言語と一般に呼ばれる）を教えるという発想などはなかった。そしてマイノリティの子どもの英語学習を集中的に行うため、県内（市内）に特別な教育施設を設置して、入学または転入後の一定期間、もしくは一日のうちの一定時間帯に、マイノリティの子どもを収容して、英語教育を集中的に行う自治体が出てきた。(8)

当時、現場の教師や教育行政関係者は、英語力の不十分な多数のマイノリティの子どもの出現に直面して、その対応に忙殺されていた。彼らの同化について政府が首尾一貫した政策を遂行したわけでもなく、また教育界や研究者の間に確固とした同化理念が浸透していたわけでもない。早く英語を話せるようにしてイギリスの生活に慣れさせてあげれば、マイノリティが幸福になるだろうという、素朴な考えをもった教育関係者が多かった。愛国主義や外国人排斥のような敵意が、この時期でも教育界ではけっして支配的ではなかったと考えるべきであろう。しかしその背後に、白人優越の考えや欧米文化偏重の意識があったことも、また確かである。そしてマイノリティに対する排斥の動きや差別は、イギリス社会に歴然と存在しており、学校教育においてもマイノリティの子どもは数々の差別を体験したのであった。たとえば教育科学省は、移民の子どもが多数集中すると、「移民の子どもの言語や他の困難に教師が不当に忙殺され、白人の子どもの学習の進捗が制約される」(9)として、学区の変更や場合によってはマイノリティのバス通学などの手段を講じて、学校内の移民の生徒比率を二〇％までに制限するよう、自治体に対して一九六五年に通達を出している。この通知にもとづいて、遠方の学校へのバス通学を強制されたマイノリティの子どもが出た。

統合

一九六〇年代の後半から一九七〇年代の前半にかけては、同化教育に代わって統合（integration）教育の考えが、重視されるようになった。この考えでは、マジョリティとマイノリティが相互に理解し文化の多様性を認めながら、マイノリティの子どものイギリスへの定着を促進する教育が求められた。この時期の教育政策の特徴は、以下に述べる⑴機会均等の推進と、⑵マイノリティの文化の啓蒙である。

⑴ 機会均等の推進

マイノリティの子どもの教育を充実させるために、いくつかの公費助成の措置がとられた。一九六六年には地方自治法が改正されて、第一一条に「イギリス社会の言語と習慣が異なる新英連邦からの移民[10]」の多い地域で特別な施策を行う場合に、その施策に必要な人員の人件費を国が補助する規定が設けられた。この規定により、自治体はマイノリティの多い学校に対して、英語の教員を加配することが容易となった。

続いて一九六七年に公表されたプラウデン報告が、大都市の教育困難な地域を教育優先地域（education priority area）に指定して、予算を重点的に配分して不利な教育環境の改善を進めることを提唱した。そして翌六八年にはバーナム委員会が、教育困難校に勤務する教員への特別手当の支給を認めた。これらの勧告に従って、六九年に都市援助計画が実施に移され、マイノリティの多い大都市部の学校に対する国庫補助が増額された。

⑵ マイノリティの文化の啓蒙

移民の子どもをイギリスに同化するには、「移民の子どもの文化遺産、宗教的・社会的・文化的な習慣と伝統を教師が知り理解すること[10]」が重要であると考え、教師に対する研修で、マイノリティの子どもの出身地（新英連邦諸国）に関する学習が行われるようになった。またマイノリティの子どものいる学校では、彼らの出身地の歴史と地理とを学ぶことが奨励されるようになった。そこで、社会科や場合によっては英語の授業において、第三世界についての学習が行われるようになり、黒人学習（black studies）と呼ばれる教材も開発されるようになった。

これらのようにマイノリティに対する寛容の精神や相互理解の考えが、統合教育の理念のなかに認められる。そしてこの時期には機会均等の考えに立った援助の手段が、いくつか講じられた。しかし統合教育の理念における最終的な目標は、同化教育の理念と同じであった。つまりマイノリティの子どもを、イギリス社会に同化して定着させることが目標であった。イギリス社会が文化的に多元であるとは考えずに、マイノリティをあたかも海外からの「お客」のように厚意をもって扱い、その実アングロサクソン的な伝統を断固として守ろうとしたのである。なぜなら、この時期マイノリティに対する偏見や差別は依然根強く、一九六〇年代後半には海外からの非白人の移住に対する非難が国内に高まっていたからである。その結果、1節の「マイノリティ・コミュニティの成立とその特徴」で述べたように、一九七一年には移民法が改正されて（Immigration Act 1971）、非白人のイギリス移住は厳しく制限されるようになった。要するに統合理念では、マイノリティをアングロサクソンと対等なイギリス社会の構成員であるとは、考えていなかったのである。

文化的多元主義

(1) 理　念

同化政策を推進すれば、マイノリティが時間の経過とともに、平均的イギリス人と同程度の生活水準に達すると考えられていた。けれども一九七〇年代に入っても、マイノリティは期待されたようにイギリス社会に同化しないとともに、依然として社会・経済的に不利な状況に置かれたままであった。そのため同化や統合の理念に対して批判と反省が出てきた。

そこで文化の多様性とあらゆる文化を平等に尊重することとを前提として、多元主義的な考えに立って異文化を尊重して、異文化理解の学習を行おうとする多文化教育が、一九七〇年代に普及してきた。この多文化教育の理念では、イギリスが言語、宗教、習慣などの面で多文化社会であるという立場をとり、マイノリティに同化を強制することは否定された。そしてイギリス社会の文化的多元性を認識させたうえで、マイノリティの文化を中心に、世界の多くの文化について学習させようとした。このような考えは、アングロサクソン流のイギリス文化との相違が大きな、非ヨーロッパ系の集団により歓迎された。とくに信仰を重視するイスラーム教徒をはじめ、ヒンズー教徒、シーク教徒などの南アジア系のマイノリティから強い支持を得た。

(2) 政策

一九七三年に、教育科学省はマイノリティの子どもに関して、「移民」という名称の使用を中止すると発表した。学校現場にはすでにイギリス生まれの二世の世代が多数を占めていたからである。一九七六年には人種関係法が改正されて、教育の分野における人種差別が禁止された。そして同法により、人種関係審議会（Commission for Racial Equality）が設置され、人種差別の摘発や人種関係改善のための具体的な対策を行うようになった。さらに学校でのカリキュラムに関しては、教育科学省が一九八〇年に、イギリスが多文化社会であることに配慮しなくてはならないと認めた(12)。これに対応する形で、一九八〇年代に入るとマイノリティの多い大都市部の自治体では、多文化教育に関する方針（statements）を作成するところが増えてきた。

(3) スワン・レポート

一九七〇年代から、西インド諸島系(13)のマイノリティの子どもの学業成績に対して、関係者から懸念の声が出されるようになった。そこで下院の調査委員会の勧告(14)を受ける形で、マイノリティの子どもの教育について、教育科学省が調査委員会を一九七九年に設置して、一九八五年三月にその最終報告書“Education for All”[15]を公表した。この報告書は合計八〇六ページにも及ぶ膨大なものであり、委員長スワン卿の名前にちなんでスワン・レポートと呼ばれる。報告書では、イギリスが文化的に多元的な社会であることを認めたうえで、多様な文化をもつことの価値を子どもに理解させることが重要であると述べている。また多文化教育の授業は、たんにマイノリティの子どものみに対象を限定するのではなく、白人を含めたすべての子どもを対象に実施すべきものだと提唱している。その考えを強調して、報告書の題目が「すべての人びとのための教育」(Education for All) とされた。同報告は、イギリスの多文化教育を総括した公的な機関の報告書であり、教育関係者に大きな影響を与えた。

(4) 問題点

多様な文化を尊重することは、原則としてはすばらしいことである。しかしこの原則を現実に学校現場で教育実践に適用しようとすると、数々の困難が生じる。いいかえると、異文化を理解することと受け入れることとの間には、ギャップがあるのである。たとえばたんに異国の風習を学ぶ程度なら問題ないが、他民族の生活習慣を学校生活で認めるとなると、摩擦や葛藤がともなう。たとえばイスラーム教徒は、思春期以降の青少年の教育については、男女別学の学校(男子校、女子校)で行うよう求めている。しかし中等学校を男女共学にするか、それとも別学にするかという問題は、男女間の機会均等の観点からも検討しなければならず、なんでもマイノリティの要求をそのまま即座に受け入れるというわけにはいかない。協調と妥協が必要である。また多文化教育には、人手と金がかかる。たとえば多くのエスニック・グループが混在している地域の学校の場合[16]、それらすべてのグループの歴史や文化を学ぶには時間がかかりすぎる。また教師が相当勉強しないといけない。そこで異文化理解の教材の開発と教員に対する研修の充実が、一九八〇年代にはさかんに行われるようになった。

反人種差別教育

(1) 理　念

前述の三種類の教育理念のモデルでは、問題の所在をマイノリティに転嫁していると批判する考えが、一九八〇年代に入ると黒人を中心に台頭してきた。この批判によると、マイノリティの地位の向上を阻害する本当の問題は、イギリス社会の人種差別（racism）にある。それゆえ、社会に存在する人種差別を子どもにまず学習させる。そして人種差別に対する問題意識を高めて、差別に立ち向かって克服するようにさせることを、学校教育の重要な目標にせよと主張した。このような考えは、一般に反人種差別教育（anti-racist education）と呼ばれる。反人種差別教育は、弱者への差別の克服を目的とするものであるから、障害児教育や女子教育などと共通な立場を有し、人権教育の一環としてとらえることができる。

(2) 文化的多元主義に対する批判

多元主義に立つ異文化理解の教育においては、相互理解が尊重されるあまり、社会における権力構造や、マイノリティ・グループの政治・経済的なハンディや不利益について十分に学習させていないと、反人種差別教育を支持する人びとは批判する。つまり多元主義にもとづく多文化教育は、「カリキュラムの内容と明るいイメージのみに焦点を狭めてしまい、対人関係ならびに社会組織における権力と人種差別の問題から目をそらしている」[17]と批判するのである。また人種差別を個人の意識のレベルのみで論じるのではなく、社会の歴史や制度の面から分析することを強調している。

ただし研究者などが多元主義を批判するのは、むしろ教育の重点の置き方に違いがあるのであり、両方のモデルの支持者が互いに敵対しているというわけではない。マイノリティの地位や生活を向上させるという意味では、両モデルの目標は基本的に共通である。

(3) 運動の展開

反人種差別教育の起源は、一九七〇年代初頭にすでにあった。この頃までに黒人の子どもが異常に高い比率で、特殊学校や特殊学級に振り分けられていたのである。知能の程度自体は標準に達しているにもかかわらず、言葉のハンディにより知能（IQ）テストの成績が低くなった結果、特殊学校または特殊学級へ、本来なら普通学級に入るべき黒人の子どもが多数入れられたと告発する黒人教師の本が、一九七一年に出版され大きな関心を呼んだ(18)。

一九八〇年代に入り、人種差別に対する問題意識がマイノリティ・コミュニティおよび左翼陣営において高まり、左翼的（または進歩主義的な）な教員組合や労働党の左派に、反人種差別教育が支持されるようになった。全国教員組合（National Union of Teachers, NUT イギリス最大の教員組合）は、一九七九年には「教科書と教材のなかの人種偏見に関する教師向けのガイドライン(19)」を、続いて一九八一年に「学校における人種主義との闘い(20)」を、さらに一九九二年には「反人種差別のためのカリキュラムのガイドライン(21)」と、反人種差別教育を推奨するパンフレットを継続して発行し、反人種差別教育に対する意識を高める啓蒙活動を行っている。

また労働党の左派が議会の主導権を握る自治体のなかにも、一九八〇年代に入って機会均等（人種差別や女性差別の解消）を重視した教育政策を実施に移すところがあらわれてきた。その代表例は、内ロンドン教育当局（Inner London Education Authority）、ロンドン西郊のブレント区などである。これらの自治体では、人種差別に関する教材を開発して、学校の授業で人種差別を扱うことを奨励し、また人種偏見を公言する教員を解雇したりして、学校の管理運営においても人種差別の解消に努力した。

なお反人種差別教育の理念の支持者には、黒人とマルキストが多い。イギリスの黒人はカリブ海の各国の出身者が多く、英語（イギリス英語とは多少異なるが）を母語とし、キリスト教（イギリス国教会とは宗派が異なるが）を信仰する者が多い。そのためアングロサクソン系のイギリス文化との相違は、アジア系マイノリティに比べて相対的に少ない。そのため異文化理解よりも、人種差別の解消を強く求めるのである。またマルキストは、イギリス帝国主義が依然として海外の旧植民地を経済的に支配し、さらにイギリス国内でもマイノリティを構造的に差別し搾取していると考え、帝国主義打倒のため反人種差別教育の実施を支持したのである。ただし共産主義者は、一九九〇年代に入りソビエトをはじめとする社会主義国が崩壊したことにともない、その後は鳴りを潜めるようになった。

(4) 反響と非難

授業のなかで人種差別を扱えば、どうしてもイギリス社会を鋭く批判しなくてはならなくなる。またマジョリティである白人の意識(偏見)の改革を求めることになる。当然ながら白人の子どもや親にとって不愉快な状況も生じよう。それゆえ人種差別を授業で扱う場合は、慎重に進めないと、白人の冷笑を誘い反感を買うことにもなる。実際一部の右翼や大衆新聞紙などが一九八〇年代後半になると、反人種差別教育に対してセンセーショナルに非難を行い、反対キャンペーンをくりひろげるようになった[22]。

その結果、マイノリティの子どもの教育は、一九八〇年代に入るとイギリスでは政治的な影響をもつ社会問題になってきた。たとえば、ブレント区が八〇年代後半に人種差別を専門に扱う教員を多数採用しようとしたとき、差別的な言動を取り締まる秘密警察官があたかも採用されるかのように、大衆紙が非難キャンペーンを展開して、白人の教師や親の憎悪を煽った。また弱者の人権に配慮する教育を展開するなかで、同性愛者の人権に関する教材を内ロンドンやハリンゲイの学校でとりあげたが、これが子どもに同性愛を推奨しているという具合に歪曲されて報道され、メディアの非難の矢面に立たされたりした。

学力向上と多文化教育

(1) 学力向上への動き

イギリスの学校においては、多文化教育は単独の科目ではなく、トピック・ワークなどの複数の教科にまたがる形か、社会科や国語などの教科の一部で扱われる場合が多い。マイノリティの子どものアイデンティティや生活習慣を尊重する場合には、社会科や宗教において、彼らの文化を扱う形が主となろう。一方、マイノリティの子どもの進学や就職など、将来の生活水準の向上に配慮すれば、英語教育の充実を中心に、彼らの学力の向上に力を入れることになる。一九八八年教育改革法の成立以降、イギリスの教育界は学力水準（standard）の向上に力を入れ、ナショナルカリキュラムを導入して、義務教育段階における必修科目を定め、各教科ごとに七、一一、一四、一六歳における到達目標（attainment targets）を設けた。そして一九九〇年代に入ると、英語、算数（数学）、理科の主要三教科における到達度を測定する全国共通の試験が、七、一一、一四歳で順次実施された。

(2) 第二言語としての英語（ESL）

多文化教育の実践は、同化や統合の理念が支配的であった一九七〇年代から、英語を母語としない子どもに対する英語教育（ESL）としてはじまった。またこの頃イギリスの小学校では、教育方法が一斉指導から子どもの活動を主体とするものに変わっていった。その変化により、英語を母語としない子どもを特定の学校や教室に集めて集団で指導するのではなく、各教室で個々の生徒の英語力を補うような指導が可能となり、しだいに平常の学級でのESL学習が普及した。

学力向上のためには、識字力（literacy）と計算力（numeracy）が必要であると、教育科学省は近年強調している。[23] マイノリティの子どもは英語が母語でないので、英語の識字力（読み書き）の向上がとくに重要である。そこで学校カリキュラム・評価審議会（School Curriculum and Assessment Authority, SCAA）が、英語を母語としない子どもに対する英語教育の指針「付加言語としての英語教授」（Teaching English as an Additional Language）を一九九六年一一月に刊行し、現場の教師に配布している。そして一九八〇年代までには英語教育以外の教育上の用途にも交付していた前述の地方自治法第一一条補助金を、原則として英語教育に限定して交付するようにし、ESL教育の充実をめざしている。

(3) バイリンガル教育と母語教育

ESLの次には、バイリンガル教育や母語教育の実践が必要となる。イギリスではバイリンガル教育は一部の学校で行われている。しかしマイノリティの子どもの大半は、学校で母語の教育または母語による教育を受けていないようである。学校の教室のなかに多様な言語を母語とする子どもが混在している場合は、たしかにバイリンガル教育を実施するのは大変であろう。しかもとくに初等学校は規模が小さく、全児童を合計して二〇〇〜三〇〇人程度の学校も多い(24)。そのような学校では、多数の教員を配置することができない。これらのことからイギリスでは、学校教育のなかで母語教育を保障しようとすると、経済的に大変になるという問題がある。そこで一部の地域では学校が休みである土曜日に、各民族のコミュニティが補習学校を開いて、子どもたちに母語や出身地域の文化を教えるという方法をとっている。行政は、学校の教室を無料で開放したり、開講の案内を配布するなどの側面的な支援を行うところが多い。

(4) 教育における文化的多元性と機会均等の保障

一九八五年のスワン・レポートの刊行の前後の時期が、各自治体で多文化教育に関するガイドラインが作成され、教材の開発も一番さかんであったようである。その後一九八八年教育改革法の成立などにより、教育行政の目的が、機会均等の実現といった社会正義の実現から、学力の向上、国際競争力の確保などのマンパワー育成にシフトしていった。そしてともすれば多文化教育は、教育におけるメインのテーマではなく、周辺の一領域へと後退した印象がもたれる。しかしながら、次のように多文化教育を推進するための法的な根拠は存在しており、要するに為政者や教育関係者の取り組み方次第で、今後もますます多文化教育の重要性は高まるはずである。

一九八八年教育改革法では、冒頭の第1条第2項で、公営学校でのカリキュラムは、「生徒の精神的・道徳的・文化的・知的・身体的な発達を促進する（傍点筆者）」バランスのとれた幅の広いものであることが必要であると規定している。そしてこのようなカリキュラムの提供をめざして、一九八九年の通達第五号で「カリキュラムには、生徒が所属する文化的に多様な社会を反映させるべきである」[25]と示して、多文化カリキュラムを学校が提供する義務を負うことを明示している。

教育科学省の通達を受けて一九九〇年にはカリキュラム審議会が、カリキュラム全般に関する指導書を発行して、次のように多文化教育の原理をカリキュラムにとりいれるよう、明言している。「すべての生徒に対して機会を均等に提供することを保障すること、そしてすべての生徒にとって多文化社会における生活の準備をすることが適切であると認識することが、カリキュラムのすべての領域に浸透していなければならない」[26]。

このようにイギリスの現行の学校の教育課程では、マイノリティの子どもに機会均等を保障することと、マイノリティが自らの文化を学ぶことが、制度として認められているのである。多文化教育の推進は、そのために新たな法令を制定しなくても、現行制度の枠組みのなかで、行政関係者や現場の教師の努力で行えるのである。

3　教育における規制緩和と多文化教育——保守党の教育政策

保守党政権と規制緩和

一九七九年に政権に返り咲いた保守党は、サッチャー首相の強力なリーダーシップのもと、停滞するイギリス経済の活性化をめざして、社会のあらゆる分野で規制の緩和を進めた。当時のイギリスは、経済活動の停滞により、生活水準の低下、失業の増大が生じていた。そのような不況下にあって、労働組合の既得権の遵守と企業活動へのさまざまな規制、失業手当に代表される福祉支出の増大、勤労所得に対する高率の課税などにより、国民の労働意欲と企業の投資意欲とが減退し、福祉国家イギリスは衰亡の淵に立たされているような状況であった。そこで経済の活性化をはかるには、自由な経済活動を保障して、民間の活力を利用しながらこれらの課題を克服しなくてはならないと考え、サッチャー政権は次のように行政の各部門で規制の緩和を進め、公営企業の民営化などを推進した。

(1)「小さな政府」の実現。官僚機構を縮小しその権限を減らすことにより、自由な経済活動を保障して、しかも高額な税金負担を軽減しようとした。とくに地方自治体の権限の縮小に熱心で、その典型は、労働党の牙城ともいわれた大ロンドン市（Greater London）の廃止（一九八六年）である。

(2) 市場原理、競争原理の導入。経済活動における主権は消費者（顧客）にあると考え、行政が決定する事項を極力減らして、企業に自由に競争させ、消費者の選択にゆだねようとした。学校教育については、教育委員会があれこれと基準を決めるのではなく、学校の裁量を増やして競争させ、親に選択の余地を与えようとした。

(3) 福祉サービスの見直し、効率の重視。福祉のバラマキは、逆に国民の勤労意欲をそぐと考え、無駄な支出を可能なかぎり見直して、必要度や支出効率の高いものに優先的に配分しようとした。たとえば、失業者にたんに手当を給付するよりは、職業訓練事業に投資して、失業者に（再）就職に向けて職業訓練を受けさせるようにした。

学校教育における規制緩和

経済の活性化には優秀な技術者、ビジネスマン、労働者が多数必要となる。そこで経済再建のために、教育政策の課題を学力（とくに産業界が必要とする学力）の向上に置いた。労働党の前政権下においては、進歩主義的な教育方法を濫用し社会的不公正の是正を強調しすぎたために、基礎学力が十分に身についていないと考え、市場原理の導入により学力向上を実現しようとしたのである。

一九七〇年代までのイギリスの学校教育に対して保守党は、政党（労働党）、労働組合（教員組合）、地方自治体（Local Education Authority, LEA）の三者が、学校教育を私物化し、偏向教育を行っていると批判していた。これら三者が学校教育に政治的な影響を与え、学力向上を阻害しており、とくに学校の予算と人事とに関する権限を地方自治体が握っていたことが、最大の問題であると考えていたのである。そこでまず地方自治体の権限をとりあげて、それらを各学校の理事会に委譲しながら、教育における規制緩和を進めたのである。一九八八年教育改革法案が国会に上程される直前の一九八七年五月に、ベーカー教育科学大臣は、「永年にわたりこの国の教育行政は、生産者主導でなされてきた。……消費者（親と雇用者）が、教育制度のアウトプットに対して不安を高めていると耳にする」[27]と選挙綱領で述べて、規制緩和を推進する旨を宣言している。保守党が学校教育に関してとったおもな規制緩和は、一九八八年教育改革法で定めた次の二つの施策であった。

(1) 学区を廃止し、学校の入学定員を拡大して（open enrollment）、希望する学校へ入りやすくした。

(2) 予算使途の決定権、教員の人事権を事実上、学校理事会に委譲した。これを学校の自主的運営（Local Management of Schools, LMS）と呼ぶ。予算は、生徒数に応じて、地方自治体から一括して学校に交付されるようになった（学校に交付される予算総額の八〇〜九〇％は生徒数に応じて配分される）。各学校の予算の使途は、学校理事会（理事は校長、教員・親・地域社会・教育委員会の各代表で構成される）で決定することとした。また教員の採用・解雇、設備の購入などを、学校理事会で決定するようにした。

これらの代表的な二つの施策の他にも、規制緩和を進め学校間の競争を推進する施策を保守党は推し進めた。まず四年に一回公式に各学校を、視学（inspectors）が視察することを、一九九二年教育法で定めた。これにより、学校は外部の公的な機関により評価され、その教育の成果を世に公表するようになった。また一九九三年には親の憲章（Parents Charter）を定めて、子どもの学校に関する情報を親が得る権利を保障した。

規制緩和の問題点——多文化教育への悪影響

(1) 平等よりも競争という風潮の蔓延

前述の政策が総合的に関連しあい、一九九〇年代に入るとイギリスの学校は、民間企業のようにたいへん競争的な状況に置かれるようになった。教育は、子どもや親に対する行政サービスととらえられるようになり、一定の予算に対して効率よいサービスが求められるようになった。そしてその効率よい教育サービスは、標準テストで測定される学力の向上で測られる傾向が強くなっている。

学力の向上が重視される一方で、一九七〇〜八〇年代にかけてさかんに唱えられた、機会の均等（equal opportunities）などの社会正義（social justice）の実現は、学校教育において二次的な目標となってしまった感もある。

(2) 学校の自主的運営の影響

学校の自主的運営（ＬＭＳ）の実施は、多文化教育の普及に対して、間接的ではあるが阻害要因として作用しているようである。この制度では、生徒の社会階層や地域の富裕度などを考慮せずに、生徒の人数の多少に単純に依拠して、予算を各学校に配分している。そうすると経済的に恵まれない地域の学校で手のかかる生徒が多いといっても、一人あたりの予算は原則として同額であり、予算がその分手厚く配分されることはない。またマイノリティの生徒の多い学校が、白人に嫌われてしまい入学者が減り、その結果、学校の予算総額が減少するという事態も生じる。そしてさらに、言語事情や家庭環境により手のかかる子どもの多い多人種地域の学校の方が、高級住宅地にある白人の生徒ばかりの恵まれた学校よりも、むしろ予算総額が減少するというねじれ現象も生じてしまう。

(3) 標準テストの影響

七、一一、一四歳の生徒を対象に、主要三教科について全国共通の標準テストが、一九九〇年代に実施されるようになった。しかし英語を母語としない子どもの評価（言葉のハンディに対する配慮）が、十分に考慮されていない。筆記テストの出題言語は英語のみなので、英語を母語としない子どもの到達度が、実際の理解度よりも低く評価される恐れが強い。また試験は、英語、算数（数学）、理科の三教科について行われ、多文化教育はこれらの教科の主要な構成要素ではない。そのため多文化教育は試験とは関係ない教育実践と考えられて、授業のなかで軽視される恐れもある。

マイノリティの子どもたちの多くは、経済的ならびに社会的な弱者である。だから多文化教育は、弱者に対する教育サービスとしての性質をもつ。それゆえ弱者に対する配慮を十分にとらないままで規制を緩和すれば、多文化教育の実践が衰退するのは明らかである。また学校選択の自由を極端に進めると、マイノリティのみの学校（たとえば全生徒がイスラーム教徒であるような）と白人のみの学校との二極に分かれて、多民族が共存するという体験を学校で提供できなくなってしまう。これらの例からわかるように、市場原理を貫徹させようとすると、多文化教育の普及が困難になる。

さて一九九七年五月の総選挙でブレア党首率いる労働党が大勝し、一八年ぶりに政権についた。同政権も前保守党政権同様、学力の向上を教育政策の目標に掲げている。しかしながら、初等学校の学級定員を三〇名までに減らすために、教員の採用を増加させている。教育環境の整備と充実に対しては、保守党政権よりも積極的な姿勢をとっている。同政権のもと、二一世紀のイギリスにおいて多文化教育の発展に向けて、次の点で期待が高まっている。

第一に、政府が人種差別の解消に向けて積極的な姿勢をとっていることである。たとえば人種関係法を改正して、人種憎悪による迫害や嫌がらせを刑事犯罪として、その根絶に向けてとりくみはじめた。

第二に、前述のように学校教育の条件整備に対して予算を重点的に配備しようとしており、間接的に多文化教育の実施をしやすくしている。

第三に、マイノリティが集中している都市部の教育の充実に力を入れており、全国各地に重点地域を指定して、予算や人員を集中的に配分する制度を開始した。これによりマイノリティの居住地域の教育環境のハンディが緩和される。

第四に、基礎学力の向上には前政権同様に熱心であり、マイノリティの英語力の向上に向けて予算を重点的に配分している。マイノリティの子どもに学力を保障しようとしているといえよう。

労働党政権は、弱者救済や社会福祉の施策に関して優先的にとりくんでいる。しかし一方で学校間の競争や外部による学校評価などは、大筋で前保守党政権のやり方を踏襲している。多文化教育に関しても、マイノリティの学力の向上、就職や進学などの進路の保障などに重点が置かれ、異文化を理解しようという教育実践や民族独自の教育実践の推進に関しては、基本的に学校の努力に任せていて、国として体系的な政策を示しているわけではない。ただし人権意識、差別の克服、異なる民族との共存などを内容に含む公民教育（citizenship education）の推進には積極的で、これを前期中等学校（義務教育）での必修科目に新たに指定した。

このように多文化教育に対して共感的な立場にある労働党政権のもと、二一世紀にイギリスの多文化教育はどのような展開をみせるのか、大いに期待したい。

注

＊　この章の執筆については1節、3節を佐藤が、2節を小口が分担して行った。

（1）　Education Reform Act, 1988. Section 7, 8.

（2）　多数の非白人の最初の入国は、一九四八年の六月にジャマイカから四九二名の黒人が入国したときとされる。また非白人の入国者は、一九五二年にはじめて一万人を超えた。

（3）　一九六〇年代までのイギリスにおける人種差別については、たとえば E. J. B. Rose et al., 1969. *Color & Citizenship*. Oxford: Oxford University Press に Institute of Race Relations による詳細な調査結果が載せられている。

（4）　一九七一年に移住法（Immigration Act）が改正され、イギリス（United Kingdom）への入国が、翌七二年よりイギリス人の血を引く者だけに制限された。そして非白人の入国には、ビザの発行が義務づけられた。この法律改正の背景としては、イギリス経済が不況に入り海外からの労働力に対する需要が減退したことと、増加する非白人に対するイギリス社会の排斥意識とが考えられる。

（5）　一九九一年の国勢調査によれば、イギリス（Great Britain）におけるマイノリティの人口の四四・八％が首都のロンドン（Greater London）に居住しており、次いでバーミンガムのある中西イングランドに一四・一％、マンチェスターのある工業地域の北西イングランドに八・一％居住している。University of Warwick, Centre for Research in Ethnic Relations, 1992. *1991 Census Statistical Paper No. 1. Ethnic Minorities in Great Britain: Settlement Patterns*. Warwick: University of Warwick, CRER, Table 3.

（6）　Central Advisory Council for Education, 1967. *Children and their Primary Schools*. London: HMSO.

（7）　教会が設置して公費により管理運営費用が賄われる学校を、有志団体立学校（Voluntary School）と呼ぶ。地方自治体が設置する公立学校（County School）と有志団体立学校の両者をあわせて、公営学校（Maintained School）という。

（8）　これらの施設は、自治体により名称がさまざまで、移民センター、レセプションセンター、英語センターなどの名前で呼ばれた。

(9) Department of Education and Science, 1965. *Circular 7/65, The Education of Immigrants.* London: HMSO, Paragraph 8.
(10) The Local Government Act 1966. Section 11.
(11) Department of Education and Science, *op. cit.,* Paragraph 5.
(12) Department of Education and Science, 1980. *The School Curriculum.* London: HMSO.
(13) ジャマイカ、トリニダードトバゴなどの西インド諸島の出身の黒人およびその子孫のこと。なお現在国勢調査などでは、アフリカ＝カリブ系（Afro-Carribian）という名称を使用している。
(14) Select Committee on Race Relations and Immigration, 1977. *The West Indian Community.* London: HMSO.
(15) Department of Education and Science, 1985. *Education for All: The Report of the Committee of Inquiry into the Education of Children from Ethnic Minority Groups.* London: HMSO.
(16) イギリスでは、学校内にさまざまなマイノリティ・グループの子どもが混在して、母語の種類が多様な場合が多い。たとえば一九七八年から七九年にかけてロンドンで行われた調査によると、二八校の中等学校で話されている言語の数は、合計五五に及んだという。H. Rosen and T. Burgess, 1980. *Languages and Dialects of London School Children.* London: Ward Lock Educational, pp. 61-64.
(17) D. Gilborn, 1995. *Racism and Anti-racism in Real Schools.* London: Open University Press, p. 6.
(18) B. Coard, 1971. *How the West Indian Children is Made Educationally Subnormal in the British School System.* London: New Beacon Books.
(19) National Union of Teachers, 1979. *Guidelines for Teachers on Racial Stereotyping in Textbooks and Learning Materials.* London: NUT.
(20) National Union of Teachers, 1981. *Combating Racism in Schools.* London: NUT.
(21) National Union of Teachers, 1992. *Anti-Racist Curriculum Guidelines.* London: NUT.
(22) これらの非難や攻撃については、たとえば、The Runnymede Trust, 1991.“Background paper: A Community Defends its School” *Race and Immigration,* No. 245, pp. 1-4 などに述べられている。

(23) 教育科学省（Department of Education and Science）は、教育省（Department for Education）にその後名称を変更し、さらに一九九五年に雇用省と合併して、教育雇用省（Department for Education and Employment）になっている。

(24) 教育統計を用いて、連合王国（U. K.）の五～一〇歳の初等学校該当年齢の人口を、全初等学校数で割ると、一九九五年で一校あたり平均約二〇〇名児童が在籍していることになる。

(25) Department of Education and Science, 1989. *Circular 5/89*.

(26) National Curriculum Council, 1990. *Guidance Documents on the Whole Curriculum*. London: NCC.

(27) Conservative Party, The Education Manifesto, quoted in *Education*, Vol. 169, No. 21, 1987. 5. 22.

五章　ドイツ——異文化間教育の実践的展開を中心に

1　異文化間教育の発展状況

移住と外国人政策

本節では、ドイツ連邦共和国（以下、ドイツと呼ぶ）における異文化間教育[1]の発展状況について述べるが、その際依拠する資料は、ゲルハルト・マーラー（Gerhart Mahler）作成の報告書『異文化間教育——ドイツ連邦共和国のナショナル・レポート[2]』（一九九三年）である。これは、バイエルン州文部省の異文化間教育担当官であったマーラーによって、ヨーロッパ会議（Europarat）への報告書として作成されたものである。

ドイツでは、全学校制度は国家の監督下に置かれている。この国は連邦制の国家構造を有しており、学校制度（大学制度や継続教育を含む）は州（Land 全部で一六州がある）によって管轄されているが、その際連邦の憲法にあたる基本法（Grundgesetz）で保障された個人の基本権に考慮が払われている。連邦（Bund）には、奨学金、学術研究助成、学校外の職業教育などに関して法規定を行う権限のほか、大学制度の一般的原則を法的に定めたり、

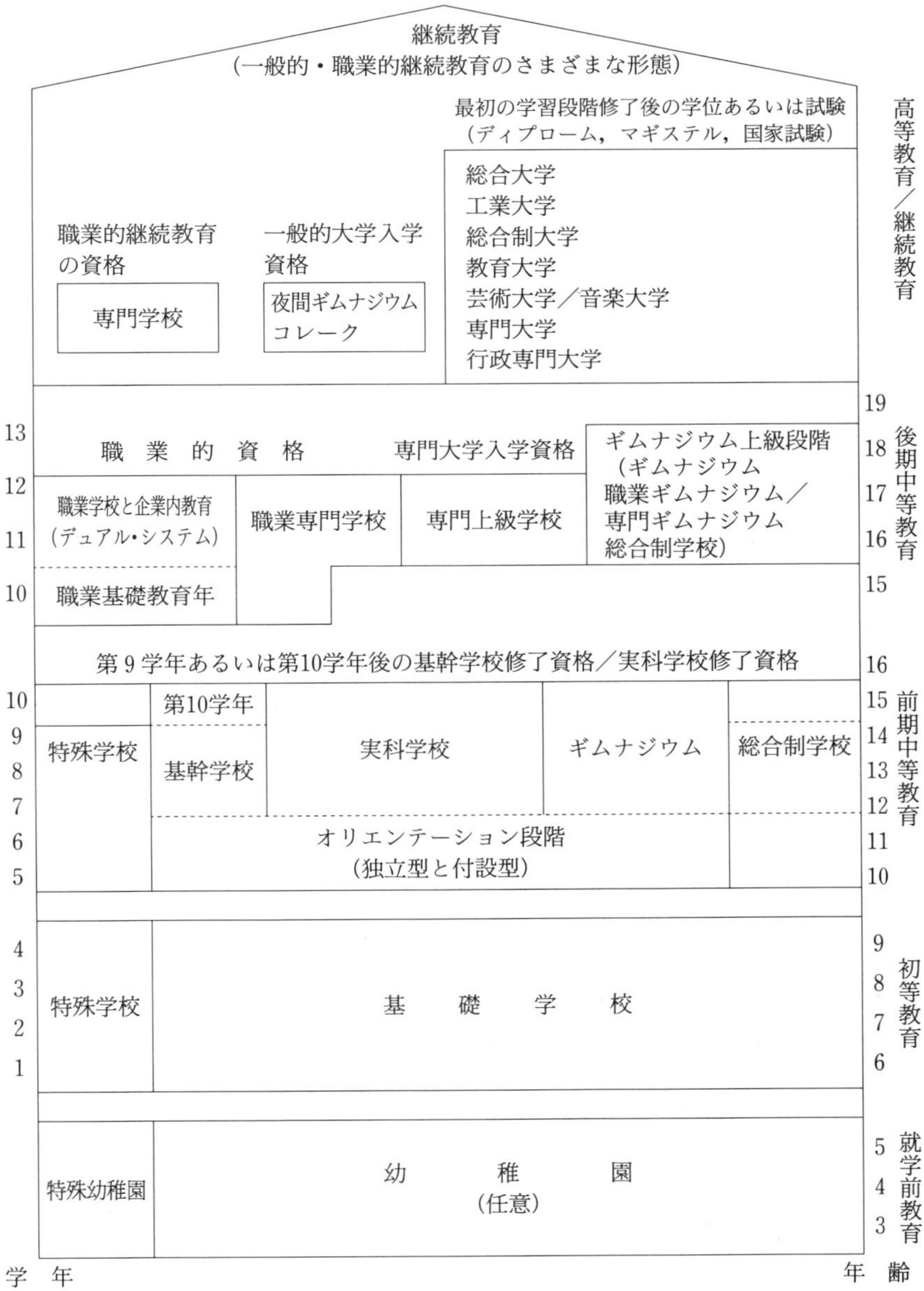

図1　ドイツ連邦共和国の教育制度の基本的構造

出典）常設文部大臣会議

諸州の課題の遂行に際して、それらの課題が国家共同体にとって重要な場合にかぎり、一定の事項において協力する権限が認められている。

各州間の協力を保障する手段としては、「ドイツ連邦共和国各州常設文部大臣会議」(Ständige Konferenz der Kultusminister der Länder in der Bundesrepublik Deutschland)〔以下「常設文部大臣会議」と略称〕が設けられ、超地域的意義を有する文化政策に関する業務を、共通の意思形成と共通の関心事の代表のために取り扱うという目標をかかげて活動している。

図1は、州によってかなり多様な形をとっているこの国の学校制度を、簡略化して示したものである。公立学校制度(州立大学を含む)が主流をなすこの国の公教育制度のなかで、私的な機関も各教育段階にみられる。

外国人の問題に目を転じると、一九九〇年には、当時の西ドイツに五二四万一八〇〇人の外国人が、当時の東ドイツに一三万五八〇〇人の外国人が居住していた。西ドイツに住んでいた外国人の内訳は、三二・〇%がトルコ人、一二・四%が旧ユーゴスラビア人、一〇・四%がイタリア人、六・〇%がギリシャ人、二・七%がスペイン人、一・六%がポルトガル人、一・三%がモロッコ人であった。西ドイツを構成していた一一州の州別の分布状況をみると、三〇・〇%がノルトライン・ヴェストファーレン州に、二〇・〇%がバーデン・ヴュルテンベルク州に、一五・二%がバイエルン州に、一一・四%がヘッセン州に、六・四%がニーダーザクセン州に、五・七%がベルリン州に、三・八%がラインラント・プファルツ州に、三・四%がハンブルク州に、二・〇%以下がその他の州に住んでいた(連邦内務省および連邦労働社会省の調査)。図2は、統一後のドイツの州分布を示している。

この国で「外国人」(Ausländer)という場合、それはまず、トルコ、ギリシャ、旧ユーゴスラビア、イタリア、スペイン、ポルトガル、チュニジア、モロッコというかつての労働者募集国からやってきて、その多くが定住した外国人労働者(ausländische Arbeitnehmer)とその家族を意味している。一九八九年の時点で、外国人居住者に占

図2　統一ドイツ地図

凡例◉州都
出典）常設文部大臣会議『ドイツ連邦共和国の教育制度の基本的構造』1992年

めるこのグループの割合は約六七%（生徒の場合は約八〇%）であった。残りは、長期的、短期的、あるいは永続的にドイツに滞在する他の諸国からやってきたさまざまな職種の人びとである。

外国人のグループで注目される他の一つは、第二次大戦終了以降、不定期的間隔で、とりわけ東ヨーロッパおよびアジアからやってきた難民（Flüchtling）である。一九八一年には難民の数は約五万人であったが、八八年には一〇万三〇〇〇人、九一年には二五万六一〇〇人に達した。

また、これは外国人ではないが、近年ドイツの学校に追加の課題をもたらしたのは、かつて彼らの祖先が移住して行った東ヨーロッパの各地から帰国してきたいわゆる帰国移住者（Aussiedler）の子弟である。一九九一年には、ルーマニアから三万二一七八人、ポーランドから四万一二九人、旧ソビエトから四万七三二〇人の帰国移住者がいた。移住と統合政策に関する以下の叙述は、おもに先の八つの労働者募集国からの外国人労働者に関連している。

労働力の地中海地域からの移住運動にはいくつかの理由があげられるが、最も大きな理由は六〇年代初頭の西ドイツの経済界の労働力不足である。そして、一九五五年と六八年の間に、イタリア、スペイン、ギリシャ、トルコ、モロッコ、ポルトガル、チュニジア、そして最後に旧ユーゴスラビアと、「外国人労働者の募集に関する協定」が結ばれた。その際、すべての当事者は、一時的な就業ということを前提としていた。そのことは「客人労働者」（Gastarbeiter）、「移住労働者」（Wanderarbeitnehmer）といった呼称にもあらわれている。だが、やがて労働市場の分割（Segmentierung）が生じ、外国人の永住化が不可避となった。

外国人労働者の数は、一九五五年にはまだ約八万人であったが、一〇年後にはすでに一二〇万人になった。家族の呼び寄せも段階的に行われ、かくて一九七三年には西ドイツに二六〇万人の外国人労働者がおり、外国人居住者総数は三九六万六〇〇〇人となった。

一九七三年末、第一次石油危機を契機として世界経済が悪化するとともに、西ドイツの雇用問題、とりわけ外国人雇用の問題も深刻化した。とくに、社会的なインフラストラクチャーの領域における困難な状況が顕在化し、連邦政府は一九七三年、ついに外国人労働者の募集停止に踏み切った。それ以後の連邦政府の外国人政策（Ausländerpolitik）は、合法的にドイツに居住している外国人、とりわけ外国人労働者とその家族の統合（Integration）と、ヨーロッパ共同体以外の諸国からの移住の制限、および自発的な帰国と母国への再統合に際しての期限つき援助という、統合と制限の二重の方向で展開されている。

統合政策に関しては、外国人を可能なかぎりよく、かつ早期に統合するという原則が妥当する。外国人の約六〇％は、すでに一〇年あるいはそれ以上長くドイツに住んでおり、外国人の子どもや青年の三分の二以上がドイツで生まれている。これら外国人の子どもや青年の完全な社会、学校、職業への統合（soziale, schulische und berufliche Integration）が、連邦政府の外国人政策の重点となった。そして、統合の課題は、連邦、諸州、市町村、社会の諸グループ（教会、労働組合、雇用者、福祉団体、その他）、多くの個々の推進活動グループによって遂行されている。

制限政策の基盤となっているのは、無条件の外国人労働者募集停止の維持と、隠れた移住の一形態と考えられる庇護権（Asylrecht）の濫用防止である。自発的な帰国と母国への再統合に際しては、援助が行われる。連邦政府のこのような外国人政策の基本的立場は、一九九一年一月一日に発効した「外国人法の新規定に関する法律」に具体化された。一九九一年二月には、新旧諸州（旧東ドイツの五州と旧西ドイツの一一州）の州および市町村の外国人代表による全国会議が開催され、相談活動や広報活動の強化、市町村で行われている異文化間プロジェクトの調整などが提案された。

常設文部大臣会議が旧州（旧西ドイツ一一州）において行った調査の結果によれば、一九九〇年には旧西ドイツの普通教育および職業教育の学校で、九六万六二五〇人の外国人生徒が学んでいた。生徒総数に対する外国人生徒

表1　1990年における外国人の学校修了者の資格（旧西ドイツ地域）

基幹学校修了証（Hauptschulabschluss）	45.8%（−2.6）
実科学校修了証（Realschulabschluss）	25.1%（+1.4）
全日制就学義務修了（基幹学校修了証なし）	17.8%（+0.4）
大学入学資格（Hochschulreife）	6.4%（+0.5）
専門大学入学資格（Fachhochschulreife）	0.4%（+0.2）
学習の妨げある者のための特殊学校（Sonderschule）	4.5%（−0.8）

注）＋／－は1988年と比較しての増減パーセンテージを示す．

の割合は、同年、一一・三%というそれまでの最高値に達した。参考までに、一九七〇年における外国人生徒の割合は一・七%、八〇年におけるそれは六・三%であった。外国人生徒の圧倒的多数は、外国人労働者の六つの主要出身国であるギリシャ、イタリア、旧ユーゴスラビア、ポルトガル、スペイン、トルコの出身であり、一九九〇年には一〇〇人中八〇人の生徒がこれらの国ぐにの出身であった。また、全部で七七万九六六〇人という普通教育学校における外国人生徒の四六・六%はトルコ人生徒であった。

外国人生徒の宗教的背景に関しては、トルコ人生徒はほとんどがイスラーム教、スペイン人、イタリア人、ポルトガル人、クロアチア人の生徒はおもにカトリック、ギリシャ人生徒は主としてギリシャ正教を信仰していた。

職業教育の学校における外国人生徒の数は、一九九〇年には、一八万六五八七人であった。そして、その五九・二%をトルコ人生徒が占めていた。

学校修了者の資格については、表1に示すような結果がみられた。

デュアル・システムの職業訓練を受けている外国人の数は、連邦教育学術省の報告によれば、一九九〇年には一万五〇〇〇人増えて九万八〇〇〇人となった。これは年間一七%の上昇率で、これまでの最大の増加であった。連邦職業教育研究所の報告によれば、外国人青年の職業訓練への参加は、一〇年間で二倍になった。

第二言語の習得と母語授業

外国人生徒の教育に関する教育政策上の措置は、第二言語（Zweitsprache）の習得と、母語授業（muttersprachlischer Unterricht）に関する措置を含んでいる。

常設文部大臣会議は、一九五〇年一〇月二七日／二八日の決議、および一九五二年一月一八日の決議によって、すでに早くから外国人子女（Ausländerkinder）に対する学校教育の問題をとりあげていた。そこでは、「就学義務を、適切な法的規定によって、連邦共和国に居住している故郷のない外国人ならびに外国籍を有する人びとや、国籍のない人びとにも拡大する」ことが勧告されていた。

一九六三年になると、常設文部大臣会議は、その間に広く行われるようになっていた外国人労働者の子女に対する授業について情報を収集し、一九六四年五月一四日／一五日の決議で、外国人子女を法的な就学義務のもとに置くことを勧告した。そして、特別の予備学級（Vorklasse）を設け、外国人子女を短期間にドイツの通常学級での授業に参加することができるようにすべきとしたのであった。「外国語としてのドイツ語」「第二言語としてのドイツ語」といった概念が、ここにはじめて姿をあらわした。さらに勧告されたのは、追加的授業のなかで、外国人子女に母語（Muttersprache）を教えることであったが、これはさしあたり実現されなかった。

普通教育学校の生徒人口に対する外国人子女の割合が全国平均で二％に達した七〇年代のはじめに、その間に各州で行われた諸措置を同調させることが不可欠になった。常設文部大臣会議は、この目的のために、一九七一年三月に各州の省庁代表からなる作業グループを設置し、共通見解の形成にとりくませた。

こうして、一九七一年一二月三日に行われた常設文部大臣会議の決議は、ドイツの学校制度への外国人子女の編入について、一つの原則をさし示した。それによれば、ドイツの学校における授業に著しい言語の困難なくついていくことのできる子どもは、その年齢もしくは到達度に応じた学年に受け入れられるべきであった。就学義務がはじまったばかりの子どもは、当初からドイツの第一学年の授業に参加すべきであった。また、「準備学級」（Vorbereitungsklasse）は、統合にとってきわめて重要な授業形態とみなされ、それは、「ドイツの学校関係になじませるプロセスを、容易にし、かつ加速化する」べきとされた。準備学級での授業は、むろんドイツ語の媒介が中心ではあるが、それとならんで、一般の学習指導要領（Lehrplanrichtlinien）にのっとった授業も行われるべきであった。だが、ドイツの学習指導要領の目標を達成するということは、数学や理科や文系の諸教科が、外国人教員によって出身国の言葉で教えられたために、きわめて困難であった。音楽、美術、工作、織物、家庭科、スポーツといった教科の場合、ドイツ人生徒と一緒の授業が勧告された。準備学級に留まるのは一年間と制限され、生徒はその後、年齢もしくは到達度にふさわしい学年に配属され、そこでもさらにドイツ語の促進授業を受けるのであった。

このほか、すべての外国人子女は、出身国の教員によって行われる「母語の補完授業」（muttersprachlicher Ergänzungsunterricht）を受けるべきとされた。このことは、全ドイツの学校制度を新たな課題の前に置くことであり、これまでにもさまざまに論議されてきたのであった。決議は、この授業について、「諸州は、この（母語の）授業が、（ドイツの）学校行政の責任領域内にあるか、それとも外にあるかを、自らの権限において決定する」と述べている。

外国人子女の授業を改善するという目的のもとに続く年月の間に実施されたモデル実験、母語の意義についての認識の増大、自国籍を有する子どもの母語教育に対する送り出し国の関心の増大は、すでに一九七一年の決議にみられた外国人教育の二重の目標、つまりドイツの学校への統合と、文化的・言語的アイデンティティの保持が、一九七六年四月八日の常設文部大臣会議決議によって、とりわけその母語教育強化の方針によって、完全に補われるということへ導いた。そこでのすべての措置の共通の目標は、次のようであった。「外国人子女をして、ドイツ語を習得し、ドイツの学校修了証を獲得し、また母語の知識を得、かつ拡大することができるようにすることが重要である。同時に、教育的諸措置は、ドイツ連邦共和国における滞在期間中の外国人生徒の社会的編入に貢献し、加えて彼らの言語的・文化的アイデンティティ（sprachliche und kulturelle Identität）の保持に奉仕すべきである」。

上記のような原則のもとに、子どもの異なる要求にしたがって、独自の教育的方途を講じることもできるようになった。学校官庁は、外国人の密集地域においては、一定の教科が何年もの間、母語で教授される同一国籍の生徒の学級を設置することもできるようになった。また二言語（バイリンガル）学級（zweisprachige Klasse）、つまり、教授用語として母語とドイツ語を有する学級も形成された。

異文化間教育のめざすもの

教育の異文化間的次元に関するこれまで行われてきた大部分の考察やプロジェクトにおいて、「文化」（Kultur）とは、歴史、芸術、社会、民俗といったものをこえて、人間の相互交渉のすべての領域、諸民族のすべての特殊な行動様式を含む広い意味においてとらえられている。

また、「異文化間教育」（interkulturelle Erziehung）というのは、二つのグループあるいはさまざまなグループの「共生」（Zusammenleben）を発展させるという課題を有している。ただ寛容（Toleranz）だけが問題なのではない。また、寛容とか同胞愛（Mitmenschlichkeit）についてたんに語ることは、これらの価値をつくり出すものではない。これらの価値は、ただ他者との交わり（Umgang mit anderen）を通して、共同の学習において経験されうるのである。「わかること」（Begreifen）が重要であり、文化的諸価値の「体験」（Erleben）と「共同形成」（Mitgestalten）が問題である。生徒たちは、「同じ人間としての理解」（mitmenschliches Verstehen）と、それに対応した「行為」（Handeln）は、その確証の場を、抽象的な遠い国にではなく、自分の学級や、すぐ隣の通りに有するのだということを学習しなければならない。

異文化間教育のめざすものは、外国人生徒にとっては、たんなる適応を意味するのではなく、ドイツ人生徒にとっては、たんに他者に対する理解を意味するのではない。それは、両者にとって、学級や学校で生じた状況（Situation）を加工し、そこから益を得ることを意味するのである。異文化間教育は、けっして既存の文化的相違の平準化を目的とするものではないが、それにもかかわらず、そのつど自己の規範や価値観の優越という考え方が除去されなければならない。とはいえ、自己の民族的に刻印された社会的・文化的モデルの相対化（Relativierung）は、明らかに、他のものを無批判に受け入れるということを意味するものではない。

文化的相違はまた、葛藤へと導きうる。家庭で獲得された行動様式における相違、異なる価値的方向づけ、一定の性役割の刻印は、学校の要求と衝突しうるし、家族における葛藤へも導きうる。異文化間学習（interkulturelles Lernen）は、したがって、よりよき相互の理解へ、共通性の認識へ、偏見の除去へ、悪しく加工された経験の克服へ導かなければならない。異文化間教育は、したがって、生徒たちがまた、文化を全体として受け入れたり、拒絶したりするのではなく、むしろ各人が自己のアイデンティティを拒絶への恐れなしに表現しうるということを認識することができるようにすべきである。

そのような異文化間学習のための変換可能のモデルは、まだ十分に存在していない。これらがまず広い基礎のうえに実験され、評価されなければならない。

2　異文化間教育に関する常設文部大臣会議の勧告

状況認識

常設文部大臣会議は、一九九六年一〇月二五日の決議により、「学校における異文化間教育」と題する勧告[3]を公にした。外国人労働者の子女の増加を主たる契機として、とりわけ一九七〇年代以降、外国人教育（Ausländerpädagogik）に、そして八〇年代に入るやそれに加えて（あるいはそれを包摂して）異文化共生のための教育、いわゆる異文化間教育に力を注いできたこの国で、はじめてこのような異文化間教育に関する全国レベルの指針が示されたことは、教育政策上、また異文化間教育それ自体の発展上、きわめて大きな意義を有する出来事であった。

本節では、序論、(1)異文化間教育の出発点、(2)異文化間教育の目標、(3)異文化間教育の実践（a)教育的原則、(b)授業の内容上の重点化、(c)授業の方法上の工夫）、(4)今後の発展のための勧告という順序で展開されているこの勧告の要点を示したい。

勧告によれば、二〇世紀の終わりは、増大する国際化（Internationalisierung）によって特徴づけられる。経済的・エコロジー的・政治的・社会的発展が全世界的関連において行われ、重要問題の解決は、一つの世界という意識においてのみ可能である。

全世界の網の目のような結びつきが、人びとの知覚にも影響を与える。遠く離れた地域の出来事が、メディアを通して日々直接に伝えられ、コミュニケーションと交通のネットワークは全世界にわたる接触と結合を可能にし、個人および職業のモビリティは、容易に国家的・文化的境界を越えさせる。

国際的な結合は、青少年の体験範囲をもグローバル化し、国際的な青少年文化が創出されている。だが、青少年の興味関心の類似性と並んで、言語、社会化、社会への結びつき、世界観的方向づけといったものによって特徴づけられる彼らの日常経験の相違性もまた存在している。そして青少年においても、他の生活様式や文化的アイデンティティに関する知識やそれらの受容は、自明の前提とはされえず、先入観によって支配されるという危険性が存在する。

南北間、東西間の経済的・社会的相違、社会的・経済的上昇への希望、国際的な性格を有する労働市場、政治的・宗教的抑圧、戦争と生態系の破壊などが、すべての大陸でさまざまな移住運動（Wanderungsbewegungen）を結果した。そして、言語的観点においても、国民的・民族的観点においても、同質的でない社会が生まれている。異なる言語、出自、世界観を有する人間が出会うところでは、世界像と価値体系が変化発展し、さまざまな文化が、それらによって個々人が自らの生活世界を形成している方向づけと解釈モデルのアンサンブルを形づくる。現代社会は、文化的観点において、複合的で多元的である。

ドイツでは、今も昔も外国出身の人びとが文化的発展に影響を与えている。この何十年間かに移住してきた人びとの多くは、定住し、すべての権利と義務を有してドイツで生活したいと思っている。そして、この社会の文化的多様性を、これらの移住してきた人びとが特徴づけている。

ところで、移住者に対してドイツ社会の多くの領域は準備ができておらず、教育もまたその例外ではない。諸州の教育行政機関は、授業や他の学校生活において、他の諸文化への取り組みを促進してきたが、今や学校における教育に対して追加の諸課題が生じている。この勧告は、これら諸課題の克服にあたって、一つの貢献をしようとするものである。「それは、すべての生徒のための共通の異文化間教育ということから出発しており、したがって、マジョリティの所属者にもマイノリティの所属者にも向けられており、建設的共生（ein konstruktives Miteinander）をめざしている。それは、硬直化した構想として起草されているのではなく、諸州の共通の取り組みを促進し、また諸州によってそのつどの可能性にしたがって補われる方向づけの枠組み（Orientierungsrahmen）として起草されているのである」。

勧告の以上の部分について若干のコメントを行うと、ここでは、国際化・グローバル化の進展とともに、たとえば青少年文化においても類似性・共通性が増大したが、反面日常生活における相違性・多様性はけっして消滅するものではなく、そのことへの理解を欠くとき、他者の生活様式（文化）に対する無知や偏見が生じることになるとの見方が示されている点がまず注目される。

次に、世界的な規模でのさまざまな移住運動の結果、言語的にも、国民的・民族的にも同質的でない社会、文化的観点において複合的・多元的社会が生まれたが、ドイツ社会もその例外ではないこと、しかし教育を含むドイツ社会の多くの領域はそれに対してよく準備されておらず、たとえば学校における他文化への取り組みに関しては、それなりの試みもなされてきたが、今や追加の諸課題が生じているとの見解が示されている。

そして、最後に、この追加の諸課題の克服のために要請されるのが、すべての生徒のための共通の異文化間教育であり、それはマジョリティの所属者にもマイノリティの所属者にも向けられ、「建設的共生」をめざすものであることが述べられている。

勧告はこのように、移住者を多数迎え入れて文化的多様性を強めた、複合的・多元的社会としてのドイツ社会において、それへの教育的回答を示すものが異文化間教育であるとの認識を示しているのである。

異文化間教育の目標

勧告によれば、「人間の尊厳の尊重と基本的諸権利の擁護は、諸州の学校法のなかに具体化されている最高の拘束力を有する憲法上の規範である」。そして、異文化間教育は、まず、学校の一般的な教育課題の誠実な遂行において実現される。それは、すべての生徒における、人間らしさ（Humanität）の倫理的原則と、自由と責任、連帯と諸国民の理解、民主主義と寛容といった諸原理に義務づけられた考え方や行動様式の発展を要求する。

この基礎のうえに、異文化間教育によって、生徒はとりわけ次のことができるようになるべきである。

(1) 自己の文化的な社会化と生活関連を意識する。

(2) 他の文化についての知識を獲得する。

(3) 他の文化的特性への好奇心、開放性、理解を発展させる。

(4) 他の文化的生活形式や生活の方向づけと出会い、それらと根本的にとりくみ、その際不安を認め、緊張に耐える。
(5) 見知らぬ人に対する先入見を知覚し、真剣に受けとめる。
(6) 他者の異なっていること（Anderssein）を尊重する。
(7) 自己の立場を反省し、批判的に吟味し、他者の立場への理解を発展させる。
(8) ある社会ないし国家における共生（Zusammenleben）にとっての共通の基礎に関する一致を見出す。
(9) 異なる民族的・文化的および宗教的帰属によって生じる葛藤を、平和裡に耐え抜き、共に取り決められた規則によって調停することができる。

この部分でまず注目すべきは、異文化間教育の目標が、人間の尊厳と人権の尊重という憲法上の規範を最高次の目標とし、学校の一般的教育課題（とりわけ人間らしさへの教育）の誠実な遂行によって実現されるということが、冒頭で述べられている点である。異文化間教育は、本来、学校の一般的教育課題に何か特別の新しいものをつけ加えるといった性格のものではない。それは学校の一般的教育課題を、ある固有の観点、パースペクティブからとらえ直すことをめざしているのである。また、それは、多元的社会、多文化的社会の出現という今日の社会的現実を直視し、そこでの人間らしい教育のあり方を追求しているのである。

ここで箇条書的に列挙されている目標は、異文化間能力（interkulturelle Kompetenzen）とでもいうべきものを意味し、それはすべての子ども、青少年にとっての、少数派と多数派の両方にとっての一つの鍵的な資質であるとも、勧告には述べられているのであるが、これらの目標こそ、異文化間教育の観点からとらえ直されたきわめて今日的な学校教育目標として、真剣に受けとめられる必要があろう。

実践的展開

(1) 教育的原則

勧告によれば、学校における一般的な人格形成のすべての目標と同様、異文化間教育もまた、考え方や行動様式の発展に向けられる。学校は入手可能な学習と生活と経験の空間を利用することによって、知識、洞察、判断形成、価値に方向づけられた行為の促進を行う。異文化間教育は、個々のテーマ、教科、プロジェクトに限定されず、学校という総合的な学習の場にとっての横断的課題である。

異文化間教育において教師は、異なる見方や視点の変更に余地を与えることができなければならない。教師が大部分、多数派社会に属しており、通常、自分の見方を自明のものとしがちなだけに、いっそうこのことがいえる。異文化間教育が適切な考え方や交わりの形態をもたらそうとする場合、情緒的な体験に根本的な意義が帰される。異文化間能力は、相互の尊敬という社会的関係と思考態度によって特徴づけられた学校風土（Schulklima）が支配しているところにおいてのみ発展しうる。

授業および授業外において、教師は外国人との交わりにおける模範機能を要求される。外国人生徒もドイツ人生徒も、同じ仕方で、価値評価、信頼、慈しみを体験しなければならない。

異なる文化的出自の生徒がいる学校共同体では、文化的に条件づけられた相違と、それにもかかわらず存在する共通性が、直接認識され、経験されるがゆえに、異文化間の緊張関係が有効に作用する。

すべての生徒が共同の学校文化の発展に関与し、相互の尊敬を規範とする共同生活の規則を発見すべきである。

外国人の親との協力においては、彼らが教育観念と学校における共同決定（Mitbestimmung）について異なった解釈を有する文化の出身であることが考慮され、何かの決定をめぐって葛藤が生じた場合、率直な意見交換を行うとともに、決定の根拠を透明にすることが必要である。

ここでは、異文化間教育の実践にあたってまず確認されるべき教育的原則、異文化間教育を成り立たせる基本的条件が述べられている。その第一は、異文化間教育が学校における横断的課題であって、個々の教科やプロジェクトに限定されないということである。第二は教師のあり方ということで、まず教師が異なる見方に対して寛容であること、次に教師が外国人との交わりにおいて自ら模範機能を果たすべきことが述べられている。注目すべき第三の点は、相互の尊敬が支配する学校風土の重要性、文化的出自の異なる生徒のいる学校共同体の有効な作用が強調されている点である。いわゆる隠れたカリキュラムの重要性が説かれている。第四に、学校文化の形成や学校における意思決定の過程に、すべての生徒と親の参加が必要とされている点にも注目しなければならない。民主主義の根幹をなす参加および共同決定の思想が、人権の尊重とともに、異文化間教育の根底に置かれているのである。

(2) 授業の内容上の重点化

勧告は、異文化間教育における授業の内容に関連して、「異文化間能力の発展のためには、自他の文化のアイデンティティ形成上の伝統的基準や基本モデルについての知識が不可欠である。憶測と偏見は、多様化された知覚、熟考された解明、自己批判的な評価によってのみ克服されうる。その際、教材の拡大はあまり問題ではなく、むしろ既存の内容の異文化間的アクセントづけが問題である」と述べている。そして、文化的・宗教的・民族的背景と、文化的多様性のなかでの共生の諸関係ならびに諸条件を範例的（exemplarisch）に知るために、以下のような観点が重要であるとしている。

(a) 自文化と異文化の本質的メルクマールと発展
(b) 諸文化の共通性および相違と相互的影響
(c) 人権の普遍妥当性と文化的制約
(d) 偏見の発生と意味

(e) 人種差別主義 (Rassismus) と外国人敵視 (Fremdenfeindlichkeit) の原因
(f) 自然空間的・経済的・社会的・民勢学的不平等の背景と結果
(g) 現在および過去の移住運動の原因と影響
(h) 宗教的・民族的・政治的葛藤の調停のための国際的努力
(i) 多文化社会 (multikulturelle Gesellschaft) における少数派と多数派の共生の可能性

ここでは、異文化間能力、既存の内容の異文化間的アクセントづけ、文化的多様性のなかでの共生の諸関係・諸条件を範例的に知るといった表現が、とりわけ注目される。

異文化間能力とは、自他の文化の伝統的基準や基本モデルについて知っていること、多様化された知覚と熟考にもとづく解明、ならびに自己批判的評価の態度を有していることとされている。

教材の拡大よりもそれの異文化間的アクセントづけ、共生の関係や条件の範例的取り扱いといった視点は、異文化間教育の内容選択においてきわめて重要と思われる。このことのための基本的観点が九項目にわたってあげられているわけであるが、そこでは、自他の文化理解、人権の問題、偏見や差別の問題、不平等と社会的公正にかかわる問題、移住の問題、葛藤の調停にかかわる問題が順次述べられ、最後に包括的で核心的な問題として、「多文化社会における少数派と多数派の共生の可能性」をさぐるということがあげられている。

(3) 授業の方法上の工夫

勧告は、異文化間教育の方法上の工夫にも言及している。それによると、異文化間教育は、事柄とそれについての知覚の複雑さを明瞭ならしめ、諸関連、相互作用および固有の責任についての知覚を促進する学習形態を要求し、反省、自己の立場の批判的考察、固有の行為といったものを重視する。

勧告によれば、「異文化間教育は、したがって、諸教科をネットワーク的に結合する、問題に方向づけられた行為的学習という教授学的原理（didaktische Prinzipien）に従う。プロジェクト授業（Projektunterricht）、学校の開放、生活現実と生徒の経験の引き入れが、固有のイニシアチブ、固有の活動、固有の責任を活性化し、促進するための断念することのできない行動様式である」。また、そこでは、考え方や確信が明らかとなり、根底にある価値観が解明され、社会的・倫理的観点から評価されうるような学習状況が大切である。

こういった観点から、諸教科の内容を新たにアクセントづけする必要が生じるが、とりわけ社会科学的諸教科は、以下のような点で主題上、方法上、異文化間教育に大きな貢献をする。

(a) 出来事を異なった観点から明らかにするための、世界史の横断面に焦点をあてた歴史授業
(b) 文化に制約された構造を有する地域現実の探究を行う地理授業
(c) 現在の政治的・社会的葛藤に関して、異なる解決構想とその文化的制約を分析する社会科授業
(d) 世界宗教の共通性と相違に関する学習を行う宗教あるいは倫理の授業

その他すべての教科において、内容を次のように異文化間的にアクセントづけする可能性が存在する。

(a) ドイツ語では、観点の変更を支持するような比較的なテキスト学習によって、世界的に通用する物語の核心の伝播を探究し、幸福と正義、愛と苦しみに関する体験と経験を明瞭ならしめる。
(b) 外国語授業においては、言語的表現形態を通して他の諸文化の見方との出会いが媒介され、自明のものと考えられている固有の見方に対する他の見方を知ることができる。
(c) 母語能力の育成は、アイデンティティと人格の発展にとって大切である。出身言語の授業は、方法上、ここに生活している子どもや青少年の生活現実に方向づけられる。この授業はできるだけ正規の授業時間にくみいれられ、他の生徒たちにも参加が認められる。それは、多言語能力の維持または獲得をも目的とする。
(d) 多くの学級にみられる多言語的状況は、言語の多様性との積極的交わりを可能にする。

(e) 音楽や芸術の授業は、異なる経験、解釈および表現形態を知覚し、異なる種類の洞察を獲得し、そこに含まれる緊張的契機を克服する一つの非言語的次元を提供する。

(f) 数学の授業では、自己の計算文化の文化的根源の多様性が説明され、数の記号使用が一定の世界解釈の表現として扱われたり、例題に文化的多様性が表現されたりする。

(g) 自然科学の授業は、科学的・技術的認識を、それらの文化特殊的条件関連において探究する可能性を提供する。

また、勧告によれば、偏見や恐れは、共同活動やプロジェクト、シミュレーションや役割遊びを通じて、効果的に克服することができる。それらにおいては、認識が実際に適用され、経験が事例に即して獲得され、異文化間の葛藤が共通の行為の場で解決される。

さらに、勧告によれば、学校外のさまざまな人びととの接触も、偏見を減少させることや、開かれた態度、相互の尊敬をつくり出すうえで役立つ。学校の周辺地域には、学校が連携しうる公共機関、集団、個人が見出される。生徒間交流、学校パートナーシップ、学年遠足、修学旅行、国際企業実習も有効な方法である。

3　教科書にみる異文化間教育の教材例

ここで異文化間教育が学校で実際にどのように展開されているかについて、教科書にのせられた教材を例としてみてみることにしよう。

とりあげるのは、ニーダーザクセン州の第五、六学年用社会科教科書『世界・環境科』(4)（ヴェスターマン社発行、一九九三年）の「さまざまな文化圏の人びとが共に生きる」の章から抜き出した「私たちは他の国の人びとと共に生きる」である。紙幅の制約上さらにその一部を示すことにする。

私たちは他の国の人びとと共に生きる

一、アイシェとムラートの故郷の村で

君の学校に外国人の級友がいるということは、おそらく君にとってまったく当たり前のことだろう。君はこれまでに、なぜ彼らが家族でここに生活しているのかを考えたことがあるだろうか。

君のお父さんが会社の命令で転勤させられたために、君が両親と一緒に何年かトルコへ移り住むことになったということを考えてみたまえ。君はトルコの学校へ行かなければならない。君はその国の言葉を理解せず、友だちもまだいない。すべては異なっている（Alles ist anders.）君の衣服と君の行動は、トルコ人の子どもからみればおかしい。君はこのような状況に置かれて、はたして快適に感じるだろうか。

同じようなことが、たしかに外国人の子どもたちにも起こっている。彼らは私たちの言葉を知らず、そしてあるドイツの学校へ通わなければならない。君は彼らが不自由なく生活できるようになるために、彼らを助けるべきであろう。君は、彼らの故国について何かを知っているときに、彼らをよく理解することができる。

われわれは首都アンカラの近くの彼らの故郷の村に、アイシェとムラートを訪ねる。この村のたいていの家庭には、アイシェ、ムラートおよび彼らの両親の場合と同様、そこで住みかつ眠る二つの部屋しかない。水道は廊下にしかない。そこで家族の人たちは身体を洗うだけでなく、洗濯物や食器類も洗う。

急いで朝食を食べる。パンケーキ状のパン、山羊の乳でつくったチーズ、オリーブの実、バターとミルクが朝食だ。湿った布で彼らは口と手をぬぐう。彼らは大急ぎで普段着の上に学校の制服を羽織る。そでの長い黒い上着は、ムラートのふとももの中ほどまで、そしてアイシェのほとんどひざまで届く。われわれは二人について学校へ行く。

「ハロー、アイシェ。ハロー、ムラート」。隣家の子どもたちデーメットとオルハンが、すでに戸口で立って待って

いる。オルハンは一個の石をムラートに向かってけり、その石をただちに再びとりもどそうと試みる。二人は学校かばんを手にもって、村の通りをかけあがっていく。「通り」は、深くえぐられた車の跡のある広い道である。

学校へ行く暇がない

「デーメット。ガツェルはどこにいるの？　彼女は今日は寝過ごしたの？」。「寝過ごしたかですって！　何をいってるの。彼女はもう二時間も前から仕事をしているのよ」とデーメットが笑う。「注文されたじゅうたんが織りあがるまでは、彼女は学校へ来ないでしょう」。「かわいそうなガツェル」。ガツェルは彼女の母を助けてじゅうたんを織り、四人の妹たちの世話をし、家の仕事を片づけなければならない。女の子が読んだり書いたりすることができても、それはだれをも満腹にしない。アイシェはそのことを知っている。すでにしばしば祖母がいっていた。「アイシェ。女の子にとって一番大切なのはよく働くこと。家のすべての仕事ができることなんだよ。そのためには学校へ行く必要はない。学校は女の子にとって時間の無駄遣いだよ」。

それに対して、アイシェは答える。「おばあちゃん。私はもうあなたのような生き方はしたくない。女の子も読み書き計算ができ、さらに最も大切な家事をお母さんから学ぶことが大切なのよ」。

いろいろな方角からやってきた子どもたちは、校舎の前の空地に到着する。彼らのうちの何人かは、二時間以上も歩いてきたのだ。冬の時期には、これらの子どもたちは、しばしば学校へ来ることができない。

トルコの学校生活

九時である。先生が校舎から出てくる。それが位置につくことの合図である。生徒たちは自分のかばんをもち、階段の前で自分のクラスのなかに二人ずつ並んで立つ。クラスごとに先生によって校舎内へ導かれる。廊下で子どもたちは、トルコの旗と国家の建設者ケマル・アタチュルクの像の側を通る。生徒たちは教室の自分の席の脇に立ち、先生にあいさつしてから木の椅子に腰かける。それから、先生が黒板に書くことを、熱心に筆記する。呼ばれた者は席から立ちあがり、その後話すことが許される。一二時から一時までが昼休みで、その後三時まで再び授業が行われる。

アイシェとムラートは、五年しか学校へ行かない。幸運であれば、彼らは中学校へ行くことができる。だがそのために、必ずしもどこでも、教師と教室が提供されているわけではない。

「問い」から

・一つの図表に、君の学校の午前中の時間経過とトルコの学校における時間経過を対置させてみよ。
・君は校庭での整列をどう思うか。
・なぜガツェルは学校へ来ることができないのか。
・アイシェと彼女の祖母は、異なる意見をもっているが、それについて述べよ。

二、イスラーム教の信仰が生活を規定する

大部分のトルコ人の宗教はイスラーム教（Isram）である。イスラーム教は女性に対して、むき出しで男性の目にふれぬよう定めている。女性は、袖無しのブラウスあるいは短いスカートやズボンをはいて歩きまわってはならない。一二歳から少女たちは、髪の毛をスカーフでおおう。だが、トルコの多くの地方、とくに大都市では、婦人や少女たちが、西ヨーロッパにおけるのと同様のみなりをしている。

ただ家族のなかでのみ、男性と女性は一つのテーブルに向かって座る。男性の友だちが訪ねてきた場合、男性だけで食事をし、女性は部屋に入らない。

男性が日に五回祈り、少なくとも週一回、金曜の夕べの祈りに、モスク（Moschee）に足を踏み入れるのに対し、女性はただ祭りの日にだけ寺院に行く。彼女たちはその場合、男性とは隔てられて、脇の部屋でお祈りをする。主たる部屋は、彼女たちには立入り禁止である。モスクに入る前に、男性および少年――彼らは一〇歳から礼拝に訪れる――は、靴と靴下を脱ぎ、足を洗う。顔と手も流れる水で浄める。そして靴下をはいて寺院に入り、じゅうたんでおおわれた床の上にひざまずく。

必ずしもすべての信者ではないが、イスラーム教徒（Muslime）は、コーラン（Koran）、すなわち、イスラーム教の聖典に記されているこれらの定めにもとづいて行動している。コーランは彼らの唯一の神アッラー（Allah）の、この宗教の偉大な予言者マホメットへのすべての啓示を含んでいる。ここにはまた、信者がいかなる戒律に従わなければならないかが書かれている。加えてコーランは、生徒お互い同士の正しいきまりを定めている。

イスラーム教の最も重要な宗教的祝祭は、断食月ラマダン（Ramadan）の終わりの砂糖祭りと、それにいけにえの祭である。ラマダンは、その前夜にすべての男性が参加するモスク訪問とともにはじまる。断食期間には、病人は除き、七歳以上のすべての信者は、日の出から日没までの間、食べることも飲むことも許されない。断食月の終わりをなすのが、親戚と共に祝われる砂糖祭である。少女と婦人は、おいしい料理で男性にサービスする。食事の後、すべての者は、祝福された祭を祈る。子どもたちはその後、家から家へと祝福を唱えて行進する。

「問い」から

・モスクの外観を、君の住んでいる町の教会と比べてみよ。相違をあげよ。
・モスクの前では、市が開かれている。君はそれをわが国でもみることができるか。
・キリスト教徒の最も重要な祝祭をあげよ。
・君はキリスト教の祝祭とイスラーム教の祝祭の間に、共通点と相違点を見出すことができるか。それらをあげてみよ。

三、アナトリアの祖父母のもとへの旅

われわれは、エルツールムの町に近い東アナトリアの村に住んでいる祖父母のもとへの彼の両親と一緒の旅行に、アイシェとムラートのお供をしよう。

エーレンおじさんはドイツで働いている

アイシェが家のなかで手伝っている間、ムラートはおじいさんと話をし、たずねる。「おじいさん。なぜエーレンおじさんはドイツへ行ったの？　彼がいなくても畑の仕事をすることができるの？」。おじいさんは答える。「ムラート。お前のおじさんは本当はここに留まりたかったのだ。だが、われわれの畑は、皆を養うには小さすぎる。お前が知っているように、おじさんには家族もある。隣の村に大きな農業会社がある。そこで彼は二、三年働いた。しかし、地主がますます多くのトラクターや機械を調達したので、しだいに農業労働者は解雇された。お前のおじさんにも、ある日そのことが起こった」。「おじさんはそれから何をしたの？」とムラートがたずねる。「ある友だちが、アンカラのある工場で人を求めているとおじさんに話した」。

表2　トルコにおける人口増加

	人　口
1950年	約2100万
1970年	約3500万
1990年	約5600万
2010年	約1億1000万

その友だちは、エーレンおじさんがこの工場で仕事を得るのを助け、自分の住居に彼を受け入れてくれた。だが、それは長くは続かなかった。そこでおじさんは、住居をみつけようと試みた。住居さがしがそんなに難しいとは、彼は考えたことがなかった。しかし、彼と同じように多勢の人びとが工場に働きにきていた。彼は町のはずれに、水もなく、下水道もなく、電気もない、簡単な掘っ建て小屋が建てられているのを知った。だが彼は、そのような生活をしたくなかった。

ムラートがこのスラム街「ゲケコンドゥス」のことを想像できなかったので、おじいさんは彼に、この地区もそこにのっているアンカラの町の新聞切り抜きをみせた。それから彼は説明を続ける。「この工場で彼は、一人の仕事仲間から、ドイツで建設労働者が必要とされていることを聞いた。彼はこの人と一緒に、ハノーヴァーで仕事をみつけた。一年後にようやく彼はそこに住居をみつけ、家族を呼び寄せることができた」。おじいさんが沈黙したとき、ムラートは心の底からいう。「ぼくのお父さんがここで働けるのは、何て幸せなことだろう」。

四、ツェリンがドイツでの生活について話す

ムラートが地図をもってきた。彼がハノーヴァーをさがしている間、おじいさんは新聞を読んでいる。おじいさんはある記事のなかに次のような数字（表2）を見出したとき、考えこんでしまった。

おじいさんは、失業者が今とても増えていることを知っている。彼は続けて読もうとしない。なぜなら自動車の警笛が聞こえたからである。

ムラートは、だれがやってきたのかをみるために、家の前へかけて行く。それはエーレンおじさん、アイリーンおばさん、そしていとこのツェリンである。「ちょうどおじいさんとおじさんたちのことを話していたところです」とムラートは、親戚の人たちに大声で伝える。残りの家族も、来訪者にあいさつをする。アイシェは、彼女のいとこのそばに行く。彼らは長い間会っていない。アイシェは、ツェリンが自分にハノーヴァーでの生活について話してくれるのを、興味津々で待っている。

二人の少女が夜ベッドで横になったとき、ツェリンはようやく質問をはじめることができた。

ツェリン「私たちはもうハノーヴァーに三年住んでいるのよ。私にはもうそこの様子がよくわかっているわ。最初はひどかったの。お母さんと私は一言もドイツ語が話せなかった。私たちは一つの家に、他のトルコ人の六家族と住んでいたの。近所にも多くのトルコ人が生活していたわ。それで私には早くトルコ人の友だちができた。私のお母さんは女の人たちと知り合いになったんだけど、彼女たちもまた全然ドイツ語ができなかったの。私たちの通りには、一軒のトルコの食料品店があるのよ。その他のすべてのものを、私たちは市の中心部で買うのよ。それで当初私たちは、お父さんが暇になって私たちと一緒に買い物に行ってくれるのを待っていた」。

アイシェ「でもそれって全然ひどくないわ。あなたはまるで自分の故郷にいるように生活できるのですもの」。

ツェリン「午後と夜はね。でも朝、私は学校に行くのよ」。

アイシェ「それは私たちと同じでしょう」。

ツェリン「違うのよアイシェ。今、私はオリエンテーション段階（Orientierungsstufe）へ行かなきゃならないの。私が最初の登校の日にどんなに不安だったか想像できないでしょう」。

アイシェ「とてもひどかったの？」。

ツェリン「クラスに入っていって、近所に住んでいる四人の女の子をみつけたとき、私はほっとしたわ。彼女たちの助けなしには、私はほとんど何もわからなかったと思う」。

アイシェ「彼女たちは、あなたの不安をたしかによく理解できたのだと思う。でもどのようにしてあなたはドイツ語を習ったの？」。

ツェリン「先生とドイツ人の子どもたちも私を援助してくれた。当初、私は他の二人の女の子と一緒に、追加にドイツ語の授業を受けたのよ」。

アイシェ「家でもドイツ語を習ったの？」。

ツェリン「お昼に家に帰ると、お母さんに、私が習ったことを説明しなければならなかったの。それでお母さんと一緒に学習したわけ。夜、私たちは、そのことをお父さんに自慢げに説明したわ」。

アイシェ「あなたにはドイツ人の友だちもいるの？」。

ツェリン「ええ。彼女たちはガビーとカリンっていうの。でもトルコ人の友だちとは違うわ」。

アイシェ「なぜ？　いったい何が違うの？」。

ツェリン「ドイツ人の女の子は、映画館やディスコやコーヒー店に行くことが許されているのよ。トルコ人の女の子には、それは両親によって禁止されている。私の二人の友だちは、コーランが私たちにそれを禁じていることを理解しない」。

アイシェ「彼女たちにそのことを説明しようとしたの？」。

ツェリン「両親がコーランの定めを守っているのだと彼女たちにいったわ。もちろん私たちがそのことにトルコの家で慣れているように、宗教的なおきてにそれほど厳密に従って生活していない家族もある」。

アイシェ「ときどきホームシックになる？」。

ツェリン「ええ、おじいさんやおばあさんがいないのはとても淋しいし、暖かい太陽の日々もない。私のトルコ人の友だちも同じようだわ。私たちはそれでお互いに慰め合っている。でも、私がここにいたら、今度はハノーヴァーが恋しくなると思うわ」。

「問い」から

・ツェリンとアイシェの間の会話は、役割配分によって読むことができる。また、それは演技することもできる。大いに楽しみたまえ。
・ツェリンは最初の年、ドイツでどんな困難を経験しただろうか。
・まだそれほど長くここに住んでいない外国人の級友に、彼らが同様の問題をかかえていないか聞いてみよ。
・家族の住居関係について報告せよ。
・君は君の町で、とりわけ多くのトルコ人が生活している居住地域を知っているか。

ようやく比較的大きな住居が（略）

ツェリンの外国人の級友（略）

五、ツェリンが一人のクルド人の少女を知る（略）
六、ツェリンのクラスの新しい級友（略）
七、共に生き、互いに学ぶ（Gemeinsam leben und voneinander lernen.）（略）
まとめ（略）

以上が、この教材の抜粋である。この部分は、ドイツの移住問題のなかで、とくに外国人労働者とその子弟の問題を扱っており、この後、クルド人少女の事例にもとづいて難民の問題、そして帰国移住者の問題が新しい級友の出現という形でとりあげられる。そして、最後の七の部分で、「私たちが外国人の市民をよりよく理解することを学ぶためには、私たちは何をすることができるだろうか。おそらく君は外国人の級友と、君たちが正しく理解していなかったために、争いを起こしたことがあるだろう。よりよい共生（besseres Miteinander）の可能性が存在しないかどうかについて、一度よく考えてみたまえ」という呼びかけのもと、一種の総括が行われている。

具体的な子どもの体験や人びとの生活現実にのっとった記述、異なる文化的背景をもつ人びとの生活についての多面的で深く入りこんだ記述、異なる文化に属する者同士の生活から生じる問題や課題への注意の喚起、現代の移住や社会の多文化化が意味する問題の提示、マジョリティとマイノリティの所属者が「共生」の可能性をいかにさぐり、いかに実現していくかについての根本的な問いかけなど、この教材は異文化間教育にとって必要とされる諸要素を広範に含んでいるとみることができよう。

前節で考察した一九九六年の常設文部大臣会議勧告に、異文化間教育の内容上の観点として九項目があげられていたが、そのなかの(a)自文化と異文化の本質的メルクマールと発展、(b)諸文化の共通性および相違と相互的影響、(f)自然空間的・経済的・社会的・民勢学的不平等の背景と結果、(g)現在および過去の移住運動の原因と影響、(i)多文化社会における少数派と多数派の共生の可能性といった観点が、この教材においては生かされている。

同勧告にはまた、異文化間教育の方法に関して、問題に方向づけられた行為的学習という教授学的原理を強調し、「プロジェクト授業、学校の開放、生活現実と生徒の経験の引き入れが、固有のイニシアチブ、固有の活動、固有の責任を活性化し、促進するための、欠くことのできない行動様式である」と述べていたが、本教材は教科書教材としての性格上それ自体は一定の限界を有するが、あくまでこれを生徒の「学習材」として活用するならば、それが子どもたちの生きた体験をもとにした叙述形式をとっているだけに、体験学習、行為学習に発展させられる要素を十分にもっているといえよう。

4　異文化間教育のパラダイムの発展

ニークラヴィッツの所論

本章の最後に、異文化間教育の理論についての紹介を行っておきたいと思う。その際、ドイツにおける多数の異文化間教育理論に関する研究のなかから、クレメンス・ニークラヴィッツ（Clemens Niekrawitz）の著書『異文化間教育概説――外国人のための特殊教育から万人のための異文化間教育へ。理念史的展開と現状』[5]（一九九〇年、異文化間コミュニケーション出版社）をとりあげることにする。その理由は、著者が、外国人教育から異文化間教育へと発展する筋道を、あくまで現実分析を基調としながら、同時にパラダイムの発展として歴史的・理論的（理念史的）に考察しているからである。また同時に、その用語の定義やパラダイム分析がきわめて明快であり、前節までの本章の叙述にも一つの理論的筋道を与えてくれるものだからである。

ただしニークラヴィッツの所論の展開を詳細に考察することは、すでに紙幅の制限をこえている本章においては不可能である。したがって、ここでは、同書の「導入」の部分の要点を示すとともに、同書の各章の要点ならびに将来の見通しについて述べた「全体的総括と見通し」の部分をほぼそのまま示すにとどめたいと思う。

「導入」の部分から

ニークラヴィッツによれば、一九九〇年の時点で、ドイツ連邦共和国に生活している外国人のほぼ四分の一が就学義務年齢であり、そのうちの六四%はドイツで生まれている。この数字は、外国人労働者募集の経緯のなかで、ただ外国人労働者だけでなく、彼らの家族成員もまた入国してきたことを物語っている。だが、この発展が社会政策と教育政策を新しい課題の前に置くということを、責任ある政治家たちは、ほとんど一五年間無視しつづけたのであった。

当時、連邦政府の外国人労働者募集政策（Anwerbepolitik）は、募集をもっぱら経済的な出来事とみなした。移住政策上のローテーション構想（Rotationskonzept）は、社会政策上および教育政策上の行為要求が生じてくる前に、移住者の滞在を終わらせるという考え方にもとづいていた。だが、この構想は挫折した。

家族が後からやってくることの禁止においてのみ、労働移住の教育政策上の帰結が避けられたであろうが、そのようなことは、内政上および外交上の理由から、とりわけ人道上の理由から実施不可能であった。

かくて、新しい教育政策上の構想の発展が不可避となった。そして、ドイツの教育制度への外国人の子どもの編入（Eingliederung）という構想が、募集の停止に至るまで明確な形で述べられたり、実現されたりしなかったことが、その後の急速な外国人教育ないし異文化間教育の発展を促したのである。

かくて七〇年代初頭には、非ドイツ国籍の人びとに関して教育的な問題提起を行い、それを新しい表現形態にもたらす諸構想がみられるに至った。そして、時が経つにつれて、むしろ社会福祉活動（Sozialarbeit）に位置づけられるものと、むしろ対象グループの異文化間的性格（Interkulturalität）を強められた形で前面に置くものとの多様な構想が生じた。ここで異文化間的性格というのは、「そこから結果する相互作用のプロセスをも含む、文化的（kulturell）ないし民族的（ethnisch）に異質的な住民グループの持続的共存（dauerhafte Koexistenz）によって特徴づけられた状況」を意味する。

本書においては、異文化間教育の現在みられる多様な構想を、それの専門内的な発展を背景として構造化し、個々の構想を内容上互いに境界づけしたいと考える。この書物は、異文化間教育という新しい教育科学の下位分野の歴史と根本的潮流への導入を企図しており、メタ理論的には精神科学的立場にもとづいている。

異文化間教育の発展は、「外国人教育」「外国人教育の批判」「異文化間教育」という三段階において行われるが、前後の段階が重なり合っているという現象もみられる。

「全体的総括と見通し」の部分から

外国人教育の発生と、異文化間教育としてのそれの継続は、労働移住によって始動させられた社会の構造改変プロセスにその原因が帰される。このプロセスは長い間、政治の側によっても、また教育の側によっても、けっして認識されなかったものであり、このことはわけても純粋に経済的な必要性という盆の縁を越えて外をみやることのなかった連邦政府の募集政策の表現として理解される。もともと計画されていた移住政策上のローテーション構想が、大幅に一つのフィクションであることが明らかとなり、教育システムにおける移住者子女の問題がますますあらわになってはじめて、教育政策と教育科学は、理論的および実践的に、この問題に反応しはじめる。

その際、重点は、当初は、外国人子女の学校での達成をとりわけ宿題の援助（Hausaufgabenhilfe）によって促進するべく試みる、推進活動グループの実践的活動に置かれる。時が経つにつれ、推進活動は包括的な学校福祉活動（Schulsozialarbeit）へ、そして一部はそれを越えてさらに拡大していく。すなわち、その活動が社会福祉的な教育的行為の広範な部分を包括し、もっぱら学校的な問題とは組織上、内容上あまり緊密な関連にない推進活動グループが、ますます多く発生するようになる。そして、超地域的な調整も、当初はカトリック教会によって、後には「外国人活動推進活動グループ連盟」（Verband der Initiativgruppen in der Ausländerarbeit）によって行われる。

推進活動グループ活動のはじまりと比較するといくぶんか遅れて、このテーマが、教育科学的理論形成の関心をめざませる。それは、統合（Integration）と再統合（Reintegration）の間をゆれている外国人学校政策（Ausländerschulpolitik）の準則に反応し、すでに行われている実践活動に理論的随伴を試みる。内容上は、この段階は、とりわけ外国人の子どもや青少年の統合に関する諸構想の発展によって特徴づけられる。必然的に観点は、この対象グループに狭められる。このようにして、この最初の段階の理論的ならびに実践的な教育的努力は著しく、外国人に対する特殊教育の意味における外国人教育（Ausländerpädagogik im Sinne einer Sonderpädagogik）として特徴づけられる。

八〇年代の前半における第二段階においては、これまで行われてきた外国人教育が、批判的な吟味にさらされる。その際、とりわけ外国人教育に携わる人びとの専門職化（Professionalisierung）と補償措置（kompensatorische Massnahmen）としての外国人教育に、賛否の論議が集中する。論争は、外国人教育はその行為によって持続的にその依頼人を再生産している、対象グループに対して禁治産宣告的な作用を有している、たんに教育的に調整する措置によって抑圧の原因となっている社会的状況を承認しているといった非難をめぐって行われた。そして、そのような論争の結果として、概念上および内容上のオールタナティブが求められるようになった。こうして、外国人教育（Ausländerpädagogik）という概念は、異文化間教育（interkulturelle Erziehung もしくは interkulturelle Bildung）という概念によって交代される。

それに続く第三段階は、直接現在にまで及んでおり、そこにみられる諸構想においては、アプローチの仕方によって二つのグループが区別される。まず第一のグループは、個々人の文化的帰属性（individuelle Kulturzugehörigkeit）というメルクマールに距離を置いており、その中心に十分に自主的で、自律的に行動する、倫理的で道徳的な主体としての人間（der Mensch als weitgehend autarkes, autonom handelndes, sittliches Subjekt）が置かれる一つの教育が発展させられなければならないという想定を根底にすえている。したがって、そのような試みは、異文化間教育を一般教育（allgemeine Bildung）に「再び変形させる」（retransformieren）試みとして理解される。これに対して第二のグループは、相互理解への教育（Erziehung zu gegenseitigem Verstehen）によって、国家的次元および国際的次元で、文化的多元主義（kultureller Pluralismus）を可能にするストラテジーを発展させようとする。その際、多元主義（Pluralismus）は同権を前提とするので、現在みられる冷遇や不利な扱いを最低限に抑えることが必要であり、さまざまな細部にわたる対策が必要になる。

現在、異文化間教育は一種の景気後退に直面しており、実施に不可欠の一般社会の同意（öffentliche Zustimmung）も欠けている。そのため、自らの実践的重要性を経験的に基礎づけられた分析（empirisch fundierte Analysen）によって立証するか、あるいは「異文化間教育のバルコニー」（interkultureller Balkon）から、広大な、そして保護してくれる一般教育の家へ引き下がるかという、二つの傾向がみられるのである。

だが、教育は、今後も文化的に異なる人びとの共生（Zusammenleben kulturell verschiedener Populationen）という問題を、無視することができないであろう。また、残念ながら文化的相違が政治的・法的次元の違い（不平等な状況）をもたらしている。そのため、とりわけ政治は、構造的な不利益を除去し、連邦共和国が事実上とうの昔に移住国家（Einwanderungsland）になっていることを公式に認めなければならない。移住者が特別の法的地位から免れえないかぎり、異文化間教育にとって最も重要な前提、すなわち、すべての個人の少なくとも法の前での平等（die zumindest rechtliche Gleichheit aller Individuen）が欠けていることになる。

注

（1）ドイツでは、多文化教育という語の代わりに、一般に異文化間教育という語が用いられている。したがって、本章では、あえて他の章と異なり、この語を使用した。

（2）Gerhart Mahler, 1993. Interkulturelle Erziehung. Nationaler Beitrag der Bundesrepublik Deutschland.
この報告書は、作成者G・マーラーの名で印刷物（Drucksache）の形で提出されており、発行所は明記されていない。筆者はこれを、一九九四年三月ノルトライン・ヴェストファーレン州文部省で入手した。

（3）Sekretariat der Ständigen Konferenz der Kultusminister der Länder in der Bundesrepublik Deutschland, 1996. Empfehlung "Interkulturelle Bildung und Erziehung in der Schule". Beschluss der Kultusministerkonferenz vom 25. 10. 1996.
この勧告の全文は、次の書物に付録として訳出・紹介されている。天野正治編著『ドイツの異文化間教育』玉川大学出版部、一九九七年。

（4）Ambros Brucker u.a., 1993. *Welt und Umweltkunde 5./6. Niedersachsen*. Braunschweig: Westermann Schulbuchverlag GmbH.

（5）Clemens Niekrawitz, 1991, 2. Auflage 1992. *Interkulturelle Pädagogik im Überblick. Von der Sonderpädagogik für Ausländer zur interkulturellen Pädagogik für Alle. Ideengeschichtliche Entwicklung und aktueller Stand*. Frankfurt am Main: Verlag für Interkulturelle Kommunikation.

六章　フランス——異文化対応としての市民性への注目

1　多文化教育の背景

移民の問題化

フランスは古くから外国人を多く受け入れてきた国である。一九世紀半ばにおいて、すでに人口の一％は外国人であった。そして、外国人のフランスへの流入は、年とともに拡大し、また多様化していった。しかし、その存在の問題性を明確にするためには、たんに国籍が異なることを示す「外国人」という表現だけではなく、「移民」という表現にも注目する必要がある。フランスにおいて移民（immigré）とは、フランス以外で生まれ、フランスに定住している人を指す概念であり、そのなかにはフランス国籍を取得した「元」外国人も含まれる。したがって、彼らの存在も視野に入れなければ、フランスにおける多文化教育（あるいは「異質性」への対応）の全体像はみえてこないのである。(1)

では、まず、その移民人口の移り変わりについてみてみたい。

一九二〇年代頃までは、イタリアやベルギーからの移民が移民全体の五割を超え、次いでスペイン、ドイツ、スイスからの移民が多く、一九三〇年代に入るとその国籍も多様化し、人口比は六％台になっていた。

第二次大戦後は、半ば国家的な事業として、経済復興のための安価な労働力や戦争で失われた人口を補う意味で、また、出生率のいっそうの低下に対処するために、移民が導入された。そして、一九六〇年代に入ると、植民地の独立等を背景に、北アフリカ諸国からの移民（マグレブ移民）が増加しはじめた。これによりフランスは、移民の問題がたんなる経済上の問題だけではないことに気づかされることになる。それまでは、ヨーロッパ諸国からの移民が多く、したがって、人種的にも文化的にも、また宗教的にも共通性がみられたこともあって、生活者としての彼らの問題に対してはほとんど無策といってよい状態であった。また、現実的にそれほど大きな混乱は起こらなかったと、少なくとも受け入れる側はそう理解していたのであるが、非ヨーロッパ系であるマグレブ移民の増加により、結果としての「同化」が期待できなくなってしまったのである。石油危機による経済の停滞で、一九七四年以降フランスはＥＣ域外からの移民の導入を停止するのであるが、これをひとつの契機として、その後はマグレブ移民の定住化が顕著になってきたのである。(2) また、彼らの出生率の高さもあって、その存在は、フランス人にとってさまざまな意味で「目立ち」はじめたのである。

移民の定住化は、彼らにとっての職業がたんなる経済的な手段から「徐々に地位の象徴、社会のなかでの彼らの位置の標識」(3) となっていくことを意味していた。移民にとっての仕事は、たんなる金儲けのためだけではなくなってきたのである。つまり、職場においてばかりではなく、日常の社会生活を営んでいくうえで、移民とフランス人とは平等であるという権利主張が大きくなっていったのである。しかも、彼らは、結果としての同化を期待できるような前提条件をもたない移民たちなのである。異質なものの同化が成功するためには、少なくとも二つの前提条件が必要となろう。一つは、その「異質なもの」が大量には存在していないことであり、二つめには、「異質なもの」と受け入れ社会での多数者との間に文化的な共通性が見出せることである。ヨーロッパ内部からの移民が多かった時代には、これらの条件は満たされていた。しかし、マグレブ移民の増加と彼らの定住化により、このような同化の前提は崩れてしまったのである。「社会の安定はホスト社会の人々と、マイノリティの人々との間の双方の期待の一致にある」[(4)]とするならば、マグレブ移民の増加とその後の彼らの定住化は、フランス社会に対して「期待の一致」の問い直しを迫るものになっていったのである（この場合の「一致」とは、無策ゆえの、結果としての「同化」が成り立っていたことを考えるならば、文化的な意味での一致であったと推測される）。

移民児童生徒の教育問題とそれへの対応

ヨーロッパの文化を共有しない移民の子どもが学校に多く在籍するようになれば、まずは、彼らの言語能力、すなわちフランス語に対する理解力が問題とされる。実際、一九七〇年代における移民児童生徒の教育問題はこの点に集約されたため、「入門学級」等の特別学級を通してのフランス語教育が重要な施策となっていた。[(5)]また、同時に、彼らの出身国の言語・文化の教育をフランスの公教育のなかで保障していく政策も実施される。[(6)]つまり、フランスの学校や社会への適応のための手段としての「フランス語教育」と、異文化尊重としての「母語・母文化教育」との二本立てで彼らへの教育的対応は構成されていったのである。この背景には、外国人ないし移民の子どもの学校でのつらい経験がある。

彼らは、学校に通う第一日目から困難に出会う。そこには話す言葉も動作も違う生徒や教師が待ち構えているのであり、このような環境の急変は、彼らの学習への集中力を減少させていくのに十分であると考えられた。また、彼らの両親は、少しでも生活を楽にするため、子どもを早く働かせようとしていた。さらに、家庭で話されているのは、母語とフランス語が入り交じった言葉であり、[(7)]したがって、彼らをとりまく環境は、学習を支援する性質のものとはいえなかった。

学校に入学したとき、彼らはまず言語的な孤立感を味わう。自分に何が要求されているのかわからず、自分の考えを表明することもできない。フランス語能力の向上をめざした政策の重視は、まさに必要なことであった。同時に、母語や母文化が彼らを精神的に支えていることも事実である。子どもの成長にとって親子関係はきわめて重要な要因となるが、そこでは多くの場合、母語が使用されていることや、外国語の習得には母語の知識が不可欠であるといった研究等を背景に、「母語・母文化教育」は、フランス語教育と並んで重要なものとして彼らへの教育的対応の中心を構成していったのである。

以上が、七〇年代を通して実施された施策の基本線であった。しかし、社会党のミッテランが政権につく八〇年代になると、少しずつこの方針は変化しはじめる。

相違への権利とその破綻

ミッテランが「相違への権利」を語ったのは、一九八一年三月のブルターニュ地方での遊説においてであった。それは、はじめ地方語の尊重を念頭に置いた主張であった。その後、当時の文相ジャック・ラングの諮問（少数言語についての調査）を受けたアンリ・ジオルダンは、一九八二年に『文化的民主主義と相違への権利』と題する報告書を提出、八四年には、『虐げられた言語の復権』として、より具体的に、少数言語ごとに、その教育の実情が論じられた。そこでは、以下のように、フランス社会における移民の存在が積極的に述べられている。

文化を構成するさまざまな要素を、さらに豊かに発展させるべきである。そのことが、何よりもまず民主主義を保証する。……現在フランスでは、移民ことにマグレブ移民の存在が社会問題となっているが、多様性のあらたな構成要素として彼らを受けいれることが、この問題の前向きの解決策である。(8)

ここには、異なるものの存在は社会の豊かさの証しとなるという、異文化尊重という面に関していえばかなり積極的な意義づけがなされている。しかし同時に、異なったそれぞれの文化は予定調和的にフランスというひとつの国を形づくっていくのだというある種の楽観論も読みとれる。こうして、当初は少数言語について語られていた「相違への権利」が移民に適用されるようになったのである。

ところが、一九八四年を境に、フランス政府の異文化に対する認識や対応の仕方は少しずつ変化していく。八四年七月一七日付の法律により、「長期の滞在者、およびフランス国籍者の［外国籍］の両親に、雇用の状態とかかわりなく、一〇年間有効で自動的に更新されうる滞在許可証を与える[9]」という、いわゆる「一〇年カード」が創設された。これは、移民労働者の社会的地位が、経済力としてではなく、定住者、生活者としてのそれに取って代わることを意味していた。「移民たちの存在は、もはや労働とは結びつけられなくなった。……移民はみずからの正当性を、以来、労働者であるという地位に負う必要はなくなり、フランス在住の長さによって獲得される権利に負うようになった[10]」のである。彼らは外国人居住者となったのである。このことは、すでに七七年の政府報告書『新しい移民政策[11]』のなかで指摘されていたことであったが、ここにおいて法的な具体性をもってそれが承認されたわけである。

これと連動するように、学校教育については、一九八四年に、外国人の学校への登録がフランス人のそれと同様になされるべきであることが通達において確認されている。さらに、八六年の通達では、外国人や移民の子どもたちへの教育的対応の中心的存在であった「入門学級」等の特別学級への在籍条件が厳密なものとなり[12]、なるべく彼らを通常の学級に受け入れていくことが社会的適応を促進するとの認識が示された。つまり、このような特別学級は制度的な差別であり、あくまでも例外的措置として位置づけられるべきであるというのである。この通達での主張は、個別の文化的主張に応えていくというのではなく、フランス社会を構成する者としての共通性に注目しようとするものであった。

移民のフランス社会への組み込みが進んだ一九八〇年代前半、移民自身の意識の変化も起こっていた。たとえば、八二年から八三年にかけては移民によるストライキが発生している。同時に、これらの移民の社会的行動を背景に、移民排斥を掲げる極右政党の国民戦線（FN）は着実にその支持を広げていった。実際に、八三年のドゥルー市長選挙ではFNの候補者が当選し、八四年の欧州議会選挙では一一％の得票を示している。相違への権利が移民との関連で語られるようになったことに対するフランス人の反発は、その権利の主張が、民族集団や宗教集団からのものであることへの反発であった。そのような「集団」に対して相違への権利を認めるということは、「独自のルールや規範をもった共同体の乱立を許すことになり、共和国の分裂を招きかねない」[13]のである。これは、まさに、「フランスは、不可分の非宗教的、民主的かつ社会的な共和国である」とする共和国憲法第二条の規定に反することになる。とくに、集団としての相違への権利が宗教に関連した場合、それは、フランス共和国の存立基盤をゆるがす「危機」として認識されるに至るのである。

このように、「相違への権利」は行き詰まりをみせることになる。移民の滞在の長期化を背景に、彼らを重要な社会構成員とし、その権利を認めること自体が、共和国の存立の危機を招くとの認識が広がったのである。そして、一九八九年には、フランス政府のその後の方針を決定づける事件が起きることになる。それが、イスラームの「スカーフ事件」である。

2　統合化政策と市民教育

スカーフ事件への対応

一九八九年一〇月、パリ郊外の中学校でイスラーム教徒の女子生徒が、その宗教のシンボルである「スカーフ」を着用して登校し、授業中もこれをはずさなかった。これに対する校長の注意に応じなかったため、最終的には、彼女らは学校から締め出されることになった。このような事件はその後フランス各地で発生し、共和国の理念である非宗教性と異文化についての相違への権利とをめぐってフランス世論を二分する事件へと発展していった。これがいわゆる「スカーフ」事件と呼ばれるものである[14]。

現在では、このような事件は鎮静化しているようであるが、「スカーフ」に象徴されるような「異質性」を排除したということに関しては、異文化尊重という点からみると、きわめて「厳しい」態度が示されたといえる。しかし、これはたんなる排除の論理ではなかったのである。この問題についての当時の文部大臣による通達には、次のように書かれている（傍点は筆者による）。

八九年一二月一二日付（文部大臣――ジョスパン）

宗教的な信念は個人的事柄であり、その自由は認められなければならない。しかし、学校は、すべての生徒が差別なく受け入れられるところであるから、すべてのイデオロギー的あるいは宗教的圧力は排除されなくてはならない。信教の自由は、他者の自由や公教育の組織や機能の尊重において行使されるべきである。したがって、生徒は、宗教的な信念を奨励するようなこれ見よがしの衣服等の着用を慎まなければならない。たんなる宗教的信念を越えて、他の生徒たちを強く勧誘するような行動は慎まなければならない。同様に、われわれの民主主義社会の原理、価値、法に反するような記号は排除されねばならない。

九四年九月二〇日付（文部大臣——バイルー）

フランス共和国は、すべての宗教的、政治的、文化的信念を尊重する。しかし、それは、分断化され、他に対して無関係なそれ固有の規則や法しか考慮しない、たんなる共存状態に参加しているだけの各コミュニティに国家が分裂してしまうことを排除するものでなくてはならない。共通の義務に順応できず、同じ授業も受けず、同じカリキュラムに沿って進むこともしなくなるような記号やふるまいは学校の使命の否定になる。したがって、学校に、その意味が学校の共同生活の規則からある生徒を分断してしまうほどのこれ見よがしの記号の存在を受け入れることはできない。

ここから読みとれることは、フランスは、どんな文化、どんな宗教に対しても寛大であるが、その代わり、どんな文化、どんな宗教に対しても特別扱いはしないということを前提に成り立っている共和国なのである、という主張である。あらゆる信念に寛大であるという前提に立ちながらも、フランスでは、そこから「マルチカルチュラル」な結論は出てこないのである。これは賢明な結論なのかもしれない。なぜなら、すべての文化や宗教を等しく公教育のなかで保証していこうとすれば、当然、財政的な問題が起こるであろうし、また価値観の問題について考えるならば、すべてが予定調和的に補い合い融合していくことは考えられないからである。つまり、どこかで「線を引く」作業をしなければならなくなるのである。フランスは、このような問題には立ち入らないという方向を選択したのである。各文化がその独自性を保持しながら受け入れ社会に集団的に挿入されていく「組み入れ」という考え方は、各文化が無関係に並存する状態を生み、それがフランス社会の分断化につながるとして、明確に否定されたのである。

以上の発想を教育の場面にあてはめたとき、それは「教育における非宗教性」の問題として具体化する。公教育は、義務性、無償性、中立性の原則で組織されるが、フランスでは、中立性は、より具体的に「非宗教性（ライシテ）」という言い方になる。イスラームのスカーフは、この原理をゆさぶる存在となったのである。共和国とは、契約によって成り立つ社会なのであるから、すべてに寛大でなくてはならないが、だからこそ公的な時間・空間においては、フランス共和国の理念が遵守されねばならないのである。それぞれの宗教は、私的な時間・空間においてその実践が保障されるのであって、それが公的機関であり、社会統合にとって重要な役割を担う学校のなかに流れ込んでくることは、共和国の理念そのものに対する挑戦となるわけである。フランス政府の主張は、「公私の峻別」のうえでの異文化尊重という方法なのである。

このスカーフ事件以降、外国人や移民独自の言語や文化の教育を学校のなかで保障していくことに関しても、異文化の尊重という意味での主張としては、かつてほどの重要性は認められなくなってきている。先の通達にあったように、「各コミュニティに国家が分裂してしまう」ことを避けることが、現在のフランスにとっての最優先課題なのであり、そのことが、「集団」としての相違への権利の主張を排し、あくまでも個人のレベルでの尊重に留めようとする政策を用意したといえよう。

市民になる教育

今日、フランスは、異質性との共存を「統合化」政策として具体化しようとしている。そのために、一九九〇年に統合高等審議会が当時のロカール首相の諮問機関として設置され、翌年、第一次答申が出された。そのなかで「統合」は次のように語られた（［　］内は筆者による補足）。

この［統合の］過程によって、文化的、社会的、道徳的に特殊な存在を受け入れ、社会全体がその多様性と複雑性によって真に豊かになるのであるから、さまざまな異なった分野での国民社会への積極的な参加を支援することが問題となる。相違を否定せず、相違を考慮することでそれを高く評価しすぎることなく、権利と義務の平等において、われわれの社会の民族的、文化的に異なる構成要素を連帯させるために、また、その出身が何であろうと、各人に対して、彼がその規則を受け入れ、その構成員となろうとする社会のなかで生きる可能性を与えるために、統合化政策が強調するのは、類似点と一致点である。[15]

これは、互いの異質性を否定しない前提のうえで、どのように交流を確保し、新しい社会の建設にむけて連帯していくか、という問いへのひとつの回答である。すなわち、各人がフランス社会の規則を受け入れること、いいかえれば、「自由・平等・博愛」の共和国の理念を共有することで、それが可能であると考えたのである。

このような参加と連帯の重要性は、「市民になる」教育を中心に据えて実現されようとしている。これは、次の三つのレベルに分類することができよう（これは、筆者がパリにあるＩＮＲＰ〈国立教育研究所〉の研究員であるプランティエ女史と話し合うなかで得た見方である）。

一つめは、他者や自己の尊重、集団生活のルールなど、社会生活を営むうえでの方法を学ぶことである。二つめは、自分で考え、選択するという個人の能力の開発を内容とするものである。そして、最後に、社会生活上の法的側面についての学習があげられる。学校のなかでの民主主義的活動などがこれにあたる。これらは、それぞれ、市民としての社会的側面、個人的側面、政治的側面と表現し直すことができる。

このような市民としての教育を推進するために、一九九七年一〇月一〇日付通牒により[16]「市民（公民）教育週間」が設定された（一九九七年一一月二四〜二八日、一九九八年五月一一〜一六日）。しかし通牒は、計画がその週だけで終わってしまわないように、つまり、年間を通して市民教育の実践が行われていかなければならないと注意を促している。では、その実践の中身はどのようなものなのか。通牒に沿って概観してみたい。

まず、この教育は、共同生活について学んでいくことを意味するとされ、モラルについての関心を高めたり、市民としての常識に反するような行動や暴力への予防に関心をもたせることであるとされる。そのためには、学校のなかでの共同生活を学ばせ、マナーを守り、また、規則を理解していくことが重要視される。そして、社会の安全と平和を守る人びとや社会制度（消防や警察、裁判制度など）についての理解、援助を必要としている人（障害者や老人等）に対する活動、市民道徳を基盤とした個人的・集団的活動などが市民教育の中核としてあげられている。今回の「週間」は、このような活動のきっかけを与えるものとして位置づけられている。たとえば、小学校においては、クラスでの共同生活を営むうえでの規則の発見に重点が置かれる。具体的な問題についての話し合い、他人の意見を聞くことの大切さ、自制心を身につけさせること、環境問題への関心などを通して民主主義の基本原則やフランス社会の諸制度を理解していくことが指摘されている。また、コレージュやリセにおいては、権利と義務のような民主主義社会の基礎に重点を置く知識のレベル、寛容さや非宗教性、連帯、人種主義への抗議、自由などの価値のレベル、そして、自律性や批判的精神を育てるための現実的な社会参加という実践のレベルに分けて、この計画が進められていくとされている。

この市民教育の具体例として、警察官が学校に来て子どもたちに犯罪から身を守るための知識を伝えたり、人種差別について考えさせる実践がある(17)。このような具体的な身近な問題からはじまって、社会の一員として協力しあって生きていくことについての学習が展開されようとしている。

これらは、若年層の犯罪の増加という社会問題への対策という面をもっており、必ずしも外国人や移民を主題とした教育というわけではない。しかし、このような教育のあり方が、同時に外国人や移民の問題解決につながっていくと認識されていることは、とりあげるべきテーマとして人種差別や非宗教性があげられていることからもわかる。

3　統合化政策における異文化尊重

市民の具体像

統合化政策の成功のためには、市民となることが不可欠な条件となるわけであるが、それは市民教育についての通牒にもあったように、西欧民主主義の原則に従って生きることを意味している。そして、このような市民への権利の獲得が外国人や移民にとって大切なこととされているのである。しかし、ここでの「市民」がどのような人間を指すのか、再度吟味しておかなければ、それが多民族社会となっているフランスをひとつにまとめていく決め手であると即断することはできない。

まず、先に引用した「統合」についての考え方を明示した答申のなかで、注目しておかなければならないことがある。それは、その答申が主張する「統合」が促進されたと判断するときの基準の置き方についてである。答申では、統合の進み具合を、フランス国籍取得率や人種間の婚姻数、雇用状態（失業等）、住宅事情、教育制度のなかでの成功率等から判断しようとしているのである。[18] これは、「移民のフランス社会制度内への抱摂[19]」を意味することになろう。めざされている「市民」の像をより明確にするために、ここで、そもそも市民とはどのような性質をもつものなのかを歴史的に考えてみる必要があろう。[20]

市民の起源は、古代ギリシャの都市国家にあり、彼らは祖国の共同防衛という義務を負っていた。したがって誰でも市民になれるわけではなく、それは成人男子に限られた特権的な身分であり、強い団結心が要求される性質のものであった。また、市民になるための資格として、地縁的集団に属していることや、血縁原理にもとづく氏族的集団に属していることが求められた。よそ者を排除する構造がここに読みとれよう。市民権を設定するということは、まさに、この特権的身分を守ろうとする意志のあらわれなのである。したがって、市民権を得るとは、共同誓約に参加していくことを意味する。しかし、そこには、厳しい集団的責務と規律があり、市民になるとはそれに従うことを意味した。それゆえにまた自由も得たのであった。「この団結が、市民の公共精神の源泉であり、愛郷心（パトリオティズム）の機動力であった」[21]のである。

以上のことを念頭に置いて、先の統合化政策の答申を読むと、フランス政府が外国人や移民に何を期待しているかがみえてこよう。つまり、フランス共和国は「一にして不可分」なのであり、国家と個人とは一体となっているのである。そこでは、全体の契約事項に反する個人の特殊な利益が主張されることはあってはならないのである。市民とは、国家ときわめて強い結びつきをもった概念なのである。したがって、市民になるためにはこのような全体の契約に同意するという意思表示の過程が不可欠なのである。「市民権とは、自然的な権利ではなく、自覚的な権利」なのである。[22]

現在、「市民」という言葉から国家の枠にとらわれず（あるいは国家に対立して）「人間の尊厳と平等な権利とを認め合った人間関係や社会を創り、また支えるという行動をしている」[23]人びと、そこから発展して「地球市民」という発想も生まれている。しかし、ここには重大な楽観論が入り込んでいる。なぜなら、人間の尊厳や平等な権利の相互承認という「価値」自体が、すべての人にあてはまるとは限らないからである。「世界」や「地球」という言葉で市民をとらえていくことには、常にこのような矛盾がつきまとう。市民という概念には、古代ギリシャの都市国家にみられるように、排他的な性質をもつ側面がある。フランスは「自由・平等・博愛」の国であるが、それは、国家に対抗することにより得られる自由や平等ではなく、むしろ国家に支えられることによるものなのである。フランス語の「博愛」（fraternité）とは兄弟愛を意味する言葉であり、それは、「自分たちの仲間やグループを他とはっきりと区別し、自分たちの団結を誇示する」(24)言葉なのである。

イスラームの「スカーフ」が排除の対象になったのは、フランス社会が、以上のような市民観を基盤にして成り立っているからである。「市民になる」教育とは、フランス共和国の団結を再生する過程を意味するのである。外国人や移民の問題への対応が、この範囲で語られるならば、それは、国家のなかへの彼らの取り込みにほかならない。それが、契約にもとづいていること、そのための方法として公私の峻別を前提にしていることをもって、フランス政府は、これが異文化に対する同化とは異なっていると主張する。しかし、本当に異文化は尊重されうるのであろうか。

異文化尊重の可能性

これまでの議論の流れでは、フランスは常に共和国の理念を掲げ、正当な理由で外国人や移民に対処しているかのように映る。しかし、彼らがフランス社会のなかで、その権利と義務の下で自由を獲得するかどうかは、受け入れ側が彼らにどんな態度をとるかによっている。つまり、論理的な検証をともなう社会への組み込み可能性についての判断とは別に、きわめて感覚的なレベルでの判断が存在していることへの注目が必要なのである。これは、たとえば、これまで「異質性」という言い方をしてきたが、「異質である」という判断は何によってなされうるのかと問わなければならないことを意味している。すなわち、客観的に検証可能な指標（地理的・人種的要因等）による違いゆえに「異質なもの」と規定されるのか、それとも受け入れ側であるフランス人から、自分たちとは異なっていると考えられたことによっているのかを問うことである。

統合化政策の遂行においては、外国人や移民たちによるエスニックなコミュニティの形成は、フランスというひとつの社会を分裂の危機に陥れるとして、否定的にとらえられている。公的なルールのもとで「市民」として社会参加していくことが必要であると主張されていた。しかし、このような論法での異質性への対応の背景には、一九七〇年代後半から顕著になってきたフランス経済の停滞があることを忘れてはならない。つまり、失業率の増大によって、外国人や移民が「スケープゴート」にされたのではないか、ということである。これは、文化的な要因を根拠とした統合化や市民性の主張の正当性をゆるがす問題である。「文化的な観点からは、差別を受ける者の多くは一般大衆と比べて違いはほとんどないのである。排除はむしろ、雇用とか財源の割り当てといった分野に起因している」(25)のであり、また「近来の移民の子孫をマジョリティの人びとと比較して、世代間の傾向としては、文化的な差異の減少を示す歴然とした確証がある」(26)ことがわかっている。彼らは確実に文化変容しているのである。さらに、「景気が下降をたどった一八九〇年代と一九三〇年代に、第三世界からの新来者と対照的に容易に統合された移民の例に今日挙げられるイタリア人とポーランド人について、彼らは社会に同化し得ないという同じような議論がなされ」(27)ていたことは、イスラーム教徒を代表とする文化や宗教の違いによる社会統合の困難性という議論そのものが疑われなくてはならないことを意味している。つまり、客観的な文化の違いというベールの下に、実は、フランス人の感覚や感情のレベルでの排除の論理が隠されていたのではないか。極右政党の「国民戦線」(28)が急速に支持率を伸ばしてきていることは、このようなフランス人の感情を刺激したことによっているのである。ここからは、「異質性」とは、フランス人による虚構ではないかとさえいえるのである。虚構であるとすれば、異文化の共生は案外容易なのではないかとの見方もありえよう。しかし、虚構だからこそ、その壁は厚いともいえる。

このような「感情」の観点から「市民」についてもう一度考えてみると、やはり、市民という言葉がもともともっていた特権的で排他的な集団の形成が、統合化政策の名のもとで宣言されているように思える。しかし、それが客観的であろうと主観的であろうと、実際に外国人や移民がフランス社会のなかで「異質なもの」として存在していることは確かである。ここでの異文化尊重、多文化共生を考えていく場合には、すでに二世、三世となって社会学的にはフランス社会に同化している者とそうでない者とを区別していく必要が出てくる。後者に対しては、「市民になる教育」は積極的な意味をもつ。お互いの違いを理解しあい、共通性を見出し、彼らの社会参加を促進していくことになるからである。逆に、フランスで生まれ育ち、フランス語を堪能に話す移民の子どもたちにとっては、「市民」は危険な概念にもなる。

4　フランス的「統合」と「多文化」——まとめにかえて

多文化教育が、多文化共生社会の実現のための教育のあり方を指し、社会的に不利な条件をもつ子どもたちに平等な教育機会を制度的に保障するための文化的特質の尊重であるとすれば、フランスではまだその要件は満たされていない。むしろ、それに反する方向に進んでいるといえる。社会としてのまとまりをどこに求めていくかという問いに、フランスは共和国の理念を核とした市民社会の形成を提言しているのである。この場合の市民社会には、複数の文化が共存することを積極的に評価していこうとする多文化主義の観点は入っていない。「自由・平等・博愛」を共通項とした国民国家の維持が、あらためて主張されているのである。「多文化」という表現がフランスではほとんど使用されず、「統合」が好んで使用されるのはこのためである。そこでは、積極的な優遇措置はとられないが、そのことにより、すべての違いを包み込んだうえでの平等の実現が可能であるとされている。そのための「公私の峻別」という方法自体は、私的な領域でのエスニックなコミュニティの形成を否定できていないという矛盾をかかえてはいるものの、フランスがたどり着いたのは、このような発想にもとづく教育、すなわち市民になるための教育なのである。「市民」という一つの枠のなかで平等が保障されようとしている点では、多文化教育が一般にめざす社会的平等の実現には応えているといえるが、そのためにマイノリティの文化を積極的に価値づけ、制度保障により守るという方法をとっていない点では、対外的局面での強いフランスという「ナショナルな誘惑」[29]が勝っているといえよう。

注

（1）一方で「移民」の存在を数的に明確化する資料は限られており、通常、外国人に関するそれから類推するしか方法がない。外国人や移民の子どもについては、彼がフランス以外で生まれていれば「移民」であり、フランスで生まれているが外国籍のままであれば移民ではなく「外国人」である。なお、フランスで生まれフランス国籍を取得していれば「フランス人」となり、統計上からは消えてしまう。しかし、彼らが多文化教育の対象でなくなるわけではなく、その場合には「移民の子ども」あるいは「移民を起源とした子ども」という枠組みが必要となってくる。

（2）定住化の要因として、一般には彼らによる祖国からの家族呼び寄せがあげられるが、定住化傾向は移民導入停止以前からみられていた。したがって、定住化による問題発生という図式は、移民の帰国可能性を信じたいフランス人の感情論によっている可能性がある。

（3）Secrétariat d'État aux travailleurs immigrés, 1977. *La nouvelle politique de l'immigration*. p. 100.

（4）関根政美『エスニシティの政治社会学』名古屋大学出版会、一九九四年、一九六頁。

（5）一九七〇年に「入門学級」が初等教育段階において、七三年には「適応学級」（現在は「受け入れ学級」と改称）が中等教育段階において設置され、フランス語の集中的な教育が実践された。

（6）出身の言語・文化教育は、フランス政府と当該政府との二国間協定にもとづき実施された。この協定は、ポルトガル、イタリア、スペイン、チュニジア、ユーゴスラビア、トルコ、アルジェリア、モロッコの八カ国との間で締結され、フランスの公教育制度のなかで、本国から派遣され給与を支払われる教員により実施された。実施の経緯等くわしくは、前平泰志『出身の言語と文化』の教育政策の成立過程と今日の課題」江淵一公（研究代表者）『外国人子女教育に関する総合的比較研究』平成六・七年度科学研究費補助金（総合研究A）研究成果報告書、一九九六年三月、一〇一～一一七頁を参照。

(7) *L'EDUCATION*, 12 janvier 1978. No. 339, p. 5.

(8) H・ジオルダン(原聖訳)『虐げられた言語の復権』批評社、一九八七年、九頁。

(9) D・トレンハルト(宮島喬他訳)『新しい移民大陸ヨーロッパ』明石書店、一九九四年、二二二頁。

(10) 同上書、二二二〜二二三頁。

(11) Secrétariat d'État aux travailleurs immigrés, 1977. *op. cit.*, pp. 99-109.

(12) 「入門学級」等の特別学級への受け入れ条件は、次の四つを満たす者に限られることが確認された。(1)外国籍である者、(2)フランス語が話せない者、(3)新たにフランスに来た者、(4)七〜一六歳の者。なお、このような受け入れに関する問題については、池田賢一「フランスの小・中学校における外国人子弟受け入れの現状と問題点」『盛岡大学紀要』第一四号、一九九五年、一一三〜一二一頁を参照。

(13) 内藤正典編『もうひとつのヨーロッパ』古今書院、一九九六年、二三二頁。

(14) ジョスパン文相(当時)は、すでに一九八九年七月制定の「新教育基本法」のなかで「多元主義と中立性原理の尊重において、生徒は、情報の自由と表現の自由を行使できる。これらの自由の行使によって、教育活動が妨げられることがあってはならない」(第一〇条)と述べていた(小林順子編『二一世紀を展望するフランス教育改革』東信堂、一九九七年、三七二頁)。

ところで、スカーフによる学校からの排除を経験した生徒たちが、自分たちの置かれた現状に対してどのような考えをもっているのか、ル・モンド紙は次のように伝えている。以下は、一九九四年一一月二六日付の記事の抄訳である。

〈学校におけるこれ見よがしの宗教的記号の禁止――リセからモスクへ〉

学校でのこれ見よがしの宗教的記号の着用についての通達により生じた最初の「よけい者」である女子生徒たちを捜すには、モスクへ行けば十分である。その三人の頭は例のスカーフで覆われている。彼女らは同じ夢をもっている。それは、文部大臣に会って、自分たちの感じていること、たとえば、不公平、弟や妹たちを毎日学校に送り出すことの苦労、午前中は家事をしなければならないこと、目標のない日々などを話したいということである。また、このスカーフは自分たちの宗教的信念の表現でしかなく、なんらかの直接行動主義的な記号ではないことを説明したいと思っている。文相は、ル・モンド紙に対して「彼女たちは教育を受けることを禁止されているのではない、なぜなら、彼女たちに対しては国立遠隔教育センターの授業を受けるよう進めることで、われわれは彼女たちに学校教育を準備しているからである」と述べている。しかし、それは彼女たちを納得させるものではなかった。

モスクでの毎日は、生活にリズムを与える祈りの時間である。彼女たちは、今ももっている教科書のなかで、英語、数学、歴史を勉強しはじめようとしている。アラビア語の授業と宗教教育との間に、モスクは、学生やボランティア教師による学習への援助が行われている。モスクの責任者は、イスラーム教の私立リセを創ろうとしている。彼女らは、リセの最終学年であり、バカロレア取得を夢みている。一人は医学が勉強したいといい、もう一人はソーシャルワーカーになりたいといい、そして三人目は心理学に魅かれている。モスクの責任者は彼女らに「あなたたちが我慢したすべてのことに加えて、奇跡が必要であろう。だが、私は奇跡を信じる」といっている。奇妙なことに、彼女らは、学校による社会的上昇の熱心な擁護者となっていたのである。公立のリセを退学になったのに、彼女らは資格をもたない自分たちの将来を直視してはいないのである。

(15) Haut Conseil à l'intégration, 1991. *Pour un modèle français d'intégration, premier rapport annuel*, La Documentation Française, p. 18.
(16) Note de service No. 97-216 du 10-10-1997,《Initiatives citoyennes à l'École pour apprendre à vivre ensemble》.
(17) 衛星放送（ＮＨＫ）でのフランステレビニュースより。
(18) Haut Conseil à l'intégration, 1991. *op. cit.*, pp. 38-48.
(19) トレンハルト、一九九七年、前掲書、七六頁。
(20) 市民についての記述は、佐伯啓思『「市民」とは誰か』ＰＨＰ研究所、一九九七年、および名古忠行『市民学』法律文化社、一九九六年、を参照した。
(21) 佐伯啓思、一九九七年、前掲書、一一九頁。
(22) 名古忠行、一九九六年、前掲書、二二頁。フランス政府は、一九九七年一二月に国籍法を改正し、外国人を両親にもちフランス国内で生まれた子どもに対して、原則的に、一八歳で自動的にフランス国籍を与えることとした（一一歳以降に合計五年以上フランスに住んでいれば、国籍取得の意思表示をしなくとも一八歳で、また、両親の申請があれば一三歳からでもフランス国籍取得が可能になった）。司法大臣ギグーは、国民議会で次のように発言している。「フランスに住み、文化、教育、仕事、類似性、友好性を通じてフランス人になる意思を表明した親からフランスで生まれたすべての若い外国人は、フランス共和国から一八歳でフランス人となることを認められる権利をもつ」。しかし、このような国籍取得のための意思表示過程の廃止は、フランス国籍の安売りであるとする反対が多く、アンケートに対してフランス国民の七六％は意思表示の手続きが必要であると答えている（ル・モンド紙一九九七年一一月～一二月の記事、衛星放送のフランステレビニュース、および朝日新聞一九九七年一二月三日付記事による）。

(23) 坂本義和『相対化の時代』岩波書店、一九九七年、四三頁。

(24) 河村雅隆『フランスという幻想』ブロンズ新社、一九九六年、一六頁。なお、今日の市民権の主張のなかには、「EU（ヨーロッパ）市民」という考え方も同時に含まれている。つまり、ボーダーレスになっていくなかに、ヨーロッパという大きな枠を確認するリボーダーの過程が含まれているのである。現在、EUの加盟国拡大が政治的争点になっているが、これは「西欧化」を核としたヨーロッパ統合であり、ここでもイスラーム教国であるトルコをめぐり、同国内の人権保障や民主主義の状態が論点となっている。

(25) A・G・ハーグリーヴス（石井伸一訳）『現代フランス』明石書店、一九九七年、二三二頁。

(26) 同上書、二四〇頁。

(27) 同上書、二四二頁。

(28) 畑山敏夫『フランス極右の新展開』国際書院、一九九七年、七七～一〇五頁。

(29) 三浦信孝編『多言語主義とは何か』藤原書店、一九九七年、六六～七九頁。

七章　オーストラリア——多文化社会に向けた公教育の再構築

1　多文化教育の背景

　オーストラリア連邦政府は、一九七〇年代、白豪主義にもとづくホワイト・オーストラリアから多文化主義にもとづくマルチカルチュラル・オーストラリアへと国家の基本方針の大転換をはかった。以来、公教育においては、エスニック・マイノリティの置かれている不利な立場を是正するために、また、彼らの言語や文化をカリキュラムに位置づけていくために、多文化的な観点から修正がはかられており、さらには、エスニック・マイノリティのみならず、すべての子どもたちを対象とした多文化教育のあり方が模索されている。そこで、本章では、オーストラリアにおける多文化教育が、どのように発生し、展開していったのかを理論・政策・実践の三方向から明らかにし、はたしてそれが公教育のメインストリームのなかに入ってきているのかどうかについて考察したい。なお、ここでは、公教育は、公立および私立の初等・中等学校で行われる教育としてとらえておく。

　オーストラリアの場合、多文化教育とその他の多文化主義にもとづく社会政策の目的は、第二次大戦後の移民政策の結果としての民族的多様性の認識とその公的な受容に根拠を置いている。そこでまず、本節では、移民政策の歴史的経過と多文化教育の前史としての移民子弟の教育、オーストラリアのエスニック・マイノリティについて簡潔に整理しておきたい。なお、同国には移民の他に、社会の重要な構成員として先住民アボリジニーが存在するが、彼らに対する教育政策は、多文化教育政策とは必ずしも歴史的経緯が一致せず、問題も複雑となっているので、本章では論究の対象としない。

白豪主義政策の終焉

オーストラリアは、一九〇一年の連邦結成以来、移民制限法と帰化法の制定によって、いわゆる白豪主義政策を推し進めた。(1) これによって、第二次大戦までには、有色人種が全人口の一％にも満たない、アングロ・ケルト系移民やその子孫を中心とした白色人種によるきわめて同質的な社会をつくりあげたのである。しかし、第二次大戦後、本来ホワイト・オーストラリアを維持・発展させるために実施された大量移民導入計画が、結果として移民の出身国の多様化をもたらした。戦後ヨーロッパにおける労働者不足によって、移民の供給国はイギリスから、西欧、東欧、北欧そして南欧へと拡大せざるをえなかったからである。一九五八年には、事実上アジア諸国からの移民を締め出すために行われていた移民審査の際のヨーロッパ言語による書き取りテストが廃止され、アジア系の移民も多数流入するようになった。

一九七二年一二月、戦後二三年ぶりに政権を担当したウィットラムを首班とする労働党は、こうした白豪主義政策撤廃への動きに拍車をかけた。同政権は、移民の出身国の制限や市民権法上の差別の撤廃を推し進めたのである。一九七三年、当時の移民大臣グラスビーは、はじめてオーストラリアを多文化社会であると宣言した。(2) そして、一九七五年、労働党政権は、人種差別禁止法を成立させることによって、白豪主義政策を終焉させたのである。一九七五年一二月より政権を担当したフレーザー自由党・国民地方党連合内閣は、インドシナ難民の受け入れを決定した。それは、一九七八年から本格的に開始されることとなったが、人口構成のよりいっそうの異質化を予期させるものであった。

この時期、白豪主義が終焉を迎えた要因は、大きく二つに分けられる。一つは、国際的な場において、白豪主義政策への批判が高まったことである。(3) すなわち、英連邦の一員からアジア太平洋国家の一員を標榜しはじめ、東南アジア諸国との貿易、開発援助、人的交流の強化を模索しようとしていたオーストラリアにとって、アセアン諸国の外交圧力には無視できないものがあった。そして、もう一つは、国内のエスニック団体の政治的影響力が徐々に増しつつあり、各政党から票の獲得源としての彼らの存在が重要視されるようになったことである。(4)

移民子弟の教育

一九五〇年代から六〇年代半ばにかけての移民子弟教育は、きわめて同化主義的な考えによるものであった。新移民は、イギリス人の子孫であるアングロ系オーストラリア人と比べて、徐々に相違がなくなることが期待されていた。たとえ第一世代においては、この過程が不完全なものであったとしても、第二世代においては、既存の教育制度がこの過程を完全なものとし、オーストラリア社会に十分に同化されていくと信じられていた。非英語圏出身の子どもたちは、英語のみを使用する既存の学校に通うことによって、自然に、容易に、英語の技術を獲得することができると考えられていたのである。したがって、彼らに対して、教育政策上、特別な措置が講じられることはなかった。学校では、彼らのもたらす文化や言語は意味のないものとみなされ、家庭においても英語を使用することが奨励されたのである。

こうした状況に変化が生じたのは、一九六〇年代半ば以降のことである。移民の出身国が徐々に多様化することによって、彼らの子どもたちの学校教育への適応上の問題が、あらためて顕在化しはじめたのである。このことは、多数の移民を受け入れていたビクトリア州とニューサウスウェールズ州で、とくに顕著となった。そして、一九七一年、連邦政府によってはじめて、移民子弟の特別なニーズに対し、施策が講じられることとなった。すなわち、移民子弟教育プログラムが導入されたのである。これは、第二言語としての英語教育（ＥＳＬ）への補助金を提供するものであった。しかし、このときも移民子弟のかかえる問題は、あくまで英語の能力の不足から生じるのであり、英語を教授することによって、彼らの状況を変えさえすれば、問題は解決されると考えられていたのである。したがって、彼らの有する言語や文化の価値を積極的に認め、それらを維持・発展させるという考え方に移行するには、次の時期を待たねばならなかった。(5)

オーストラリアのエスニック・マイノリティ

過去五〇年間に、オーストラリアには、一五〇カ国以上の国ぐにから、約五五〇万人の移民がやってきた。一九九六年六月現在の統計によれば、海外出生者は、全人口約一八五〇万人のうちの二三％に上る。出生地域別の内訳は、イギリス・アイルランド六・六％、ヨーロッパ六・四％、アジア五・〇％、オセアニア二・一％、中近東と北アフリカ一・二％、その他の地域が二％弱となっている。一九九五年から九六年までに入国した移民の数は、全体で約一〇万人である。移民の出身国は一五〇カ国以上にも上るが、最も多いのは、ニュージーランドで全体の一二・四％、次いでイギリス一一・四％、中国一一・三％、香港四・四％、インド三・七％、ベトナム三・六％となっている。このように、現在のオーストラリアは、国内がきわめて民族的・言語的に多様化しているのである。

先に述べた通り、オーストラリアは、歴史的に、アングロ・ケルト系を中心とする社会を構築してきた。このアングロ・ケルト系には、イングランド、アイルランド、スコットランド、ウェールズの出身者が含まれる。したがって、基本的にはそれ以外の集団を、エスニック集団（エスニック・グループ）と呼ぶ。マイノリティという地位は、数よりも、力に関係する。それは、社会集団間の政治的・経済的・社会的力のバランスの変動に焦点をあてるものであり、とりわけ、社会の支配的なマジョリティ集団によって与えられた従属的立場に関連するものである。オーストラリアで、出自にもとづいて異なる扱いを受けたり、軽蔑されたりしやすいのは、アングロ・ケルト系ではない集団、すなわちエスニック集団なのである。

一九八六年、オーストラリアの多文化教育の理論や政策を検討し、新たな理論的方向性を示した『多文化社会における多文化社会のための教育』という報告書（通称ジャヤスリヤ報告）が提出されたが、そこにおいては、多文化教育政策やその他の多文化主義にもとづく政策の枠組みを構築する際に、現段階では、エスニック・マイノリティという概念を使用することが適当であると述べられた(6)。その根拠は、移民という用語では、オーストラリア生まれでも、アングロ・ケルト系の子孫ではない人びとをとらえられないこと、また、それに置き換わって使用されるようになった、非英語系（non-English speaking background）という用語でも、家庭では英語を使用していても、アングロ・ケルト系とは文化的・人種的に異なる背景を有する人びとをとらえられないことにある。ただし、実際には、非英語系という用語は、こうした家庭で英語を使用しているが、アングロ・ケルト系とは文化的・人種的に異なる背景を有する人びとも含めた概念としてとらえられている感があり、現在でも政府や研究者によって、便宜的に使用されている。

こうして、エスニック集団は、エスニック・マイノリティとして一定のラベルをはられる。しかし、実際には集団の間にも、その扱いにおいて著しい相違がある。現在のオーストラリアでは、非白色人種集団に属する人びと、おもにアジア系の人びとが、彼らの文化的特性と同時に肉体的特性の点から可視的であるため、差別と人種差別的行為のターゲットとなっている。

2　連邦政府による多文化教育政策の展開

次に、本節では、連邦政府による多文化教育政策がどのように展開されたのか、オーストラリアの多文化教育において一時期を画した多文化教育プログラムを中心に、政策資料にもとづき明らかにしたい。

多文化主義の提唱

一九七七年九月、自由党・国民地方党連合政権のフレーザー首相は、きわめて顕著となってきた移民の多様化に対処するため、移民に対する従来の定住計画とサービスを再検討する委員会を設置した。メルボルンの法律家ガルバリーを委員長とする同委員会は、翌七八年五月三〇日、オーストラリアの下院に対し、移民のための定住計画とサービス活動に関する再検討委員会報告書『移民のサービスと計画』(通称ガルバリー報告)を提出した。このガルバリー報告における多文化主義の提唱を契機として、連邦政府は、公の基本方針としてはじめてその採用を明言したのである。

ガルバリー報告では、「連邦政府は、今、移民のための計画とサービスに関する基本的方向性を変え、多文化主義を奨励するためのさらなる段階へと進む必要がある」(7)と述べられた。それを受けてフレーザー首相は、「オーストラリア社会において、多文化的態度が発展するようさらに努力する必要があるとの勧告を受け入れる。多文化主義の奨励が、異なる民族集団の文化的伝統の保持を助け、異文化間の相互理解を促進するであろう」(8)と宣言したのである。このことによって、オーストラリア連邦政府は、白豪主義から多文化主義へと国家の基本方針の大きな転換をはかったとみなされる。それは一つの大いなる選択であった。

同委員会は、多文化的態度の育成には、学校が鍵的存在となることを指摘し、勧告のなかに、多文化教育プログラムの実施を含めた。その他の多文化主義政策に関連する勧告には、多文化問題研究所の設置や多文化放送の実施などが含まれた。そして、ガルバリー報告の勧告は、連邦政府によってほぼ全面的に採用され、多額の関連した財政支出がなされたのである。オーストラリアの多文化教育は、こうして連邦政府が主導的役割を果たすことによって、その実現の歩を進めたといえる。

多文化教育プログラムの実施

ガルバリー報告において勧告された多文化教育プログラムは、連邦教育省の管轄下で実施されることとなった。一九七八年六月、連邦教育大臣は、一九七九年から八一年までの三年間における多文化教育補助金の有効な運用方法について検討させるため、マクナマラを委員長とする多文化教育委員会を設置した。同委員会は、一九七九年一月、『多文化社会のための教育』(通称マクナマラ報告)と題する報告書を教育大臣に提出した。

マクナマラ報告によれば、この報告書のテーマともなっている多文化社会とは、次の五つの事柄を容認する社会である。(9) すなわち、(1)オーストラリアの文化的多様性の承認、(2)オーストラリアの諸文化集団のアイデンティティの育成、(3)オーストラリアの多様な言語、文化遺産、価値へのアクセスと文化的相互作用の積極的奨励、(4)オーストラリアという多様な社会における共通の価値の存在の認識、(5)オーストラリアにおける幅広い選択可能性へのアクセスの手段としての英語の能力の必要性の認識、である。このうち(4)の共通の価値には、オーストラリアの場合、議会制民主主義、機会均等、教育・経済活動や職業選択への権利といったものが含まれるとされ、また、国家的アイデンティティに基盤を提供する価値は、深く英語と結びついていると述べられた。

そして、このような多文化社会のための教育では、「オーストラリアの学校を通して伝達される家庭、集団、社会のロイヤリティは一つではないことの認識」、「自らが有する以外の広範な生活様式や文化パターンの理解と承認」、「生徒の自尊心および個人のアイデンティティの発達と保持[10]」といった点を考慮した教育計画や教育活動、学校の組織構造を提供すべきであると述べられた。また、このような教育は、すべての学校、教師、生徒、スクール・コミュニティ（学校を中心とする地域社会）にかかわることであり、公教育制度の全レベル（就学前・初等・中等・中等後段階）において、推進されるべきことが明示された。

そこで、学校で提供すべき教育活動として、次の六つのプログラムがあげられた[11]。

(1) 一般プログラム——すべての生徒に、オーストラリアに存在するさまざまな文化の社会に対する貢献の尊さを評価させる。

(2) 特別プログラム——すべての生徒に、オーストラリアに居住するエスニック諸集団の社会的・歴史的・美的・文学的・文化的背景と伝統を勉強する機会を提供する。

(3) 国家間・異文化間学習プログラム——すべての生徒に、オーストラリア社会を構成している人びとの出身国についての理解をもたせる。

(4) コミュニティ言語プログラム——すべての生徒に、地域社会で日々使用されている英語以外の言語を学習する機会を与える。

(5) 第二言語としての英語プログラム——非英語系の生徒に、彼らがより広範に地域社会の活動に参加できるようにするため、しっかりと英語を学ばせる。

(6) バイリンガル教育プログラム——生徒に、オーストラリアにおける英語以外の言語を学ぶことを可能にする。

このなかでもとりわけ力点が置かれたのは、文化的多様性の尊重に関して象徴的取り組みといえる(4)のコミュニティ言語教育の推進と共通の価値の習得に通じる(5)の第二言語としての英語教育の拡充であった。

多文化教育プログラムの評価

オーストラリアにおける多文化教育は、連邦政府による支援によって実現の歩を進めたわけであるが、この時期のそれが、公教育において、たんにプログラムとして付加的に実施されていたことは否めない。一九八四年、多文化教育プログラムの実施状況について全国調査を行った多文化教育プログラム評価委員会は、その一定程度の成果を認めつつも、「オーストラリアの学校教育制度に、実質的および継続的変化を及ぼすには至らなかった」[12]との厳しい評価を下している。その問題点として、次の四点が指摘された。

(1) 多文化教育の各州間の連絡・調整にあたる連邦レベルの機関がないこと。[13]

(2) 多文化教育の目的に関して、とらえ方の相違がみられたこと。たとえば、多文化社会のための教育を、関係者全体では「すべての子どもたちに、寛容、調和、連帯、異文化理解について教育すること」ととらえている者が最も多かったが、教師には「非英語系の生徒に英語を教えること」ととらえている者が多く、エスニック・コミュニティの代表者には「非英語系の生徒に彼らの母語を教えること」ととらえている者が多くいたこと。[14]

(3) 多文化教育に関する理論的枠組みが不完全であり、教師の知識も不十分なこと。たとえば、学校で実施された多くのプロジェクトが「スパゲティとダンス」と呼ばれるフォークカルチャーに焦点をあてた表面的なマナーの学習になっていたこと、また、教師が教室で使用する「オーストラリア人」という言葉が一般に「アングロ系オーストラリア人」という概念でとらえられていたこと。[15]

(4) 英語以外の言語の教育プログラムが十分に開発されていないこと。たとえば、教師が一般に母語の維持を重視していないこと、教授される言語はエスニック集団の大きさによること、母語学習者と第二言語学習者が同じ授業

で学習していること。(16)

ここにおいては、多文化教育を推進していく際の問題点および困難さが明らかにされたわけであるが、多文化教育に対するコンセンサスのなさも浮き彫りにされたといえよう。

多文化教育プログラムの廃止

ところで、連邦レベルでは、一九八三年三月以降は、ホークを首班とする労働党が政権を獲得したが、多文化教育プログラムはそのまま継承された。その一方で、同政権においては、一九八四年から、新たに、不利益を被っている集団(移民・アボリジニー・女性・下層階級の社会集団に属する人びと)に属する生徒が、一般の生徒と同等な教育成果を達成できるよう援助することを目的とした参加と公正プログラムを実施した。この時期においては、ライフチャンスの改善および社会的公正の確立ということにも力点が置かれるようになったのである。

また、先の全国調査の結果に示された多文化教育における問題点に対処すべく、一九八四年に、多文化教育に関する国家諮問調整委員会が設置され、多文化教育についての理論的検討がなされた。一九八六年には、その最終報告書『多文化社会における多文化社会のための教育』が提出されたが、そこでの勧告は実施に移されないままとなった。というのは、一九八六/八七会計年度において、多文化教育プログラムへの補助金が停止されたからである。連邦教育省は、多文化教育についての連邦政府の役割は果たしたとして、今後は州政府にその実施の主導権をゆだねることとしたのである。経済状況の悪化からくる財政支出削減政策の一環ではあったが、多文化教育を実施するための整備が不十分な段階での撤退であったことは否めない。多文化教育を必ずしも重視してはいない、連邦政府の姿勢を如実に示した出来事であったといえよう。

多文化教育プログラム廃止以降の展開

一九八六／八七会計年度をもって、多文化教育プログラムをはじめ多文化主義政策に関連した補助金が停止されたが、このような連邦政府の姿勢に対し、エスニック・コミュニティやエスニック団体から批判がなされた。そこで、一九八七年ホーク首相は、新たに総理府内に多文化問題局を設置することによって、移民省とは独立した形で、国内の多文化問題へとりくむ姿勢を明らかにした。一九八九年には、『多文化的オーストラリアのための国家議題』が提出され、多文化主義政策の基本方針として、文化的アイデンティティの表現と維持、社会的公正の確立、経済的能力の発展を三本の柱として、すべてのオーストラリア人に保障することが示された[17]。ここには、これまで強調されてきた文化的多様性の尊重と社会的公正の確立に加えて、経済的能力の促進という新たな理念が掲げられており、きわめて現実的な方向性が示されたといえる。

教育の領域では、一九八七年、新たに言語に関する国家政策が打ち出され、言語教育が多文化教育とは独立した形で、発展された。コミュニティ言語は、フランス語やドイツ語などいわゆる外国語として教授されてきた言語、国家にとって地理的・経済的に重要な言語とあわせて、英語以外の言語（Languages Other Than English, LOTE）と総称されるようになり、英語以外の言語の教育は、英語教育とともに拡充され、積極的に推進されるに至った[18]。また、一九八九年には、各州の教育大臣によって構成されるオーストラリア教育審議会において、はじめて、国家レベルで一〇項目にわたる共通の学校教育目標が採択されたが、そのなかの一つに、アボリジニーやエスニック集団の文化を含むオーストラリアの文化遺産への理解と尊重を養うことが掲げられた[19]。

一九九六年三月、労働党から自由党へと政権は交代したが、多文化主義政策については、先に示した一九八九年の方針が継承された。多文化問題局は、移民省と統合される形で、移民・多文化問題省に改組された。一九九七年六月には、新たに、連邦多文化審議会が設置された。同審議会は、文化的多様性がオーストラリアを統一化する力となることを保証するための向こう一〇年間の政策と行動枠組みについて勧告する任務を負っている。したがって、連邦政府では、今後も多文化主義を掲げていくことは間違いないといえる。しかし、多文化教育に関する具体的な施策は、言語教育やアジア研究といった特定の領域のみの支援となっており、必ずしもその全体的な発展を意図した形とはなっていないといえよう。

3　州政府による多文化教育政策の展開

オーストラリアには全部で六州と二直轄区がある。初等・中等教育段階における教育の権限は、各州および直轄区が有しており、それぞれ独自の教育制度を発展させている。したがって、原則として、多文化教育プログラムのような連邦政府の補助金による特別プログラム以外に、連邦政府から州政府に対し規制が働くことはない。多文化教育については、連邦政府による多文化教育プログラムが導入された当初こそ、各州とも似通った取り組みを行っていたといえるが、一九八〇年代以降は、各州で教育改革が着手されるなかで、州内の民族構成や政権担当政党の相違などにもより、各州独自の取り組みがなされているといえる。そこで、本節では、三つの州を事例に、多文化教育政策の発展の様子を明らかにしたい。これらの州をとりあげる理由は、それぞれが民族的・文化的に多様な社会となっており、多文化教育に対して、積極的な取り組みがなされているからである。

ニューサウスウェールズ州の取り組み

シドニーを州都とするニューサウスウェールズ州は、国内において産業が最も発展していることから、都市部を中心に多数の移民・難民を受け入れている。クイーンズランド州に次いで多くのアボリジニーおよびトーレス海峡島しょ民が居住していることもあり、州内は、民族的・言語的にきわめて多様化している。この州の多文化教育政策は、その展開過程を、大きく三期に区分することができると考える。第一期は、連邦政府による多文化教育プログラムが開始された一九七九年から八二年ごろまで、第二期は、この州独自の多文化教育政策方針が示された一九八三年から八七年ごろまで、第三期は、大規模な教育改革がはじまった一九八八年から現在までである。

第一期では、一九七九年、ガルバリー報告の勧告にもとづき、多文化教育諮問委員会が設置され、連邦政府補助金の運用方法についてアドバイスをすることとなった。一九八一年には、教育大臣によって、新たに多文化教育・民族問題に関する諮問委員会が設置され、地域社会の課題をより明確にし、それに応じた政策の発展がはかられた。この時期の多文化教育は、基本的には連邦政府の方針にしたがっており、第二言語としての英語教育やコミュニティ言語教育が、非英語系の子どもたちの多く在籍する一部の学校でのみ行われていた。

第二期では、一九八三年、はじめてこの州独自の多文化教育政策方針が示された。これは、現在でも同州の多文化教育の基礎をなすものとなっている。この方針において、多文化主義とは、「文化的多様性の存在において、国家の統一に焦点をあてた社会的価値である」。また、多文化教育は、「すべての学校が、オーストラリア社会の多文化的性質を認識かつ受容し、文化的多元性のより深い理解を通して国家統一を促進する教育機会を提供するために、積極的段階に踏み込むことを実現するための政策、計画、実践の組み合わせである」[20]と定義される。ここには、国家の統一を最重要目的とした多様性の尊重という姿勢がみてとれる。多文化教育に必須の要素としては、次の六点があげられている。教育目的・理念といえる(1)個性の伸長、(2)アイデンティティの保持、(3)教育的不利益の克服と、教育内容・方法といえる(4)英語教育、(5)コミュニティ言語・文化の学習、(6)世界の文化の学習である。ここには、(1)(3)(4)(6)などすでに同州の公教育の目的・内容となっているものもあるが、(2)(5)などは、多文化教育に独自のものである。州政府の役割としては、すべての子どもたちに、社会的資源の利用を可能にさせるため英語の能力を獲得させることと、学校教育を通して彼らの言語や文化を互いに理解し、保持し、発展させることにあるとされた。こうした基本的考え方のもとに、多文化教育の具体的な展開の指針が、次の通りに示された。すべての学校、すべての生徒を対象としたものとして、カリキュラムに多文化的観点をもたらすことと、異文化間教育の二点が、また、生徒の置かれている状況や彼らの興味や要求に応じるための方途として、第二言語としての英語教育、移行的バイリンガル教育[21]、コミュニティ言語教育、エスニック・スタディーズの四点があげられた。さらに、学校経営や学級での実践は、学校や地域社会の文化的多様性を反映すべきであり、また、多文化教育を含むすべての教育的施策にかかわって、親と地域社会の構成員の参加の奨励が必要であると述べられた。そして、同州の各学校では、この基本方針にしたがった取り組みがなされはじめた。しかし、一九八七年、連邦政府の補助金が停止されたことによって、多文化教育関連の委員会は解散され、多文化教育はその基盤を失いかけたのである。

第三期へのターニングポイントとなる一九八八年三月、この州では、自由党が政権を獲得し、法律、カリキュラム、教育行政にわたる大規模な教育改革に着手した。この改革で、多文化教育は重要課題とみなされ、新たに学校教育省の特別教育・重点計画部門多文化教育室によって、計画・実施されることとなった。学校教育省が掲げた一九九〇年から九二年までの多文化教育の目的は、次の五点である[22]。

(1) 第二言語としての英語教育を充実させること。
(2) カリキュラム全体に多文化的観点が含まれるようにすること。
(3) あらゆる形態の人種差別を克服する施策と実践を促進すること。
(4) 非英語系の生徒の学校教育への最低限の参加を実現すること。
(5) 英語以外の言語へのアクセスを増大させること。

このうち⑴⑵⑷⑸は、先に示した一九八三年の政策方針を継承するものとみなされる。だが、⑶の人種差別の克服については、新たに加わった視点であり、この州の多文化教育においてとりわけ注目に値する。このことに関して、一九九二年には、学校教育省が反人種差別政策方針を打ち出しており、人種差別――直接的および間接的差別、人種蔑視、ハラスメントを含む――の排除のために、専心・努力することを明示した。[23] また、一九九一年から九三年にかけて、多文化教育室を中心に、学校と地域社会全体での反人種差別教育への取り組みプロジェクトが計画・実施された。[24] 一九九二年一〇月には、同じく学校教育省によって一九九三年から九七年までの多文化教育政策が提示されたが、多文化教育を実践できる教職員の育成や研究の奨励といった施策が新たに加えられた。[25] また、一九九八年以降は、とくにカリキュラム全体に多文化的な観点が含まれるようにするため、多文化教育担当官と各鍵的学習領域（key learning area）の担当官との話し合いがもたれはじめている。このように、ニューサウスウェールズ州では、教育行政当局による多文化教育への積極的かつ、体系的な取り組みがなされている。他のどの州と比較しても、おそらく同州が最も多文化教育への取り組みに力を入れていることは間違いないといえよう。

ビクトリア州の取り組み

メルボルンを州都とするビクトリア州は、ニューサウスウェールズ州とならんで、州内の民族構成の多様化が顕著である。この州における多文化教育政策は、一九八七年と一九九七年を境に、大きく三期に時期区分して特徴づけられよう。第一期は、連邦政府の多文化教育プログラムが実施されていた一九七九年から八七年までの時期、第二期は、それが解消された後から一九九七年までの時期、第三期は、新しい多文化教育政策が策定された一九九七年以降現在までの時期である。

この州には、ガルバリー報告の勧告によって、各州に多文化教育委員会が設置される以前から、多文化教育・移民教育に関する諮問委員会が設置されていた。一九六〇年代の半ばから、ニューサウスウェールズ州にも先んじて、非英語系の移民子弟の教育が社会的な問題となっており、その対応が要請されていたからである。ただし、一九七九年以降はこの委員会も、おもに連邦政府からの補助金を運用する責務を負うこととなった。

一九八二年一二月、より広範に施策を展開するために、先の委員会を解消し、新たに、多文化教育・移民教育に関する政府諮問委員会が設置された。そして、それ以降、同委員会を中心に、コミュニティ言語教育や学校の意思決定過程への非英語系の親の参加促進プロジェクトなど、さまざまな取り組みがなされたのである。一九八二年から八七年の間は、同州において、多文化教育への取り組みがとりわけ活発な時期であったといえる。

一九八六年、連邦政府の多文化教育プログラムへの補助金の停止にともない、先の委員会は解散されるに至ったが、その直前に、学校のための多文化教育の指針として、『多文化的ビクトリアにおける多文化的ビクトリアのための教育』と題する報告書が提出された。同州では、一九八二年から八四年にかけて、教育改革の指針を示した六つの大臣書簡が提出され、他州に先んじて、カリキュラムおよび教育行政の改革が着手されていた。この報告書は、一連の大臣書簡のなかに位置づけられるものとされたのである。同報告書では、多文化社会における多文化社会のための教育の原則は、次のように規定された[26]。

(1) それは二つの基本原則の上に構築される。一つは、多様性がオーストラリア社会の発展に意義ある影響を与えていること、もう一つは、多文化社会は共有された価値観（葛藤の解決手段としての民主的過程の承認を含む）と、すべてのオーストラリア人の間の主たるコミュニケーション言語である英語の承認の上に構築されるということ（同時に、そのような社会は、同じような要求や価値観について多くの異なった表現があることを容認している）。

(2) 学校やその他の教育機関が、それらをとりまく地域社会の多様性を承認し、価値を認める。

(3) すべての生徒のライフチャンスと選択を改善する。

(4) 学校とスクール・コミュニティは生徒を批判的に思考するように、またこの多文化社会によりよく参加するように準備する。

このような教育の原則のもと、すべての生徒が多文化社会へ効果的に参加するために、英語および英語以外の言語、双方のコミュニケーション能力を獲得させる必要性が指摘された。また、アボリジニーと非英語系の生徒たちの生活体験や技術が、スクール・コミュニティによって価値づけられ、彼らの人種的・民族的アイデンティティが無視されたり、問題であるとして扱われないようにするため、すべての生徒に、次のような知識あるいは批判的認識を共通に獲得させるべきであると述べられた。(27)

(1) 一七八八年以前から生活を営む最初のオーストラリア人であるアボリジニーの独特かつ多様な文化遺産。
(2) 複雑かつ伝統的アボリジニー社会への白人入植のインパクト。
(3) スクール・コミュニティにおける他の構成員の出自の諸文化とその土地あるいはさらに広い範囲のコミュニティとの結びつき。
(4) 現代オーストラリア社会の発展への移民の役割と効果。
(5) アングロ・ケルト系文化のオーストラリア社会における構成上の影響およびこの文化と他の諸文化との関連。
(6) オーストラリア社会における共通の価値を育むのに貢献してきた他の社会と諸文化。
(7) 現代オーストラリア社会に存在する諸文化と生活様式のダイナミックな枠組み。
(8) オーストラリアの複雑な地域的・国際的諸関係およびこれらにおいて生じる変化。

さらに、多文化社会における多文化社会のための教育の発展において鍵的構造をなすのは、学校運営にかかわる意思決定機関であるスクール・カウンシル（学校評議会）、学校のカリキュラム、教室における教師の実践および態度であると述べられた。こうした指摘は、多文化教育を学校改革の視点からとらえていることを示すものといえよう。このように、ビクトリア州では、学校教育全体を多文化教育の観点から再構築していこうとするきわめて積極的な姿勢が示されたわけであるが、先の委員会の解散によって、多文化教育への取り組みは下火となっていった。一九八七年以降一九九七年までは、同州では、教育省内に多文化教育の名称を冠する部局も政策も有していなかった。唯一、多文化資料センターというところが教育省の外郭団体として、細々と関連する資料の収集や多文化教育に携わる教師の研修、教材の貸し出しなどを行っていた。この間も、おもにエスニック・マイノリティの多く居住する都市部などでは、第二言語としての英語教育および英語以外の言語の教育を中心に、多文化的な観点からの取り組みは継続して行われていた。だが、多文化教育全体としての評価を行ったり、調整をしたりする機関がなくては、その体系的な発展は望めない状況にあったのである。

しかし、一九九七年になると大きな転機が訪れた。この州で、あらためて多文化教育政策が策定されたのである。そこにおいては、学校活動全体へ多文化的な観点をとりいれていくこと、すべての生徒に対して異文化間教育を実施すること、非英語系の生徒への第二言語としての英語教育を充実させること、すべての生徒に英語以外の言語の学習を提供すること、という四つの柱にもとづく多文化社会における学校教育の再構築に向けた新たな取り組みが提唱された[28]。そして、現在、多文化資料センターが拡充発展した多文化・言語資料センターが中心となり、多文化的な観点を学校カリキュラム全体へ深く浸透させるための活動を行っている。このように、ビクトリア州においては、近年再び多文化教育への積極的な取り組みがなされているのである。

クイーンズランド州の取り組み

ブリスベンを州都とするクイーンズランド州は、移民や難民の受け入れが少なかったので、民族的・言語的多様化の度合いは、先の二州に比べれば小さい。しかし、同州には、オーストラリアで最も多くのアボリジニーおよびトーレス海峡島しょ民が居住しており、このことは、近年のこの州の教育政策に大きな影響を与えている。一般にオーストラリアのなかで最も保守的な州であるといわれるこの州では、一九七九年、連邦政府によって補助金が導入されてからも、多文化教育への積極的な取り組みは必ずしもなされてこなかった。一九八四年の全国調査の結果においても、当時教育省には、第二言語としての英語教育に携わる移民教育室しかなく、それ以外の観点から多文化教育にとりくむ部局はなかったと述べられている。また、当時、同州に設置された多文化教育委員会は、そのメンバーに、エスニック・コミュニティの代表やアボリジニー教育コンサルタントの代表こそ含まれていたが、アボリジニー自身はまったく加わっていなかったとされる。こうした同州のこれまでの状況からみれば、一九九五年になってはじめて、教育省によって教育における文化的・言語的多様性政策が打ち出されたことは、きわめて画期的な展開だったといえるのである。同州教育省では、文化的公正室（ユニット）が、この文化的・言語的多様性政策を担当する部局となっている。

同州教育省は、文化的・言語的多様性政策について、社会的公正を重視した次のようなきわめて興味深い方針を示している。「教育省は、すべての学校と地域社会の文化的・言語的多様性を承認し、かつ、それらを価値あるものとみなしている。教育省は、こうした多様な集団を構成する児童生徒に対して提供される、教育への公正な(equitable and fair) アクセス、教育への公正な参加、教育からの公正な結果を促進することによって、社会的に公平な (just) 社会の形成に貢献する役割と責任がある。この政策は、文化的・言語的に多様な集団の教育的要請へ対応し、すべての児童生徒のために文化的学習を行うよう、カリキュラムを再構成することによって、不平等に対し、真正面からとりくもうとするものである」[29]。そこで、教育省は、この政策への共通理解と関与を促進するためリーダーシップを発揮し学校を支援すること、また、政策の実施の評価を主導し発展させることにおいて、責任を有するとされる。さらに、社会における文化的・言語的多様性を認識させるために、アカウンタビリティとして、次のことにかかわると述べられた。[30]

(1) 社会的に公正なカリキュラムの達成。そのカリキュラムは、オーストラリア社会における文化的・言語的に多様な集団の存在を反映する。学習や評価の基礎として、児童生徒の知識、経験、パースペクティブを承認する。カリキュラムの学習や英語の学習における第一言語の役割を認識させる。生徒に生活や職業の幅広い選択へのアクセスに必要な英語の能力を獲得する機会を提供する。文化的・言語的相違にもとづく不公正への認識と挑戦のための生徒の知識や技術を発展させる。

(2) 文化的に包括的カリキュラムと反人種差別教育を支援するための技術と理解の発展のための教育関係者への研修の機会の提供。

(3) 学校のプロセスと意思決定へ効果的に参加するために、多様な文化的・言語的背景を有する親や保護者のための機会の提供。

(1)(2)(3)とも、ニューサウスウェールズ州やビクトリア州の多文化教育の基本方針に通じるものであり、クイーンズランド州におけるそれへの本格的な取り組みの姿勢が明示されている。しかし、たとえば、社会的に公正なカリキュラムや文化的に包括的カリキュラムなどの具体的な中味については、それ以上は明らかにされていない。同州の取り組みがまだはじまったばかりであるという感は否めないが、これまでの状況からみれば大きな前進であるといえよう。

4　多文化教育実践の諸側面

これまで、連邦政府および州政府の多文化教育政策の理念および計画について明らかにしてきたが、本節では、学校において実際にどのような展開がなされているのかを明らかにしたい。一口に多文化教育といっても、その内実は実に多様である。本節では、ニューサウスウェールズ州で作成された実践事例集を手がかりに、オーストラリアの多文化教育において、特徴的な取り組みといえるコミュニティ言語教育、社会科における多文化的観点、オーストラリア社会の文化的多様性の学習、反人種差別教育、意思疎通の改善という五つの側面について事例をとりあげて考察したい。

コミュニティ言語の学習

コミュニティ言語の学習は、オーストラリアの多文化教育において、最も特徴的な取り組みの一つである。それは、日々地域社会で使用されている英語以外の言語を、すべての子どもたちに学ばせようとするものである。学習する言語が母語である者にとっては、母語の維持、母文化の学習、アイデンティティの拠り所として、また、それを母語としない学習者にとっては、異文化の理解・尊重という観点から、重要な意義を有する。コミュニティ言語は、学校のカリキュラムでは、英語以外の言語学習領域に位置づけられているが、それが教えられるかどうかは各学校の選択による。たとえば、アラビア語系の子どもが多く在籍する学校で、アラビア語が教授される場合、それはコミュニティ言語教育となるが、日本語やフランス語が教授される場合は、コミュニティ言語教育とはならない。

それでは、本項では、ニューサウスウェールズ州シドニー南西地域ボニーリッジ中等学校における事例を考察したい[31]。同州の中等学校では、英語以外の言語の学習は七年生において必修となっており、それ以降の学年は選択となっている。この学校では、一九九四年の学校報告において、非英語系の親から、生徒の母語学習をカリキュラムにくみいれてほしいとの要望があった。そこで、コミュニティ言語学習のカリキュラムへの確固たる位置づけをはかることとしたのである。最大の言語集団がベトナム出身の生徒であったため、この学校ではベトナム語の学習を導入することとした。このことを通して、生徒・親・教師におけるコミュニティ言語学習の重要性への認識を増すことを試みようとした。

コミュニティ言語学習の導入にさきだって、まず、親、生徒、教師のそれに対する理解を得ることがはかられた。彼らを対象に、非英語系の生徒にとっての母語習得の利点、および英語系の生徒にとってのコミュニティ言語学習の利点について理解を深めるためのセミナーが、英語とコミュニティ言語の両方を使用して開かれた。また、生徒や親に対しては教室や親の会議において、労働市場や就職におけるコミュニティ言語の有する重要性が強調された。教師に対しては、すべての教師に生徒の文化的背景に関する記録が配布され、また、コミュニティ言語の学習に関心のある教師には、放課後、学習する機会が提供された。

そして、ついに、正規のカリキュラムのなかに、学校が提供する言語の一つとして、ベトナム語の学習が導入されたのである。あわせて、さまざまな場面でのコミュニティ言語の使用が奨励され、それが適切と認められるかぎり、授業における母語の使用も奨励された。学校カーニバルのような多文化的イベントの際にも、その広告や展示などにおいて、コミュニティ言語が使用された。また、コミュニティ言語学習のための学校の環境を整えるために、地域社会から資金提供がなされ、図書館にはコミュニティ言語で書かれた文献が収集された。さらに、コミュニティ言語学習の継続的計画を作成するために、この学校に生徒を送っている初等学校との協力が行われるようになった。

この活動の成果としては、まず、ベトナム語が、学校カリキュラムの英語以外の言語学習領域に正規に位置づけられたこと、次に、教師、非英語系の生徒、彼らの親のあいだに、母語の重要性への認識が増し、母語を学習する生徒が増えたこと、さらに、すべての生徒において第二言語あるいは第三言語を学習する希望が増えたこと、があげられている。

この事例は、コミュニティ言語教育の重要性を、生徒、親、教師に認識させることに重点が置かれているが、母語習得や異文化理解としての重要性と同時に、将来の就職における意義が強調されている点は、職業選択へのアクセスを増すという観点からのものであり、中等学校において特徴的といえよう。また、コミュニティ言語を、たんに顕在的カリキュラムのなかに位置づけるのみならず、同時に、潜在的カリキュラムともいえる学校文化のなかにも積極的に位置づけていこうとする姿勢は、注目に値する。さらに、この事例は、学校のみならず、親や地域社会全体での取り組みが重要であることを示唆するものである。

社会科における多文化的観点

連邦政府や州政府の多文化教育政策の指針では、カリキュラム全体に多文化的な観点をもたらすことの必要性が指摘されていたが、実際にはどのように展開されうるのだろうか。ここでは、ニューサウスウェールズ州の教師によって考案された実践事例にもとづき、社会科的な学習領域である「人間とその環境」において、どのように多文化的な観点を含ませようとしているのか考察したい(32)。

まず、初等学校の五年生を対象とした「いかにしてわれわれは葛藤を解決するのか」という実践事例をみてみよう。異なる文化的背景を有する集団あるいは個人の間では、相違からくる葛藤は避けがたいものである。多文化教育はそのような葛藤の解決に基盤を与えるものでなくてはならないが、この実践事例では、次のような展開がなされる。
(1)社会における葛藤のニュース記事をみつけ、それについて話し合う。(2)ある集団間の葛藤について調べ、さらに、その葛藤の背景にある要因を調べる。(3)オーストラリアや他の国ぐににおける土地の使用、信条などに関する諸問題を調べる。(4)このこと(土地の使用、信条)から「ラッキーカントリー」としてのオーストラリアについて考える。(5)いかに人びとが葛藤に対処しているか話し合う——平和的解決、デモ、メディアキャンペーン、環境ロビーグループ、戦争など。(6)人びとが、努力して問題を解決する必要のある状況を演じる(ロールプレイ)。(7)二つの集団の主張が対立するところでディベート(論議)をする。(8)葛藤に対処するための考え方をみつける。
ここでは、葛藤の問題を認識し、その背後の要因を理解し、解決のための方途を見出すために、自ら調べさせたり、話し合いをもたせたり、ロールプレイやディベートという方法が用いられ、多方面から課題にとりくまれている。このことを通して、児童に葛藤を民主的な方法で解決していく能力を身につけさせようとしていることがうかがえよう。

次に、初等学校の六年生を対象とした「オーストラリア人とは何か」という実践事例をみてみよう。これは、オーストラリア人とは、アングロ・ケルト系の人びとのことであるととらえられていたところから、国民像の修正をはかろうとする取り組みであるといえるが、それは、次のように展開される。
(1)白人が入植した後、アボリジニーに何が起こったか話し合う——彼らは一七八八年以前、どのように暮らしていたか、いかに彼らの生活様式が変わったか。(2)今日、アボリジニーがどのように暮らしているか調べる。(3)人びとはなぜ、海外からオーストラリアへやってきたのか、また、いまだにやってくるのか理由を考える。(4)オーストラリア文化の過去からの変化を調べる。(5)アボリジニーの国、ヨーロッパ人の入植、第二次大戦後の移民から、歴史を通じた人口構成の変化を調べる。(6)学校における生徒の文化的背景を調べる——彼らの先祖をみつける。(7)多くのオーストラリア人の親や祖父母が海外で出生していることを調べる。(8)移民の最も多くは依然としてイギリスからきていることを知る。(9)私たちの文化が他の諸文化に影響されてきたことを論じる（例―― 食べ物、また、オーストラリアの多文化的性質の利点を調べる）。(10)何が人びとをオーストラリア人にしているか考える。(11)典型的な「オージー」ステレオタイプと地域社会の多様性について考える。(12)いかに私たちは「オーストラリア人になる」ということを規定するのか話し合う。

ここに示される内容は、先に考察したビクトリア州の多文化教育指針のなかに提示されたすべての子どもに共通に獲得させるべき知識に通じるものといえる。ここでは、これまでのオーストラリアの歴史認識の修正、ひいては、国民像の修正をはかろうとしていることがうかがえる。このことは、国民を育成するための公教育の目的にかかわって、多文化教育における重要な課題であると考える。

オーストラリア社会の多様性の学習

社会の多様性について学習する場合、オーストラリアで特徴的であるのは、あるテーマにもとづき、学校全体で、行事として、あるいは一定の期間を通してすべての学習領域において、総合的な形で取り組みを行う点である。その際、一つの文化あるいは複数の文化が学習対象としてとりあげられる。次に示す事例は、ニューサウスウェールズ州西部地域リスゴー初等学校の「文化的・言語的多様性の探求」プログラムであるが、これは、非英語系の人びとが少ない地域に居住している児童に対し、オーストラリア社会の文化的・言語的多様性を認識させるための機会を提供するものである。(33)

このプログラムのねらいは、より大きな寛容さを発展させるために、文化的・言語的多様性について児童や親に情報を与えること、また児童に対し、多文化主義への理解を発展させることにあった。そのために、まず、教職員は、いかに学校が目的にみあったプログラムを開発し、導入できるか調査した。学校では、カーニバルという行事がすでに行われていたので、教職員は五週間にわたるこの祭りの内容をさらに拡大することに決定した。児童はクラス単位で、オーストラリアへ移民してきた人びとの出身国を選び、その国の歴史や地理について調べた。関連した国ぐにの資料が、大使館を通じて集められ、それらが五週間にわたるカーニバルの期間中に展示された。親や地域社会からも、プログラムに利用可能な資料の提供があった。カーニバルは、このプログラムの最後に開かれ、児童は、自分たちが調べた国の食べ物を用意した。

このプログラムの成果として、次のことがあげられている。まず、児童が、学校にいる非英語系の児童の出身国について理解を得ることができたこと、また、祝祭や日常の生活様式における相違点と同時に、人間の要求や経験の類似性にも気づかされたこと、さらに、児童、教師、スクール・コミュニティの構成員全員が、自分たちとは異なる文化的・言語的慣習を肯定的に受け入れるようになったことである。

ここにみられるように、社会の多様性についての学習においても、コミュニティ言語教育と同様に、親や地域社会の人びとの参加が重要な役割を果たしていることがわかる。また、このことが、学校はもとより地域社会における異文化間の相互理解と尊重に、効果をもたらしていることもうかがえよう。

反人種差別教育

多文化教育では、それが一般に、祝祭や食べ物といった文化的側面の学習や言語の学習に偏りがちであり、差別の問題そのものに真正面からとりくんでいないと批判される場合があるが、3節において述べたように、ニューサウスウェールズ州では、反人種差別教育への積極的な取り組みが行われている。ここでは、シドニー南西地域リバプール女子中等学校で実施された「人種主義に反対する生徒」プログラムを考察したい(34)。

このプログラムのねらいは、文化的不寛容さに対し、非暴力的方法で対処できるように、また、葛藤を適切な方法で解決することができるように、生徒を支援することにあった。まず、このプログラムの主旨を、すべての教職員に周知させることからはじめられた。次に、学校の四つの文化集団（ベトナム語系、スペイン語系、アラビア語系、英語系）に焦点をあて、人種主義に関する二日間のワークショップを開催することが計画された。そこで生徒は、学校内における人種主義へのふさわしい対応、また、ふさわしくない対応について議論した。次に、生徒は、スクール・コミュニティに対し、討議、評価、行動について、自分たちで作成した勧告を提示した。すべての生徒、教職員、親が、この勧告について意見を求められ、最後に、この勧告は、生徒、教職員、親の権利と責任という点に焦点をあてて、最終報告書としてまとめられた。

このプログラムによって、次のような成果があったとされる。ワークショップと協議の過程で、生徒が、自尊心とリーダーシップ技術を発展させたこと、多くの非英語系の親が、学校の意思決定過程に参加するようになったこと、異文化間の相互尊重が増したこと、ふさわしい葛藤の解決方法に関する認識が深まったこと、学校内における人種的偏見が減ったこと、生徒とスクール・コミュニティは、人種主義とそれに反対するストラテジーについてより深い認識に達したことである。

この事例では、人種主義や差別の問題そのものに焦点をあてた取り組みが、生徒を中心に、学校のみならず、親や地域社会の人びとも参加して行われている。この取り組みを通して、生徒自身の自尊心が発展したり、学校における人種的偏見が減少したという点は、きわめて注目に値する。ある問題状況が、文化的相違から生じる誤解のみならず人種の違いや白人の優越感に原因がある場合は、多文化教育では、この事例のように、必要に応じて人種差別や人種主義の問題に焦点をあててとりくむ必要があろう。

意思疎通の改善

オーストラリアの学校では、一九八〇年代半ば以降の中央集権から地方分権へという教育行政改革の流れのなかで、現在、各学校に意思決定機関となる学校評議会（スクール・カウンシル）が設置されつつある。この評議会は、生徒（中等学校のみ）、教師、親、地域社会の住民の代表らによって構成される。そこでは、学校運営上のさまざまな事柄について、話し合いがもたれるが、多文化教育に関していえば、たとえば、英語以外の言語学習領域で何語を教えるかといったことが決められることもあり、非英語系の生徒や親の意見を反映させるうえで、評議会への参加は重要な意義を有する。

ここで考察するシドニー東地域ウィレーパーク初等学校は、全児童の九四％が非英語系で構成されており、学校や地域社会がきわめて多言語・多文化化している。したがって、こうした状況を反映した形での学校評議会の設置が要請されたのである。[35] あわせて、この取り組みでは、スクール・コミュニティにおけるすべての集団の効果的なコミュニケーションを維持すること、スクール・コミュニティのすべての集団を含む協議組織を発展させること、公正と多様性についてのより深い認識と理解を発展させること、スクール・コミュニティの文化的多様性を反映したプログラムを計画・実施することがはかられた。

そこで、まず、この学校では、学校評議会の設立に関する会合への参加案内をすべての親に、さまざまな言語に翻訳して送付した。この招待状は、親が学校との連絡に際して、必要ならば翻訳家を利用できるということを認識させるものでもあった。学校評議会の設立に向けた会合は数回にわたって行われたが、そこで焦点があてられたのは、その組織・役割・義務、オーストラリアの学校における教育方法と協力的意思決定、親と市民連合の役割と機能などであった。会合で使用される資料は、平易な英語で作成され、また、会合の資料の要約はスクール・コミュニティで使用されているおもな言語（アラビア語、ベトナム語、中国語）に翻訳された。また、会合は、通訳を介して進められ、討議の時間ももたれた。こうした取り組みを行うことによって、学校評議会の役割は、幅広く理解され、スクール・コミュニティの文化的多様性を反映した評議会が形成された。非英語系の親の代表が、そのメンバーに選ばれたのである。

ここで示したような取り組みは、ビクトリア州においてもみられるものである。非英語系の生徒や親や地域住民の意見が、学校教育に反映される回路ができつつあることは、学校改革としての多文化教育という観点から、きわめて意義深いといえよう。

5　文化的多様性の尊重と社会的公正の確立

これまでみてきたとおり、オーストラリアの公教育では、エスニック・マイノリティの置かれている不利な立場を是正するための、また、彼らの言語や文化をカリキュラムのなかに位置づけていくための、さまざまな取り組みがなされてきた。前者は、第二言語としての英語教育を中心に、また、後者は、英語以外の言語学習領域におけるコミュニティ言語教育や学校行事を中心に実施されており、一定程度の成果をあげてきたといえる。また、すべての子どもを対象に、異文化間の相互理解を促進するための取り組みも、学校行事や授業を通して、学校のみならず地域社会全体を含めた形でなされている。このような現状から考察すると、オーストラリアの公教育において、多文化教育は、連邦政府の多文化教育プログラムによって、付加的に実施されていたところから、徐々に、各州や学校においてその浸透状況に差はあるが、メインストリームのなかに入ってきているといえよう。

しかしながら、課題は、まだ残されている。一つには、いかにカリキュラム全体へ多文化的な観点を含ませていくかということである。今、すべての鍵的学習領域のガイドラインをこの多文化的な観点から見直していくことが要請されている。そして、もう一つには、オーストラリアのような多文化・多民族社会において、すべての子どもが共に生きていくために、どのような共通の基盤を、いかにして提供していくのかということである。もちろん、共通の基盤は、その社会のマジョリティの価値によってのみ裏づけられるものではない。たとえば、『ジャヤスリヤ報告』では、その最も根本的な基礎として、「基本的人間性と共有した物理的・社会的・経済的環境という両方の点での共通性の認識、そして避けがたい葛藤は、法的手続きと民主的プロセスによって解決されるということの理解」[36]をあげている。また、すべての子どもに対し、次のような能力を獲得させるべきであると述べられている。すなわち、ライフチャンスおよび選択に対処する能力、批判的・創造的に考える能力、自主的で柔軟な考え方ができる能力、社会に役立つように参加する能力、自分自身の社会および他者の社会を理解する能力、社会を変えていくために技術と知識を行使できる能力である。[37] ここにあげられているような能力は、各州において提示された多文化教育の基本方針にも通じるものである。こうした基本的能力を、すべての子どもに獲得させるということが、今後、多文化教育の重要な課題となるであろう。

こうした課題は、現に多文化社会となっている国ぐに、あるいは多文化化しつつある国ぐににおける公教育においても、共通のものであろう。オーストラリアのこれまでの経験は、そうした国ぐにに対し、示唆を与えるものである。オーストラリアでは、今後も、多文化・多民族社会の統一を前提としたうえで、文化的多様性の尊重と社会的公正の確立を考慮した公教育のあり方が求められていくであろうし、そのような社会で共に生きていけるオーストラリア人の育成がはかられていくであろう。

注

（1） 一九〇一年に制定された移民制限法では、オーストラリアへの移住に際し、非ヨーロッパ人に対して、ヨーロッパの言語での書き取りテストが実施されることとなり、一九〇三年に制定された帰化法では、非ヨーロッパ人は帰化できないこととなった。

（2） J. Jupp, 1991. *Immigration*. Sydney: Sydney University Press, p. 101.

（3） 鎌田真弓「インドシナ難民政策にみるオーストラリア対東南アジア外交」『アジア研究』三二(二)、アジア政経学会、一九八九年、八二～八三頁。

（4） M. Kalantzis, B. Cope, G. Noble and S. Poynting, 1990. *Cultures of Schooling — Pedagogies for Cultural Difference and Social Access*. London: The Falmer Press, p. 18.

（5） 本項の記述は、National Advisory and Co-ordinating Committee on Multicultural Education, 1986. *Education in and for a Multicultural Society : Issues and Strategies for Policy Making*. Canberra: Derek Kelly and Sons, pp. 5-8. を参照した。

（6） *Ibid*., p. 18.

（7） Committee of the Review of Post-arrival Programs and Services for Migrants, 1978. *Migrant Services and Programs : Report of the Review of Post-arrival Programs and Services for Migrants*. Canberra: Australian Government Publishing Service, pp. 3-4.

（8） Hansard, 1978. *House of Representative, 30 May 1978*. Canberra: Australian Government Publishing Service, p. 2731.

（9） Committee on Multicultural Education, Commonwealth Schools Commission, 1979. *Education for Multicultural Society—Report of the Committee on Multicultural Education*. Canberra: C. J. Thompson Commonwealth Government Printer, p. 9.

（10） *Ibid*., p. 10.

（11） *Ibid*., pp. 11-12.

（12） D. P. Cahill, Commonwealth Schools Commission, 1984. *Review of the Commonwealth Multicultural Education Pro-*

grams : *Vol. 1 Report and Conclusions,* Canberra: CPN Publications, p. xii.

(13) *Ibid*., p. xi.

(14) *Ibid*., pp. 305-308.

(15) *Ibid*., pp. 265-269.

(16) *Ibid*., pp. 287-297.

(17) Office of Multicultural Affairs, 1989. *National Agenda for a Multicultural Australia—Sharing Our Future*. Canberra: Australian Government Publishing Service, p.vii.

(18) J. L. Bianco, Commonwealth Department of Education, 1987. *National Policy on Languages*. Canberra: Australian Government Publishing Service, pp. 9-17.

(19) Australian Education Council, 1991. *National Report on Schooling in Australia 1990*. Carlton: Curriculum Corporation, p. 3.

(20) NSW Department of Education, *Multicultural Education Policy Statement 1983*. p. 1.

(21) これは、非英語系の子どもが、英語による通常の授業を受けるのに十分な英語の能力が身につくまで、母語による教育をあわせて行うものである。

(22) Multicultural Education Unit, Special Education and Focus Division, NSW Department of School Education, 1991. *Multicultural Education Initiatives 1990-1992.*

(23) NSW Department of School Education, 1992. *Anti-racism Policy Statement.*

(24) 詳しくは、見世千賀子「オーストラリア・ニューサウスウェールズ州における反人種差別教育の展開」『教育学系論集』第二二巻第一号、筑波大学教育学系、一九九七年、一一〜二三頁を参照されたい。

(25) Multicultural Education Unit, Special Education and Focus Division, NSW Department of School Education, 1992. *Multicultural Education Plan 1993-1997.*

(26) School Division, Ministery of Education, 1986. *Education in and for a Multicultural Victoria — Policy Guidelines for School Communities*. p. 6.

(27) *Ibid.*, pp. 6-7.

(28) Department of Education, Multicultural policy for Victorian schools, 1997.

(29) Cultural Equity Unit, Studies Directorate, Queensland Department of Education, 1995. *Cultural and Language Diversity in Education Policy and Draft Information Sheets,* p. 14.

(30) *Ibid.*

(31) Multicultural Education Unit, Special Education and Focus Division, NSW Department of School Education, 1995. *Multicultural Programs for Schools.* p. 13.

(32) NSW Department of School Education, 1995. *Whole School Anti-racism Project: Strategies for Change,* pp. 73-83.

(33) Multicultural Education Unit, Special Education and Focus Division, NSW Department of School Education, 1995. *op. cit.*, p. 7.

(34) *Ibid.*, p. 43.

(35) *Ibid.*, p. 31.

(36) National Advisory and Co-ordinating Committee on Multicultural Education, 1986. *op. cit.*, p. 22.

(37) *Ibid.*, p. 38.

八章　日　本――社会の多文化化と「永住外国人」子女教育

最初に、本章において使用するキーワードについて、若干の説明をしておく必要がある。法務省統計（一九九七年版）によれば、一九九六年末現在、全都道府県に「外国人登録」している外国人数は約一四一万五〇〇〇人、国籍数は一八四カ国に及んでいる。一九九七年九月現在、国連加盟国は一八五カ国であるので、日本には世界のほとんどの国の人びとが居住していることになる。当然のことながら一つの国籍のなかには複数の文化的要因（民族・言語・宗教等）をもつ人間集団が含まれているので、国籍数（一八四）を上回る「多文化」が日本社会には存在していることになる。こうした「多文化」状況の進行と、それに対応するさまざまな措置が官民双方のレベルでとられはじめている状態を日本社会の「多文化化」ととらえ、そこに生起する教育上の問題を論じることが本章の目的である。

もう一つのキーワードである「公教育」についてはさまざまな見解があるが、本章では、公共的な性質をもつ教育、とくに教育を受ける権利の保障を基本原理とする現代的公教育理念（(1)義務性、(2)無償性、(3)中立性）にもとづき、「国または地方公共団体等によって行われる教育」としてとらえ、以下論述していくこととする。

なお、外国人登録者は、(1)長期滞在者（一年以上滞在者）、(2)短期滞在者（九〇日以上一年未満）、(3)一般永住者、

(4)特別永住者、これら四種に大別されるが、本章で扱う主たる対象は「永住外国人」(3)と(4)とし、とくにその子女教育について検討を加える。(1)と(2)は、いわゆるニューカマーと称される外国人登録者であり、彼らの全外国人登録者に占める割合はこのところ増加傾向にあり、一九九〇年の四〇・二%から九五年には五四・四%に増えている。この数値は、ここ数年における日本社会の「多文化化」現象を如実に示しているといえる。ただし、これらニューカマーに関する論稿は、本書のII部四章に収録されているので、ここではオールドカマーおよびその子孫、すなわち二世、三世が中心となりつつある外国人登録者(永住外国人)に焦点をあて、その問題点を探ることとする。

1　日本社会の多文化化

1　戦後処理と外国人の法的地位

いわゆるオールドカマー、すなわち朝鮮および台湾が日本の植民地統治下にあった第二次大戦前に日本の地に生活の居を移した者、そしてその子孫の多くが、戦後半世紀以上を経過した現在もなお、外国籍のままで日本に「永住」していることは何を意味するのであろうか。このことは日本社会の「多文化化」を考察するうえで、核心的問題になるはずである。

先行研究(1)によれば、戦後における旧植民地出身者の法的地位・処遇は四つの時期に大きな変化がみられた。第一期は、ポツダム宣言受諾による日本の敗戦(一九四五・八・一五)から対日平和条約の発効(一九五二・四・二八）までの占領期であり、この間彼らは「外国人」でもあり「日本人」でもあるというきわめて曖昧な立場に置かれた。一九四七年に制定された「外国人登録令（勅令第二〇七号）」では、彼らは「当分の間、これを外国人とみなす」（第十一条）と規定され参政権を停止された。その意味では外国人であったが、後にみるように、学校教育への就学が義務づけられていたという意味では日本国民でもあったのである。

第二期は、対日平和条約の発効にともない、旧植民地出身者は、「外国人登録法（法律第一号）」および「出入国管理令（法律第一二五号）」により管理されることとなり、「外国人」として登録することが義務づけられた。これは彼らから「日本国籍」を剝奪することを意味した。つまり、戦後ドイツがオーストリア人に対して保障したような「国籍選択権」を認めなかったのである。したがって日本国籍取得の道は、国籍法（第四条）による「帰化」の道しか残されなかった。しかも国籍取得には、指紋押捺義務や日本式姓名への変更を強要するなどの措置がとられた。これに対し「異民族としての痕跡を残さない者だけを選別して同化＝日本化する」(2)といった批判がなされたように、こうした措置は日本国籍を取得することに対するネガティブ・イメージを形成する原因となった。

第三期は、いわゆる日韓条約（一九六五・六・二二）により、旧植民地出身者のうち「日本に居住する大韓民国国民」に限って、すなわち一九四五年八月一五日以前から引き続き日本に居住していた韓国人およびその直系卑属等は、申請により「永住許可」が受けられる優遇措置が講じられた。これにより国民健康保険への加入等、一般外国人より優遇される措置がとられたのであるが、その一方で彼らが独自の「民族教育」を行うことを否定する文部省事務次官通達が出される等、新たな問題もでてきた。

第四期は、一九七〇年代における国際社会からの「外圧」により、政府が外国人の法的地位の「国際化」にとりくみはじめた時期にあたる。ベトナム戦争の終結（一九七五年）はインドシナ難民の発生を予告するものであったが、その年にスタートした先進国サミットに日本も参加することとなり、人権をめぐる国際的な動きに対応を迫られるようになった。「国際人権規約」の批准（一九七九年）と「難民の地位に関する条約」への加入（一九八二年）は、その最初の成果であると同時に、その後の日本の外国人の受け入れと法的地位問題に大きなインパクトを与えることとなったのである。

2　「国際化」と外国人の法的地位

「国際人権規約」批准・「難民条約」加入のインパクト

国連人権規約（一九六六・一二・一六、国際連合第二一総会採択）は、(1)「経済的、社会的及び文化的権利に関する国際規約」（A規約）、(2)「市民的及び政治的権利に関する国際規約」（B規約）、(3)「市民的及び政治的権利に関する国際規約の選択議定書」の三文書からなっており、日本が批准し加盟したのは(1)と(2)である。これら規約の批准が外国人の法的地位に変化をもたらすことになったのは、国が規約に定められた権利の実現を義務づけられているからである。A規約に関しては「漸進的実現」(progressive realization) という穏やかな表現になっているが、B規約に関しては「即時的実現」(immediate realization) が義務づけられている。いずれも「内外人平等・非差別」を原則としている。

A規約は別名「社会権規約」とも呼ばれ、労働の権利（第六条）、社会保障についての権利（第九条）、教育に関する権利（第一三条）等を内容としており、締約国にその履行を義務づけている。そのため政府は、国内法の改正や整備を迫られることになり、住宅金融公庫法、公営住宅法、日本住宅公団法、地方住宅供給公社法等の法律を改正した。その結果、外国人にもこれら金融制度の利用、公営住宅への入居が認められることとなったのである。またこれを契機に、地方公務員に対するいわゆる国籍条項の撤廃や国民年金への加入等を要求する運動が盛り上がることになったが、A規約が「漸進的」実現を規定したものであったため、ただちに実現には至らなかった。

一方、B規約は「自由権規約」と呼ばれているものであり、市民的・政治的権利を厳密に規定しており、しかも「即時的」実現を要求していた。とくに第七条が規定している「何人も、拷問または残酷な、非人道的なもしくは品位を傷つける取扱い若しくは刑罰を受けない」という条項との関連で、在日外国人の間からは「指紋押捺」の強制がそれにあたるとして、その撤廃を求める声が高まった。当初日本政府は、指紋押捺年齢の引き上げ措置をしただけであったが、その後押捺方式および押捺回数の変更（最初の一回のみ）措置が講じられ、一九九三年には「永住者等について指紋押捺を廃止」するに至ったのである。さらに第二七条には、少数民族の権利として、「自己の文化を享有し、自己の宗教を信仰しかつ実践しまたは自己の言語を使用する権利を否定されない」ことが規定されている。在日韓国・朝鮮人団体は、この規定を根拠に日本政府に対し「民族教育」の保障を求めた。ところが、この点に関し日本政府の国連への報告書においては一貫して「本規約に規定する意味での少数民族はわが国には存在しない」との主張を変えていない。ところが国連人権委員会では、かなりの委員から日本政府の態度に疑問が出されているといわれている。[3]第二の大きな変化は、「難民の地位に関する条約」（国連にて一九五一年採択）への加入（批准発効は一九八二・一・一）によってもたらされた。ベトナム戦争終結にともなうインドシナ難民については、一九七七年九月の閣議了解により設置された「ベトナム難民対策連絡会議（後にインドシナ難民対策連絡調整会議と改称）」を中心に、定住枠および定住許可条件等が協議されてきた。しかし難民受け入れに対する政府の姿勢は「常に及び腰であり、人道問題への積極的取り組みというよりは、何とか責任の分担を回避したいが他国との関係上、やむを得ないので、できるだけ消極的に受け入れに当たろう」[4]というものであった。その証拠に、サミットのたびに、その直前の閣議了解により難民の定住枠を増やしてきた経緯がある。また「金は出すが受け入れない」日本の態度は、多くの難民をかかえ苦しむＡＳＥＡＮ（東南アジア諸国連合）諸国からも批判されることになった。

こうした「外圧」により、定住枠も一九八〇年には一〇〇〇人、八五年には一万人に拡大されていったのである。

難民条約への加入により、日本政府は「出入国管理令」や関連国内法の整備・改正を迫られることになった。いわゆるポツダム政令として制定された経緯をもつ「出入国管理令」は「出入国管理及び難民認定法」に名称改正がなされ、内容面でも難民認定にかかわる詳細な条項が追加された。いうまでもなく難民とは、「人種、宗教、国籍若しくは特定の社会的集団の構成員であることまたは政治的意見を理由に迫害を受ける恐れがあるという十分に理由のある恐怖を有するために、国籍国の外にいるもの」(「難民の地位に関する条約」第一条-A-(2))であり、批准国は彼らに職業や社会保障に関し、内国民待遇もしくは最恵国待遇を保障しなければならないことになっている。そのため日本政府は、国民年金法、児童手当法、児童扶養手当法、特別児童扶養手当法の改正をはからねばならなくなった。これらの法律は、これまで「日本国内に住所を有する日本国民」のみに適用されていたため、これを「日本国内に住所を有する者」に改正する必要に迫られたのである。

こうした改正は、難民以外の外国人、とりわけ韓国・朝鮮人をはじめとする永住外国人の社会保障に大きな影響を及ぼすことになった。すなわち国民年金法をはじめとする前記の各法律は、国籍条項が存在していたため外国籍の者には適用されていなかったのであるが、難民条約が契機となって国籍条項はすべて撤廃され、外国人にも一律に適用されることになった。また「出入国管理及び難民認定法」に定める難民の永住許可特例との関連で、日韓法的地位協定にもとづく永住権を申請しなかったため不安定な在留資格のまま放置されてきた旧植民地出身者およびその子孫に、特例永住権が認められることになったのである。以上のように、国際人権規約と難民条約という国際的な人権基準を受容することにより、日本に居住する外国人の法的地位は大きな改善をみたのである。

外国人の法的地位のあり方が、国連を中心とする国際人権運動のなかで大きく変わったもう一つの例として、国籍法および戸籍法の改正をあげなければならない。先にみた国際人権規約（B規約）に関する日本の実施報告に対し、国連の関係委員からその第二四条三項（「すべての児童は、国籍を取得する権利を有する」）に照らし、日本の国内法には問題があるとの指摘があった。すなわち日本の国籍法は、父系優先血統主義をとっていたため、母親が日本人であっても父親が外国人である場合には、その子どもの国籍は自動的に父親の外国籍になるか、なんらかの理由で父親の本国の国籍を取得できない場合には、その子どもは無国籍になる（実際、沖縄では国際結婚による無国籍児が存在した）。これは女性に対する差別でもあると批判されたのである。

折しも国連の「国際婦人年」（一九七五年）にはじまった「国際婦人の十年」運動は、民間レベルでの国際的連帯を生み出し、空前の盛り上がりをみせた。政府レベルでも女性差別撤廃へ向けての作業が進められ、一九七九年一二月一八日の第三四回国連総会において「女子に対するあらゆる形態の差別の撤廃に関する条約」が採択されたのである。日本政府も同条約に署名したため、国内法の改正にとりくまなければならなくなった。すなわち条約第九条「締約国は、国籍の取得、変更及び保持に関し、女子に対して男子と平等の権利を与える」との関係で、国内法（「国籍法」）との間に矛盾が生じたのである。日本の国籍法は明治三二年制定の旧国籍法以来、父系血統主義の原則をとってきたため、「出生の時に父が日本国民である」ことを日本国民であること（国籍取得）の第一条件としてきた。このことが女性差別撤廃条約に触れることは明白であったため、政府は国籍法の改正に着手し、一九八四年に改正された国籍法においては「出生の時に父又は母が日本国民であるとき」（第二条第一項）と改められた。これにより、長年続いてきた父系血統主義は、父母両系主義へと大転換を遂げたのである。

国籍法の改正にともない、「戸籍法」の改正も迫られることになった。父母両系主義の採用により、国籍の選択制度が導入されたからである。戸籍には日本国民に限って編製されるものであり、日本人同士が結婚し婚姻届けを出すと、新しい戸籍が編製されることになっている。ところがこれまでの戸籍法では、日本人が外国人と結婚しても新しい戸籍は作らず、「身分事項」の欄に結婚の事実だけが記載されるのみであり、親の戸籍に「在籍」したままであった。ところがこうした扱いは、結婚相手が日本人であるか外国人であるかによって差別を設けることになるため、改正された戸籍法（第一六条第三項）においては、「日本人と外国人との婚姻の届け出があったときは、その日本人について新戸籍を編製する」と改められたのである。また国際結婚による「氏」の取り扱いについても改正が加えられた。外国人と結婚した場合、日本人が外国人である配偶者の「氏」（たとえばスミス）を称することを希望した場合、これまでは家庭裁判所の許可制であったが、新戸籍法では第一〇七条第二項により、「六箇月以内に限り、家庭裁判所の許可を得ないで、その旨を届け出ることができる」と届出制に改められたのである。これにより「李」、「金」、「朴」等の氏をもつ日本人の誕生も可能となったのである。

このように、明治以来変わることのなかった国籍法および戸籍法の基本原則が、国際環境の変化という「外圧」により変更されたことは、国際化時代を象徴する出来事であったといえる。

2　公教育の対応

1　民族教育をめぐる「公」（国と地方）の分裂

学校の設置認可

先にみた国際人権規約（A規約）第一三条は、「教育についてすべての者の権利を認める」ことを規定したうえで、初等教育（義務制・無償制）、中等および高等教育（無償教育の漸進的導入）、奨学制度の整備等の具体的目標を明示し、その実現を締約国に課している。同時に同条第四項では、「この条のいかなる規定も、個人及び団体が教育機関を設置し及び管理する自由を妨げるものと解釈してはならない。ただし、常に、1に定める原則が遵守されること及び当該教育機関において行われる教育が国によって定められる最低限度の基準に適合することを条件とする。」（傍点筆者、以下同様）と規定している。1に定める原則とは「教育が、すべての者に対し、自由な社会に効果的に参加すること、諸国民の間及び人種的、種族的または宗教的集団の間の理解、寛容及び友好を促進すること並びに平和の維持のための国際連合の活動を助長することを可能にすべきこと」（第一三条第一項）である。この規定の遵守と教育基準の確保を条件に学校設置の自由を何人にも認めているのである。

ところが日本政府（文部省）は、外国人学校の設置認可に対し、戦後一貫して否定的な態度をとりつづけている。一般に外国人学校には、(1)特定国（国籍）の外国人子女を対象とする外国人学校、(2)複数国（国籍）の外国人子女を対象にインターナショナル・スクールの名を冠する学校、の二種類あるが、いずれの場合も国（文部省）は、学校教育法（第一条）にいう正規の学校（いわゆる「一条校」）としては認めない立場をとっている。実際には、学校教育法第八三条に規定されている各種学校として運営されているケースがかなりあるが、それは監督庁としての都道府県が認可しているのであって、文部省はこれに対しても否定的である。

とくに在日韓国・朝鮮人が運営する民族学校に対しては、一貫して厳しい立場をとってきた。先にみた戦後処理にともなう外国人の法的地位に関連し、日本の敗戦から対日講和条約が発効する一九五二年までは、在日韓国・朝鮮人は「当分の間外国人とみなす」とされていたにもかかわらず、文部省は一九四八年一月二四日「朝鮮人設立学校の取扱い」に関する学校教育局長通達(5)を出し、「朝鮮人の子弟であっても学令に該当するものは、日本人同様市町村立又は私立の小学校・中学校に就学させなければならない」と日本の学校への就学を日本人と同様に義務づける一方、独自の学校（私立）設立については「学校教育法の定めるところによって、都道府県監督庁（知事）の認可を受けなければならない」と各種の規制を設け、事実上「民族学校」の設置を拒否したのである。さらに同通達は「学令児童又は学令生徒の教育については各種学校の設置は認められない」と、各種学校としての民族学校の設置も法的に認めない方針を打ち出したのである。

一九五二年以後は、日本国籍の選択権を与えられないまま「外国人」とされたので、当然のことながら彼らに就学義務履行の必要はなくなったが、さりとて民族教育を保障されたわけではけっしてなかった。国は、民族教育機関としての各種学校の設置を認めようとはしなかった。しかし実際には、一九五三年から一二年間（一九五三～六五年）に五四校の民族学校が「各種学校」として監督庁（都道府県）から認可されていたのである。地方自治体は、地域の実情に即し、独自の立場から民族学校を各種学校として認可してきたのである。このような学校の設置認可をめぐる国と地方の見解の分裂は、日韓条約締結後も続いているのである。

日韓条約の締結を契機に出された文部事務次官通達「朝鮮人のみを収容する教育施設」[6]（一九六五・一二・二八）には、およそ次のようなことが述べられている。(1)これまで存在していた朝鮮人のみを収容する「公立小学校分校」[7]は、教職員の任免・構成、教育課程の編成・実施、学校管理などにおいて法令の規定に違反し、きわめて不正常な状態にあるので、これを是正するか、存続の再検討をする。また、今後新たに公立の小学校・中学校の「分校」または「特別の学級」は設置すべきではない。(2)朝鮮人のみを収容する私立の教育施設（「朝鮮人学校」）については、正規の学校（いわゆる「一条校」）として認可すべきではなく、また各種学校としても認可すべきではない。(3)すでに「一条校」および各種学校として認可されている学校については、適正な運営がなされるよう実態の把握につとめる。この通達は、同日付のもう一つの事務次官通達[8]（日韓条約により永住を許可された韓国人子女に、保護者が希望すれば、日本の公立小・中学校への入学を認め、授業料は徴収せず、教科書も無償とする、ただし教育課程の編制・実施については特別の扱いをすべきではない等、の内容）とセットで出されたものであるが、いずれにしても永住韓国人に対する民族教育に対しては否定的な内容のものであり、民族学校の設置についても認可しない方針を明確に打ち出したものであった。

その後三〇年以上経ったいまも、民族学校の設置認可に関する国（文部省）の立場は、この通達の域を一歩も出ていない。しかし、実際には一九六五年以後、各種学校としての民族学校（朝鮮人学校）は、監督庁（都道府県）によって一〇〇校近くが認可され、一九八八年時点で一五二校（幼稚園を含めると二一八校）、そこに通う児童生徒数は約二万人を数えたのである。一九六八年、東京都によって「朝鮮大学校」が各種学校として認可されたことは画期的なことであった。これにみられるように、民族学校の設置認可に関し、国と地方自治体（都道府県）の間には、見解の不一致と緊張関係が続いているのである。

教育課程編成

こうした「公」（国と地方）における見解の分裂は、教育課程の編成をめぐる問題にもみられる。先にみた事務次官通達(8)は、永住を許可された者の子女の教育は、「日韓両国民の相互理解と親和の促進の見地も配慮して」、公立小・中学校への入学の取り扱いや授業料の取り扱いにおいて、日本人子女と「同様」の取り扱いがなされることを明記している。ところが同時に、同通達第四項（「四　教育課程に関する事項」）において、「学校教育法第一条に規定する学校に在籍する永住を許可された者およびそれ以外の朝鮮人の教育については、日本人と同様に取扱うものとし、教育課程編成・実施について特別の取扱いをすべきではないこと」とし、「日本人と同様に取扱う」という名のもとに、公立学校に民族教育を導入することを否定したのである。

しかし実際には、いくつかの地方自治体では「朝鮮人独自の教育」を認める覚書を朝鮮人団体と交わしてきた。

たとえば大阪府は、先にみた文部省通達により朝鮮人学校に閉鎖命令が出された当時（一九四八・六・四）、「公立小・中学校において、課外の時間に朝鮮語、朝鮮の歴史、文学、文化等について授業を行うことができる」とする覚書を、朝鮮人団体と交わしていた。こうした「覚書民族学級」は、当時大阪府下に三三校あったとされている。(9)その後も、韓国・朝鮮人子女の多い地域の公立学校の日本人教師たちは、「民族学級」という形の民族教育にとりくんできた。一九七七年時点で、大阪、愛知、福岡の三県の小学校一七校において「民族学級」が開設され、約一三〇〇人の児童が週二―四時間、韓国・朝鮮の歴史、母語（韓国・朝鮮語）、音楽等の民族関連科目の学習を行っていた。当時これら民族学級への出席率は、該当児童の五〇％前後であったようである。(10)大阪府下においては「覚書」にもとづく民族学級が、一九九三年時点においても一一校運営されており、府から民族講師が派遣されていた。学級規模（実員）は一〇名以下の小規模のものから、二〇〇名にも達する大規模のものまであり、出席率はほとんどの学校で八割を超えていたのである。(11)

こうした大阪府（市）の取り組みは、七〇〜八〇年代を通じて他の地方自治体にも影響を与えるところとなり、全国の多くの自治体で「在日外国人――主として韓国・朝鮮籍児童・生徒――の教育指針」がつくられる契機となった。一九九二年には大阪府に「大阪府在日外国人教育研究協議会」が発足した。以上にみられるように、教育課程の編成をめぐっても、国と地方自治体との「距離」は縮まることはなかったのである。

一方、国際的には一九八九年の国連総会において「児童の権利に関する条約」が採択され、日本政府も一九九〇年九月二一日に署名したことにより、「児童の父母、児童の文化的同一性、言語及び価値観、児童の居住国及び出身国の国民的価値観並びに自己の文明と異なる文明に対する尊重を育成すること」（第二九条―(C)）が締約国に義務づけられた。このような国際的動向のなかで、一九九一年に日本政府と韓国政府との間で、日本の学校における韓国語等の学習の取り扱いが協議され、「……課外において、韓国語や韓国文化等の学習の機会を提供することを制約するものではない」[12]とする見解を、日本政府は表明したのである。「課外において」という但し書きがついているとはいえ、文部省が民族教育に対して一定の理解を示したことは、教育課程に関し「特別の取り扱いをすべきでない」とした一九六五年の通達から、わずかながら前進したことになる。

入学資格認定

民族教育をめぐる「公」（国と地方）の分裂状況が最も先鋭にあらわれているのは、大学入学資格をめぐる問題である。国立大学九五校（大学院大学四校を除く）はすべて、民族学校出身者の大学受験（大学入試センター試験を含む）資格を認めていないのに対し、一九九七年九月二一日付朝日新聞（大阪版）によれば、「民族学校出身者の受験資格を求める全国連絡協議会」の調査に対して、公立大学三〇校（全公立大学の五七％）、私立大学二一九校（全私立大学の五二％）が、朝鮮高級学校を含む民族学校出身者の受験資格をなんらかの形で認めていると回答している。この落差をどのように考えればよいのであろうか。一言でいえば、国立大学は国（文部省）の解釈に縛られその見解に追随しているにすぎないのに対して、公立・私立大学は独自の立場から大学入学資格のあり方に検討を加え、半数を上回る大学が門戸を開放しているのである。この問題に関しても、国（国立大学）の対応は地方（公立大学）の対応に大きく遅れをとっているだけでなく、その頑な対応は国際的動向からも「孤立」を余儀なくされつつある。

国（文部省）の立場は、一九五〇年代の大学局長通達（一九五三年）の域をいまだに一歩も出ていないのである。すなわち、いわゆる一条校（日本の高校）でない各種学校の修了生は「高校卒業と同等以上の学力があると認めた者」には含まれない、したがって大学入学資格がないとする見解である。ごく最近（一九九七年二月二〇日）の参議院文教委員会における審議においても、文部大臣および政府委員（文部省）は、ともに従来の立場をくりかえしただけでなく、今後とも民族学校の教育内容が一条校と同程度のものであるかどうかを調査する意志もないことを明言しているのである。[13]個々の国立大学および国立大学協会も、この政府見解を踏襲するのみで、独自の立場から民族学校修了者の入学資格認定について積極的に調査研究した形跡はみられない。

一方、公立・私立大学の大半は、学校教育法施行規則第六九条第六項（「その他大学において、相当の年齢に達し、高等学校を卒業した者と同等以上の学力があると認めた者」）にもとづき独自の調査と判断により入学資格認定を行っているのである。朝鮮学校や中華学校の高校段階（高等部）の現行カリキュラムが日本の学習指導要領に準拠し、授業時間数においては日本のそれを上回っていることを考えれば、公立・私立大学のとっている対応の方が現実的かつ教育的であることは誰の目にも明らかである。

大学入学資格を得るもうひとつの方法として「大学入学資格検定」（「大検」）があるが、この試験の受験資格さえ民族学校卒業生には開かれていなかったため、「大検」の受験資格を得るために、彼らは定時制・通信制の高校に編入学するという回り道を強いられてきたのが実情である。しかしこの点に関し、文部省は一九九九年七月「大学入学資格等の弾力化」措置を発表し、[14]二〇〇〇年八月に実施する「大検」から、日本の中学校卒業資格がない場合でも満一六歳以上の者（合格認定は一八歳以降）に受験資格を認め、二〇〇一年春の入学者からこれを適用すべく関係省令の改正を行うことを明らかにした。これにより民族学校の卒業生にも「大検」合格を条件に国立大学受験の道が開かれることになった。しかしこの措置は、公私立大学が現在行っている大学独自の入学資格認定を逆に規制することになりかねない内容を含んでいるともいえる。

なお、大学院受験についても、文部省は従来から民族系大学（朝鮮大学校）や外国大学日本校の卒業生に対しては大学院入学資格を認めてこなかったため、国立大学大学院の門戸開放に対しては否定的な態度を貫いてきた。一方、公立大学・私立大学は、学部段階同様、独自の立場から彼らに受験資格を認め一定数の入学を認めてきた経緯がある。[15] ところが一九九九年度の京都大学大学院（理学研究科）入試において、研究科独自の判断により受験を認め合格者を出したことにより、他大学（大学院）にも同様の動きが広まり、内外から大学院受験資格の弾力化が求められていたところ、文部省（大学審議会・大学院部会）は一九九九年七月これまでの方針を転換し、大学院の受験資格は各大学の裁量にゆだね、来年度入試（一九九九年秋以降の試験）から実施すると発表したのである。[16]

教育助成・補助

国および地方自治体の講じる教育助成（私学助成）の問題は、公教育の根幹にかかわる教育保障措置であるが、この面でも国（文部省）と地方との間に大きな見解の隔たりがある。文部省はこれまで、阪神・淡路大震災による被害学校補助の際の「特例」を除いて、民族学校（朝鮮学校）に対する一切の助成を拒否する立場を崩していない。校舎改築などに際して行われる指定寄付金に対する税制上の優遇措置（税控除）に対してさえ、拒否の態度を貫いている。一九九七年下関朝鮮初中級学校（一九六七年各種学校認可）の校舎改築事業における寄付金の扱いに関する山口県と文部省との事前協議において、文部省は「朝鮮学校は公益に資するとは思えず、各種学校としての保護を与えるべきではない」との理由で、これを拒否している。これを不当とした朝鮮人側は、国連人権委員会（「差別防止及び少数者保護委員会」）で、その不当性を訴えている。[17]

こうした国（文部省）側の態度とは対照的に、地方自治体における民族学校（各種学校）への教育助成・補助は年々拡大傾向にある。各種学校への教育助成・補助の法的根拠は私立学校法第六四条五項の準用規定とそれにもとづく第五四条（助成）にある。一九九六年四月現在、朝鮮学校が設置されている二九都道府県のうち愛媛県を除く二八の地方自治体がなんらかの補助金を支給しているのである。[18] とくに一九九〇年代に入ってから補助金を支給する地方自治体が急増している。地方自治体による教育補助には、大別して(1)学校法人に対する補助、(2)保護者の経済的負担を軽減するための補助、(3)校舎改修・改築に際しての臨時的補助、の三種類がある。民族学校側が重視しているのは第一の学校法人に対する「経常費補助」(i)学校設備補助、(ii)人件費補助、(iii)消耗品等教育研究補助、(iv)借入金利息に対する補助)であるが、実際に行われている補助は、学校設備補助と教育研究補助が中心であり、最も必要とされる人件費補助に踏み切った地方自治体は現在のところない。

このように地方自治体(都道府県・市町村)の多くが民族学校に対する教育助成・補助に踏み切っている背景には、国税・地方税を納税している永住外国人側の強い要求に応えたものであるが、同時に地方自治体側の民族学校に対する認識、すなわち第一にこれらの学校が日本の学校に準じた教育を行っていること、第二に学校の施設・教員の配置状況が各種学校の基準を大幅に上回っていること、第三に同じ外国籍の子どもで日本の学校に通えば教育補助があることとの関連等を考慮しての措置であることは明らかである。民族学校を「公益に資さぬ」といい続ける国(文部省)の認識との落差はますます広がっているのである。このような「公」の分裂が、日本社会の信用と信頼を国の内外において著しく傷つけていることはいうまでもない。

教員採用

民族教育に対する文部省の否定的な態度は、初等中等教員の採用においても「国籍条項」をよりどころとして、外国籍教員の公立学校への任用を認めていないことにあらわれている。いうまでもなく永住外国人を含むすべての外国人は、日本の大学に入学でき、教員免許状を取得できる。そして都道府県が実施する教員採用試験に合格すれば、当然のことながら正規の教員になれる。ところが歴代内閣は、「公権力の行使または公の意思の形成への参画に携わる公務員となるためには日本国籍を必要とする」とする政府見解(一九五四年)により、外国人の公務員への任用を認めてこなかった。ところが一九七〇年代半ばから、各地における「国籍条項」撤廃運動の成果もあり、在日韓国・朝鮮人の多い都道府県（たとえば、大阪、東京、兵庫、愛知、京都、神奈川等）では、いずれも外国籍の教員免許状取得者には採用試験の受験を認め、徐々にではあるが公立学校の教員に採用されるものが増えてきた。事実、一九八五年時点で、三一名の韓国・朝鮮籍の教員が公立学校に採用されていると、文部省は国会答弁で認めている。[19]

また同じ時期に、永住外国人の大学教員とそれを支援する日本の大学人を中心に「外国人を国公立大学に任用するための運動」[20]が盛り上がり、それが政府・政党を動かすところとなり、一九八二年九月一日付で「国立または公立の大学における外国人の任用等に関する特別措置法」（法律第八九号）が成立・公布された。外国人は公務員になれないとする従来からの政府見解に、大学に限ってではあるが風穴が開けられたのである。

ところがこの法律が公布されると同時に、文部省は各国公立大学長および大学を設置する地方公共団体の長宛に事務次官通知[21]を出し、法律施行の趣旨説明をしたのであるが、その末尾に「なお、国立又は公立の小学校、中学校、高等学校等の教諭等については、従来通り外国人を任用することは認められないことを念のため申し添えます」と明記したのである。この通知は、同じ日に都道府県・指定都市教育委員会教育長宛にも送付されているが、送り状の末尾に再度、「なお、同法は、国公立大学の教授等への外国人の任用について、特別措置を講じたものであり、公立の小学校、中学校、高等学校等の教諭等についての取扱いを変更するものでないことを念のため申し添えます」と、念には念を入れて確認しているのである。[22]このため国公立の初等・中等学校教員になるには「日本国籍」を必要とするという、いわゆる「国籍条項」を明記していた都道府県は一九八〇年には一九にすぎなかったのであるが、その後の文部省の強力な「指導」により、一九八七年には三三の道・県が「国籍条項」を明記することになり、永住外国人の公立学校の教員になる道は、これまで以上に閉ざされることになったのである。[23]

このことを裏書きするように、この通知が出された二年後の一九八四年、長野県の教員採用試験に合格し、採用が内定していた韓国籍の女性（梁弘子）が、文部省の強い「指導」により正規の採用を取り消される事態が起こった。これに対しマスコミが大きくとりあげ、内外の批判が強くなったため、県教育委員会は妥協措置を講じ、彼女を「常勤講師」に格下げして採用するという変則的な任用方式をとった。ここには、正規教員は不可であるが、常勤でも「講師」なら可とする奇妙な論理のすり替えがある。同じ教師でも、日本人教師と外国人教師とを差別する考え方が潜んでいるといわなければならない。公教育体系の一翼を担っている私立の小・中・高等学校が外国人教員を採用していることに、なんらの異議をさしはさんでいない文部省が、公立学校に対しては強硬な態度をとり続けていることは、法的にも説得力をもたないであろう。公立学校の教員採用の法的根拠ともいえる「地方公務員法」や「学校教育法」にも、教員の国籍制限に関する規定を見出すことはできないのである。しかしながら、先の文部省の通達とその後の強い「指導」により、公立学校における正規の外国籍教員数は、ほとんど増えていないのが実情である。一九九二年時点で正規の教員として公立学校に採用されている韓国・朝鮮人は三一名にすぎない。[24]

2　国際社会の動向から乖離する日本の公教育

迫られる国際的基準との調整

以上みてきた民族教育をめぐる国（文部省）と地方自治体との見解の相違は、多文化・異文化間教育の重要性が叫ばれる昨今の国際的動向からみても異様である。国際人権規約の批准が、国連における採択から一三年も遅れたこと自体問題であるが、採択（一九七九年）後の日本政府の対応は、民族教育問題に関するかぎりほとんど前進がみられなかっただけでなく、後退したものさえ少なくない。一九八〇年代、中曽根内閣のもとで進められた臨時教育審議会による教育改革は「教育の国際化」をスローガンにしていたが、「在日」外国人の教育保障、とりわけアジア系永住外国人子女の教育保障についてはほとんど触れることさえなかったのである。たとえば大学入学資格認定問題にしても、ヨーロッパ系の国際バカロレア、ドイツのアビトゥア、フランスのバカロレアが文部大臣指定により次々と大学入学資格として認められるなかで、在日韓国・朝鮮人子女の通う韓国学校・朝鮮学校の修了生に対しては国(文部省)は一切の配慮を拒否してきたのである。

朝鮮高級学校を卒業後、二重三重のハンディ(日本の通信制の高校に一時在籍し「大検」受験資格を得、それに合格して大学入学資格を獲得した後、大学入試センター試験、大学別試験)を乗り越えて京都大学に見事合格した学生が、このような不当な差別撤廃を求める運動を一九九四年に起こしたが、彼らのいかなる運動にも耳を貸そうとしない国(文部省)および国立大学に業を煮やして、ついに自ら一九九五年八月ジュネーブで開催された「国連人権委員会差別防止及び少数者保護委員会」に出席して、英文レポートを提出してその不当性を訴えたのは記憶に新しい。そのレポートの最終部分は「在日朝鮮人の教育に対する日本政府の差別制度は現在、日本国内のアメリカ人学校、中国人学校などに拡大され、日本国内の外国人の民族的な人権の促進、保護、回復を否定している。このような対応は日本国内での外国人差別につながっており、是正すべき緊急の課題である」と結ばれている。[25]日本の民族学校修了生に対する大学入学資格差別問題は、ついに国際的な場にもち出されたのである。

このような内外の動きに対し、日本弁護士連合会(「日弁連」)もこの問題に対する取り組みを加速化させた。すでに日弁連は、一九九三年二月一日付で在日朝鮮人教職員同盟中央本部から申し立て(「朝鮮人学校の資格及び助成等人権救済申立事件」)を受けていたのであるが、一九九七年一二月に五年の歳月をかけた「調査報告書」を公表すると同時に、翌年(一九九八年)二月二〇日、内閣総理大臣および文部大臣に対しては、民族学校修了生に対する入学資格差別を「重大な人権侵害」と断じ、すみやかな改善を勧告したのである。また各国立大学学長等に対しても、同主旨の要望書を同日付で提出した。[26]

いうまでもなく国際人権規約（B規約）は、言語的少数民族が存在する国において「当該少数民族に属する者は、その集団の他の構成員とともに自己の文化を享有し、自己の宗教を信仰しかつ実践し又は自己の言語を使用する権利を否定されない」（第二七条）ことを保障していることは周知の事実である。しかもこの規約は「即時的」実現を締約国に義務づけている条項である。また「児童の権利に関する条約」もその教育条項（第二九条）において「児童の父母、児童の文化的同一性、言語及び価値観、児童の居住国及び出身国の国民的価値観並びに自己の文明と異なる文明に対する尊重を育成すること」を締約国に義務づけている。日本政府がこれまでとってきた方針は、これらの国際基準から著しく乖離していることは誰の目にも明らかである。これらの国際基準に規定されているところの「少数民族は日本には存在しない」と強弁してきた政府の立場は、年を追うごとに世界に通用しなくなっているのである。日本（政府）の常識が世界の非常識にならないようにするには、「内なる国際化」を進め、これまでとってきた政策の転換をはかることである。国際基準との調整をしないかぎり、日本の公教育の国際的信頼を維持することはできない。その意味で、先にみた文部省の外国人学校卒業生に対する一連の入学資格緩和措置は、一歩前進と評価できるが、それらは彼らの人権保障への道のわずかな一歩にすぎないのである。

多文化社会における公教育の責任

本節1項でみたように、民族教育に関する国（文部省）と地方自治体との見解は、学校の設置認可、教育課程編成、大学入学資格認定、教育助成・補助、教員採用、これらどれひとつとっても、真っ向から対立しているものばかりである。こうした事態は異常としかいいようがなく、まさに日本の「公」は分裂状態に陥ってしまっている。国（文部省）は、この五〇年間一貫して民族教育を「公益に資さぬ」と決めつけてきているが、地方自治体は住民自治の立場から民族教育の実態を調査検討したうえで「公益に資する」とする判断に転換しつつある。近年、規制緩和（デ・レギュレーション）が政府の合言葉となり、権限の地方移管が重要改革課題となっているにもかかわらず、こと教育に関するかぎり国の立場には、一向に変化の兆しがみられない。

国（文部省）の考える「公益」が、「国益」ないし「日本人益」にあることは、次のような発言からおおよその見当がつく。朝鮮人学校の修了者に大学入学資格を与えない理由として、最近文部大臣が公の場で「外国人の子供たちも、希望すれば我が国の義務教育も受けられますし、高等学校の段階についても入れるわけですし、日本の学校教育を受けていれば順次入学資格が認められるわけで、そういうことを選択している外国の方もたくさんいる[27]」と発言し、文部省の担当課長が、民族学校の校舎改築に対する寄付金の税控除を認めようとしない理由として「健全な日本人を育てるという文部省の立場からすれば、朝鮮人を育てるのが目的の朝鮮人学校は日本の公益に資するとは思えない[28]」と述べているのは、現状認識として誤りであるだけでなく、新国籍法のもとでますます多文化化する日本社会の「公益」概念としても支持されるものではないであろう。国（文部省）が考えている「日本人」、「日本の学校教育」および「公益」の中身は旧態依然たるものであり、国内的にも国際的にもますます通用性を欠くものになっている。

新国籍法のもとで、日本国籍取得（帰化）者が増加し、「○○系日本人」が数多く誕生する一方で、「外国籍」のまま日本社会に永住することを選択する外国人もまた少なくないことを忘れてはならない。こうした日本社会が多文化化する状況を考えるとき、前者に対しもそうであるが、とくに後者に対する社会生活上の諸権利（たとえば社会保障や地方議会レベルの参政権等）や、文化・価値観の面での独自性を保障していく手立てを具体的に講じていくことが必要になってくる。換言すれば、社会的諸権利の面では日本人との「同等性」を保障し、文化・価値の面では民族的背景からくる彼らの「差異性」を積極的に受容する社会をつくっていく責任が、今日の社会には求められているといわなければならない。日本の教育のあり方が世界のアウトサイダーにならないためには、分裂状態にある「公教育」概念を国際基準に沿って再定義することが喫緊の課題となっている。

注

(1) 田中宏「戦後日本とポスト植民地問題」『思想』(一九八五年八月)、四〇~五〇頁。
(2) 姜在彦・金東勲『在日韓国・朝鮮人——歴史と展望』労働経済社、一九八九年、二三六頁。
(3) 田畑茂二郎『国際化時代の人権問題』岩波書店、一九八八年、二三一~二三二頁。
(4) 吹浦忠正『難民——世界と日本』日本教育新聞社、一九八九年、二九頁。
(5) 「朝鮮人設立学校の取扱について」(一九四八年一月二四日、官学五号学校教育局長通達)。
(6) 「朝鮮人のみを収容する教育施設の取扱いについて」(一九六五年一二月二八日、文官振第二一〇号、文部事務次官通達)。
(7) たとえば、愛知県下には一九六五年時点で三校(教員数一三人)の朝鮮人のみを収容する公立小学校分校があった。これら三校は一九六六年三月に廃校になり、一九六七年二月、学校法人愛知朝鮮学園(各種学校として認可)として設立された(田中宏氏の調査による)。
(8) 正式名称は、「日本国に居住する大韓民国国民の法的地位及び待遇に関する日本国と大韓民国との間の協定における教育関係事項の実施について」(一九六五年一二月二五日、文初財第四六四号、文部事務次官通達)。
(9) 高賛侑『国際化時代の民族教育』東方出版、一九九六年、一二五頁。
(10) 金昌式「在日同胞の民族教育」『季刊・在日同胞』第二号(一九八〇年)、五九頁。
(11) 高賛侑、前掲書、一二四頁。
(12) 朴鐘鳴編『在日朝鮮人——歴史・現状・展望』明石書店、一九九五年、一八四頁。
(13) 参議院文教委員会会議録第二号(平成九年二月二〇日)、二六~二七頁。
(14) 文部広報(平成一一年七月二七日)「大学入学資格検定及び中学校卒業程度認定試験の受験資格の弾力化について」。
(15) 朴三石『問われる朝鮮学校処遇——日本の国際化の盲点』(朝鮮青年社、一九九二年、二三~二四頁)によれば、一九九一年時点で、朝鮮大学校卒業生が、公立大学に一四名、私立大学に二四名在籍している。
(16) 文部広報(平成一一年七月二七日)「大学院入学者の選抜の改善について」。

(17) 朝日新聞（大阪版）夕刊、一九九七年八月七日付、毎日新聞一九九七年八月一二日付。
(18) 朴三石『日本のなかの朝鮮学校――二一世紀にはばたく』朝鮮青年社、一九九七年、二三二～二三七頁。
(19) 金賛汀『異邦人教師――公立学校の朝鮮人教師たち』講談社、一九八七年、二〇頁。
(20) 日高六郎・徐龍達編『大学の国際化と外国人教員』第三文明社、一九八〇年。
(21) 正式名称は「国立又は公立の大学における外国人教員の任用等に関する特別措置法の施行について（通知）」（一九八二年九月一三日文人審第一二八号、文部事務次官通知）。
(22) 正式名称は「国立又は公立の大学における外国人教員の任用等に関する特別措置法及び同法の施行に関する通知について（送付）」（一九八二年九月一八日、文部省初等中等教育局・地方課長通知）。
(23) 朴鐘鳴編、前掲書、一八五頁。
(24) 同前書。
(25) 高賛侑、前掲書、二二八頁。
(26) 在日本朝鮮人教育会編『朝鮮学校の国立大学入学資格＆助成』一九九八年三月一七日、一〇～一三頁。
(27) 前掲注(13)の二七頁。
(28) 朝日新聞（大阪版）夕刊、一九九七年八月七日付談話。

II　多文化教育の諸問題

一章　ジム・カミンズのエンパワーメント理論
──カナダ多文化教育推進の原動力

1　カナダにおける多文化教育

カナダの現状

「カナダにおける多文化教育」と聞いたときに、すぐさま思いうかぶのは、遺産言語プログラム（Heritage Language Program）と、第二言語によるイマージョン・プログラム（Immersion Program）である。両方とも、多文化主義を政策として掲げ、二つの公用語を採用しているカナダにおいてできうる教育プログラムといってよい。すでに日本でも紹介されているが、ここではトロントの事例を中心に、それを簡単に振り返ってみる(1)。最後に、日本の問題との関連の考察を試みる。

遺産言語プログラム

前述したように、カナダは多文化主義という政策をとっている。移民の数が多いこともあり、国内にさまざまな文化が混在することを許容している。それを推進しているといってもよい。これは学校教育においても適用される。

児童生徒は、カナダの公用語である英語・フランス語にくわえて、もうひとつの言語（とくに保護者の出身国の言語、保護者が家庭で使っている言語）の習得およびその背景にある文化の学習を奨励される。

小学校におけるこのような外国語・外国文化の教育を、遺産言語教育という。“heritage”という単語には、「世襲財産」「先祖伝来のもの」「遺産」といった意味がある。つまり、児童生徒にその保護者（先祖）の言語・文化遺産を継承させる教育である。

遺産言語教育の授業は、一般に週に二時間三〇分、開講される。受講は、児童生徒の自由選択。受講するのに、特別の授業料はかからない。授業時間は、学校によって異なる。放課後、夜間に開講している学校もあるし、土曜日、夏休みに開講している学校もある。

その学校の保護者の半数が希望すれば、遺産言語教育の授業を、昼間の時間割にくみこむことも可能である。その場合、その学校の昼間の授業時間は、一日に三〇分延長される。また、遺産言語教育の授業を受講しない児童生徒は、その時間、国語、芸術、異文化理解などの授業を受けられる。

一九九二年の統計であるが、移民の多いトロント市教育委員会では、三八種類に及ぶ遺産言語プログラムを開講し、一万四〇〇〇人の児童生徒がこれを受講したという。

ただ、多数を占めるフランスやイギリス系の移民は、「どうして、一部の児童生徒の言語・文化の学習のためだけに、自分たちの税金が使われるのか。それによって、バリアをつくることにはならないか。二言語ともきちんと理解できないセミリンガルが増えるのではないか」という反発もあり、現在は、「誰でも受講できる」ということを強調するため、「遺産言語教育」という言葉のかわりに「国際語教育」（international language cducation）という言葉が用いられている。(2)

イマージョン・プログラム

前述したように、カナダの公用語は、英語とフランス語である。道路の標識から缶詰の表示にいたるまで、英語とフランス語が併記されている。カナダの首相は、英語とフランス語を交互に使って演説をしたりする。つまり、カナダにおいて、英語とフランス語の習得は、とても大事なことと考えられている。

たとえば、オンタリオ州の場合、イギリス系の移民が多かった伝統もあって、日常的に英語を使う人びとが多い。しかし、児童生徒は小学校四年生から、毎日四〇分、教科としてフランス語を学ぶ。

それにくわえて、英語をほとんど使わず、フランス語だけで教育を行う学校（クラス）がある。教師も児童生徒も、フランス語を使って学校生活を送る。朝の挨拶から、授業、休み時間の会話まで、すべてフランス語である。それによって、児童生徒のフランス語の自然な習得をめざしている。

逆に、ケベック州の場合、フランス系の移民が多かった伝統もあって、日常的にフランス語を使う人びとが多い。それでも、フランス語をほとんど使わず、英語だけで教育を行う学校（クラス）がある。それによって、児童生徒の英語の自然な習得をめざしている。

このように、児童生徒の母語でない公用語を使って教育を行うプログラムを、イマージョン・プログラムという。“immersion” という単語には、「浸る」「没頭する」「専念する」といった意味がある。つまり学校（クラス）で、母語でない公用語にどっぷりと浸るわけである。

もっとも、イマージョン・プログラムにも、さまざまな形態があって、開始時期（小学校一年、四年、七年など）やイマージョンの度合い（半日のところ、一日中のところなど）は、さまざまである。いまだその実践は、研究段階にあるといってよい。

ただ、多くの研究結果が、「イマージョン・プログラムを受講した児童生徒は、それを受けなかった児童生徒に比べて、英語、フランス語だけでなく、ほかの教科においても、最終的に高い成績を残している」と結論づけている。

その一方、イマージョン・プログラムの遂行にあたっては、保護者の英語・フランス語の使用などが、ほとんど不可欠なことから、「イマージョン・プログラムは、一部の教育熱心な家庭、上級階級の子どものみを対象としている」といった批判もある。

2 ジム・カミンズのエンパワーメント理論

1節で紹介した、カナダの多文化教育の筆頭にあげられる遺産言語プログラムとイマージョン・プログラムを推進するうえで、大きな役割を果たしているのが、ジム・カミンズ（Jim Cummins）のエンパワーメント理論である。彼の理論はすでに日本にも紹介され、訳書も出版されているなど、一つの言語教育理論として注目されている。幸いにも筆者は一九九七年の冬、オンタリオ教育研究所・トロント大学大学院教育学研究科（Ontario Institute for Studies in Education of University of Toronto）の学生として、ジム・カミンズの「多言語・多文化教育に関する研究セミナー」（Research Seminar in Multilingual/Multicultural Education）の授業を聴講する機会があった。彼の理論は、カナダの多文化主義教育について語るとき、無視することのできない理論であるので、受講生の観点からここに簡潔に紹介する。

ジム・カミンズについて

ジム・カミンズは、アイルランド系のカナダ人である。アルバータ大学の大学院の修士課程で、「第二言語によるイマージョン・プログラム」について研究し、さらに博士課程では、「社会の機能と心理学」について研究したという。現在は、オンタリオ教育研究所・トロント大学大学院教育学研究科教授。最近は、アイデンティティの葛藤の問題に興味があるということだった。

遺産言語教育やイマージョン・プログラムについての著作が多く、とくにマーセル・ダネシー（Marcel Danesi）との共著『遺産言語——カナダの言語教育資源の発達と拒絶』（*Heritage Languages: The Development and Denial of Canada's Linguistic Resources*）は、カナダにおける遺産言語教育を研究する際の必読文献といわれている[3]。

エンパワーメント理論

筆者が受講したときの教科書は、『アイデンティティとの葛藤——多様な社会におけるエンパワーメント教育』（*Negotiating Identities: Education for Empowerment in a Diverse Society*）であった[4]。まず最初に、この本の「はじめに」から引用する。

> この本は、一九八九年に、カリフォルニア二言語教育協会から出版された、『少数派の児童生徒をエンパワーする』（*Empowering Minority Students*）の改訂版である。テーマや構成は、前回のものとそう変わらない。とくに、広い社会における力関係が、教室における教師と児童生徒の関係に影響を与えるという点で、そうである。これらの本の議論は、基本的に同じである。文化的に異なる児童生徒は、彼らの属するコミュニティがほかの社会団体との交流のなかで、歴史的に抑圧されてきたように、教育においても非常に抑圧される。それが示唆するものは、大きな社会で起きている相互の力関係のパターンを逆に変えることができれば、これらの

児童生徒の学力はもっと高まるだろうということである。言葉をかえていえば、すべての児童生徒の学力を高めるには、教師が個人的または集団的に、広い社会の力関係に立ち向かう必要があるということだ[5]。さらに、「広い社会の力関係に立ち向かう」ことについて、次のように具体的に述べている。

この本の議論の中心は、もし学校と社会が大きな人間的および社会的力をもって、いままでくりかえされてきた学校教育の失敗を真摯に覆そうとするならば、教師と児童生徒の関係は、これまでの歴史的な抑圧の構造に対して、強烈に挑戦するものでなければならないということだ。学校は、児童生徒のもっている言語や文化を尊重し、地域社会の参加を活発にさせ、批判能力の獲得を促進し、文化的に異なる児童生徒を学校と社会の失敗による犠牲者として扱うことなく、学校を学びの場とする評価基準をもたなければならない[6]。

実際、オンタリオ州トロント市教育委員会が定期的に行っている、出身国別学力テストでは、いつも中国系の児童生徒が上層を、イギリスやイタリアやポルトガル系の児童生徒が中間層をなし、フランス系の児童生徒が下層を占めるという。まさに、大きな社会的構造が、子どもの学力に反映されている。

これは、カミンズの理論によれば、トロントでは、フランス系カナダ人が少数派であるために学力が低いのであり、またイタリアやポルトガル系のカナダ人は、学校で自分の出身国や母国語を誇れるようになれば、もっと学力はあがるということになる。

そのために、遺産言語プログラムやイマージョン・プログラムを推進するべきだということになる。しかし前述のように、批判は絶えない。

これは、アメリカでも同じことである。多くのスペイン語系の子どもが学校にいっているにもかかわらず、スペイン語教育の必要を認めず、「まず英語教育をしっかりと」という人びとがたくさんいる。

カミンズは、「この本は、北米の大学の教員養成課程の必修コースで使われることを望んでいる」と話していた。

「これだけ研究成果があるにもかかわらず、二言語教育が盛んにならないのは、教員養成課程の二言語教育の授業で、方法論や背景ばかり教えていて、理論と関連させて教えないからだ。だからどうしても、『二言語を同時に教えると、子どもが混乱する』という俗説に流されてしまう」ということだった。(7)

3　日本における多文化教育への示唆

日本の現状

「日本は単一民族で構成されている」という言葉をよく聞く。しかしそれは、正確ではない。日本では、アイヌ民族や琉球民族、それに在日朝鮮・韓国人が少なからず生活している。中国在留日本人孤児として、家族をともない日本に移民してきた人びと、東南アジアから出稼ぎにきた女性たち、同じくブラジルなどの国に移民したものの日本に再度出稼ぎにきた人びとがいる。また、帰国子女として他国から日本に戻ってきた子どももいる。日本の教育制度のなかでは、彼らあるいは彼らの子どもは無視され、抑圧されているといってよい。

アイヌ民族や琉球民族の言語や文化の継承は、学校ではなく地域のボランティアによって行われている。在日朝鮮・韓国人の教育は、朝鮮人学校でという形で、ほかの子どもとは隔離されて行われている。中国在留日本人孤児として、家族をともない日本に移民してきた人びと、東南アジアから出稼ぎにきた女性たち、同じくブラジルなどの国に移民したものの日本に再度出稼ぎにきた人びとの子ども、帰国子女として他国から日本に戻ってきた子どもの教育は、普通学校の片隅で、細々と日本語教育が行われているというのが現実である。彼らの母語や生活する際に使う言語の教育は、ほとんど行われていない。

多言語・多文化主義社会に向けて

では、ジム・カミンズのいうエンパワーメント理論、カナダでの研究実践は、この日本のなかでどのように生かせるのだろうか。

まず教師は、彼らの特徴をみつけ、それを認め、それを伸ばしていくように、教育課程を編成していかなければならない。広い社会の力構造に挑戦していかなければならないのである。アイヌ民族や琉球民族、在日朝鮮・韓国人、中国在留日本人孤児として家族をともない日本に移民してきた人びと、東南アジアから出稼ぎにきた女性たち、同じくブラジルなどの国に移民したものの日本に再度出稼ぎにきた人びとは、日本の社会構造のなかで、抑圧されている。

これを変えるには、まず遺産言語教育として、彼らの子どもの母語や生活する際の言語そしてその裏にある文化を教える場を確保しなければならない。アイヌ語やその文化、琉球の言語やその文化、韓国語やその文化、中国語、東南アジアの言語、ポルトガル語やその文化を、柔軟に学校教育のなかに入れていく。そうすれば、それらを使ってきた子どもは、自分の継承すべき言語と文化に自信をもち、しっかりとしたアイデンティティを獲得し、学力も上がっていくことだろう。

帰国子女として他国から日本に戻ってきた子どもには、英語のイマージョン・プログラムを用意してはどうだろう。日本の国語は日本語のみであるが、英語は事実上、世界の共通語といってよい。これから世界で活躍する日本人には、英語は強い武器になる。そして、家庭では日本語で話すなどの工夫をすれば、アイデンティティのしっかりとしたバイリンガルの日本人が誕生することだろう。

最近、日本でも、「単一民族・単一文化ではなく、多民族・多文化」を視野に入れた研究や実践が行われるよう

になってきた。ジム・カミンズも来日して、講演やシンポジウムに参加している。(8)

多文化教育は経費もかかるし、手間もかかる。また、各地域によってさまざまなケースがあるので、一般化が難しい。しかしまずはじめなければならないのは、教師による子どもへの配慮だろう。それに地域社会が援助する形をとっていけばよい。それが進めば、国や地方自治体による政策も追随していくことだろう。

今後世界はますます小さくなり、人びとの往来はますます活発になる。世界のあちこちで、出身国や母国語の異なる子どもが同じ教室で机を並べる日は、そう遠い先のことではない。そのときに、ジム・カミンズのエンパワーメント理論と、いまカナダで行われている遺産言語プログラムやイマージョン・プログラムなどの実践は、すでにカナダ国外で注目されているように、貴重な示唆に富むものである。

注

（1）関口礼子編著『カナダ多文化主義教育に関する学際的研究』東洋館出版社、一九八八年。
宮本健太郎「カナダの教育——三〇校の学校訪問・授業見学から」『国語教育研究』第七号、一九九四年、千葉大学大学院教育学研究科国語教育専攻、一四四〜一六〇頁、宮本健太郎「カナダ・オンタリオ州における学校と地域社会との連携——いくつかの事例の紹介と解説」『中間資料集(I)』国立教育研究所、一九九五年、七〇〜七七頁。

（2）関美由紀『遺産言語プログラムの理念と実践——多文化教育の観点を中心に』筑波大学大学院修士論文、一九九七年。

（3）J. Cummins and M. Danesi, 1990. *Heritage Languages: The Development and Denial of Canada's Linguistic Resources.* Toronto: Our Schools/Our Selves. Garamond.

（4）J. Cummins, 1996. *Negotiating Identities: Education for Empowerment in a Diverse Society.* Ontario, CA: California Association for Bilingual Education.

（5）*Ibid.*, p. iii.

（6）*Ibid.*, p. v.

（7）　北米の大学の教員養成課程では、移民の子どもが多いせいか、必修授業として、「第二外国語教育」を課しているところが多い。

（8）　国立国語研究所国際シンポジウム第二〜四回専門部会『多言語・多文化社会ための言語管理——差異を生きる個人とコミュニティ』国立国語研究所、一九九七年。

二章　エスニック・グループに対する教育行政
――オーストラリア　クイーンズランド州を中心に

1　公教育におけるエスニック・グループの保障

オーストラリアは英連邦の国の一つであり、現在ではイギリスをはじめとして多くの国からの移民で構成する多民族国家である。とはいえ、先住民のアボリジニーやトーレス海峡島しょ民というエスニック・グループが存在し、注目されている国でもある。

オーストラリアは一九〇一年の連邦政府成立以来、これらエスニック・グループへの対応を積極的に進め、公教育のなかでも位置づけて、彼らの教育の保障のために種々の施策をたててきている。連邦政府、州政府さらには地域で彼らの実情に合わせた施策が出されており、最近では彼ら自身の参加によって施策の決定がなされるまでになっている。

本章は、多民族国家・多文化国家であるオーストラリアがエスニック・グループに対する教育を公教育のなかでどのように保障しようとしているかを明らかにするのが目的である。とはいえ、連邦段階、州段階、州内の地区段階までを視野に入れる必要がある国であるところから、クイーンズランド州を中心に考察する。その理由はエスニック・グループであるアボリジニーやトーレス海峡島しょ民が最も多く住んでいる州であるからである。人口に対する彼らの比率からすれば北部準州（Northern Territory）が最も高いものの、人数ではクイーンズランド州が二番目に多い現状である（一九九一年の国勢調査では第一位であったが、一九九六年の国勢調査ではニューサウスウェールズ州がわずかの差で第一位となる）。また、彼らは日本の五倍以上の面積をもつクイーンズランド州全体に居住しているのではなく、おもに北部一帯に居住しており他の地域とは違った特色をみることができるのも設定理由の一つである。

対象とするクイーンズランド州は、一九九一年現在一一の地区に分割して地方教育事務所を設置し、地方教育行政を推進している。本章ではエスニック・グループの居住との関連から、次の北部四地区をおもな対象とする。すなわち、ペニンスラ地区（中心都市ケアンズ）、ノーザン地区（中心タウンズビル）、ノースウェスタン地区（中心マウント・アイサ）、カプリコーニャ地区（中心ロックハンプトン）であり、面積では州のほぼ北半分を占める地域である。

なお、本章の対象とするエスニック・グループとは、アボリジニーやトーレス海峡島しょ民とする。本来エスニック・グループ（ethnic group）とは、人種的な民族のグループのことである。コリンズのオーストラリア英語辞典では「人種・民族あるいは社会的、文化的などの面から人間を分類したグループ」としている。この観点からすれば、多民族で成り立っているオーストラリアはエスニック・グループで構成されている国といえる。一〇〇カ国以上からの移民で成り立つ同国には、厳密にいえばその数だけのエスニック・グループが存在している。とはいえ、建国以来今日まで、オーストラリア社会は移民をエスニック（民族）別に分類して社会が成り立っているわけではない。イギリス人の入植当時からいた先住民だけを移民とは別に今日まで分類してきている。一九九六年に実施された国勢調査でも分類項目に“indigenous”を設けて、アボリジニーやトーレス海峡島しょ民を区別している。このようにオーストラリアではアボリジニーやトーレス海峡島しょ民を他の移民とは完全に区分しており、この観点から本章ではエスニック・グループを“indigenous”、つまりアボリジニーやトーレス海峡島しょ民として論を進める。

アボリジニーやトーレス海峡島しょ民の概況をみると、一九九六年の国勢調査の結果によれば三五万二九七〇人で、前回（一九九一年）の二六万五四五八人から三三・〇%と大幅な増加となっている。オーストラリア全体の人口の増加が六・二%（一六八五万二二五八人→一七八九万二四二三人）であることを考えると、彼らの増加は顕著である。全人口に占める割合もこの五年間で一・六%から二・〇%へ増加し、彼らに対する的確な施策がますます必要となってきている[(1)]。

2　連邦段階のエスニック・グループに対する教育行政

連邦政府の彼らに対する対応は早くからなされていた。これに関してはすでに拙稿で主として一九八〇年代までをまとめているのでここでは割愛する（「アボリジニーの教育——教育の保障の視点から」『オーストラリア研究』第二号、一九九五年、オーストラリア学会）。

ただ、一九九〇年以降に注目すべき政策転換がなされたため、多少の重複はあるものの重要な政策に触れ、それ以後の政策に関し詳述する。その政策の転換とは政策決定の段階でアボリジニーの参加を認めたことである。

アボリジニー参加の政策を打ち出したのは、一九八八年に雇用・教育・訓練省（Department of Employment,

Education and Training）が設置したアボリジニー教育政策検討部会（Aboriginal Education Policy Task Force）で、国家として教育政策を策定する必要性を勧告した。その内容は一九九二年までにアボリジニーの五歳から一五歳の子どもの就学を八五％から一〇〇％に、二〇〇〇年までに一六歳と一七歳の子どもの就学を二六％から五五％に引き上げる施策を策定する委員会の設置を勧告した。[2]「アボリジニー・トーレス海峡島しょ民委員会（Aboriginal and Torres Strait Islander Commission, ATSIC）設置法」はこの勧告にもとづいて一九八八年作成され、翌八九年成立し一九九〇年三月より施行された。ここにアボリジニー・トーレス海峡島しょ民の教育参加がはじまったのである。委員会の委員二〇人のうち一七人をアボリジニー・トーレス海峡島しょ民が占めたのである。

委員会はさっそく「国家アボリジニー・トーレス海峡島しょ民のための教育政策」（Aboriginal and Torres Strait Islander Education Policy, NAEP）を策定し、一方、連邦政府も「アボリジニー教育重点優先計画」（Aboriginal Education Strategic Initiatives Program, AESIP）によって財源措置をはかり実施を促進した。この政策は二〇〇〇年までに全州・区で彼らの教育を保障し成果をあげようとするもので、四つの柱のもと二一項目の就学前教育から高等教育までの長期目標を設定した。[3]これが現在のアボリジニー・トーレス海峡島しょ民の教育政策の基本となっているもので、この政策を実現するための教育行政が展開されている。

この政策は一九九〇年から三年計画で進められ、財源も二四億オーストラリアドルが支出された。[4]一九九三年には第二次三年計画を実施するが、連邦政府はその効果を把握するために、一九九三年一〇月に「アボリジニー・トーレス海峡島しょ民のための全国教育検討部会」（National Review of Education for Aboriginal and Torres Strait Islander Peoples）を設置して再検討をはじめ、彼らに対するよりいっそうの成果をあげるよう全州・区の教育省に勧告した。[5]とはいえ、上記の二一項目の目標はそのままであった。

アボリジニー・トーレス海峡島しょ民の生徒の成果を高めようとする国家の取り組みは、全州・区および連邦政府の教育・雇用・訓練・青少年問題担当大臣で構成する協議会（Ministerial Council on Education, Employment, Training and Youth Affairs, MCEETYA）が設置した推進委員会により気運が盛り上がった。国家の取り組みは先住民社会の人びとに子どもたちの教育・訓練の成果を示し、教育の効果を啓蒙するのに役立った。協議会（MCEETYA）は、一九九五年に「一九九六年から二〇〇二年のアボリジニー・トーレス海峡島しょ民の教育国家計画」（A National Strategy for the Education of Aboriginal and Torres Strait Islander Peoples 1996-2002）を発表し、上記の二一項目の目標を七項目の優先計画に集約した。その七項目とは次のものであった(6)。

(1) アボリジニー・トーレス海峡島しょ民が教育の意思決定に効果的に参加できるよう体制を整えること。

(2) 教育・訓練の場に採用されるアボリジニー・トーレス海峡島しょ民の人数を増やすこと。

(3) アボリジニー・トーレス海峡島しょ民の生徒が教育・訓練のサービスを公平に受けられるよう保障すること。

(4) アボリジニー・トーレス海峡島しょ民の生徒が教育・訓練に参加できるよう保障すること。

(5) アボリジニー・トーレス海峡島しょ民の生徒の公平かつ適切な教育成果を保障すること。

(6) アボリジニー・トーレス海峡島しょ民に関する学習、文化、言語の教授をすべての先住民・非先住民に対し奨励し、継続し、支持すること。

(7) アボリジニー・トーレス海峡島しょ民の成人に対し、効果的な英語での読み書き、数え方を含めた地域開発訓練の手だてを講じておくこと。

つまり、オーストラリア政府の現在の政策は、アボリジニー・トーレス海峡島しょ民の生徒および地域社会の人びとに対する教育の保障を最優先させるものであり、その政策の決定に彼らを参加させるものであった。

3　州段階のエスニック・グループに対する教育行政

西オーストラリア州とニューサウスウェールズ州の概況

各州の現在のエスニック・グループに対する施策は、一九九五年にMCEETYAが出した前記の計画をもとに独自の計画を策定して実施している。ここでは、西オーストラリア州とニューサウスウェールズ州を対象として最も新しい施策の概況をとりあげる。その理由は、本章で対象とするクイーンズランド州と同様に多くのエスニック・グループが住んでいる州であるからである。

一九九六年の国勢調査によると、西オーストラリア州では五万七九三人のエスニック・グループが住んでおり、一九九一年の調査時の四万一七七九人から約二二％の増加となっている。これはニューサウスウェールズ州、クイーンズランド州に次ぐ数字で、この州の北部に多く住んでいる。

西オーストラリア州教育省は、北部のキンバリー地方にアボリジニーの居住地域があるところから、彼らに対する行政施策を早くから策定していた。そして一九九三年には「アボリジニーの就学――種々の実施方策」（Aboriginal Attendance: Some Practical Strategies）を発表して、彼らが学校に来ない背景を分析して出席させるための方策を示した。とくに第三部「救済策」では、(1)出席しないことはよくないことだと認識させる方策をたてる、(2)出席しないことによる問題、(3)出席に否定的態度をとる親の言い分、(4)出席させようとする親への対応、(5)アボリジニーの生徒に対する話しかけ、といった具体的な内容を示しており注目すべきものである(7)。筆者が一九九四年に北部のキンバリー地方の中心のダービ（Derby）を訪れた際、授業が行われている学校の周辺に多くのアボリジニーの子どもが遊んでおり、校長との面談でも「この地域で最も重要なことは、いかにして子どもを学校に来させるかである」と話していたが、まさにこの状況を直視した施策である。この後、一九九七年には「一九九七年から九九年までのアボリジニー教育実施計画」(Aboriginal Education Operational Plan 1997-99) を出し、一九九九年まで三年間に達成すべき枠組みを示した。これは教育事務次官 (Director-General) のシェリル・バードン (Cheryl Vardon) が序文で、「州や連邦政府のアボリジー教育に対する財政支出にもかかわらず、教育的な成果はあがらず大変失望している」と書いているように、この面の教育行政が従来のものでは成果が望めないとして出したものである。

西オーストラリア州教育省の出したこのアボリジニー教育実施計画は、大きく三つに分かれている。すなわち、(1)連邦/州間の先住民教育の同意に関する報告と勧告、(2)一九九七年から九九年のアボリジニー教育実施計画の枠組み、(3)州教育省主導事項から成っている。注目すべきは(2)で六項目の鍵となる領域を示し、それを(3)で項目ごとに州段階でする具体的施策を示したことである。ちなみに六項目とは、(a)教育の受容と参加、(b)読み書きと数え方、(c)学習環境、(d)アボリジニーの地域社会参加、(e)意思決定、(f)雇用である。[8] 集約すれば、州教育省はエスニック・グループが教育の機会を容易に得られるように、彼らの教育環境を整備し参加する政策を推進しようとしたのである。

シドニーを州都とするニューサウスウェールズ州は、一九九六年の国勢調査では一〇万一四八五人のエスニック・グループが住み、クイーンズランド州を抜いて最も多く住む州となった。前回(一九九一年)の調査では七万一九人であったことから大幅な増加となったことがわかる。ニューサウスウェールズ州教育省は一九九五年に新しい「アボリジニー教育政策」(Aboriginal Education Policy) を発表した。これはニューサウスウェールズ州で一九八二年に出された最初のアボリジニーの教育政策を改正するものであった。この政策文書の基本的態度は、アボリジニーの生徒の教育的な学力を増進するためと、ニューサウスウェールズ州の全生徒にアボリジニーの存在するオーストラリアについての知識を得させ理解を深めさせるためであった。[9] 政策の対象の中心は、(1)アボリジニーの生徒、(2)アボリジニーの地域社会、(3)州の全職員、全生徒、学校全体とし、各項目について目標を明記した。たとえば、(1)のアボリジニーの生徒に関しては教育内容・教授法・評価計画が明確で文化的に適切なものであること、学校は彼らに対し協力的な学習環境であることが必要とされ、細部にわたり実施計画とその責任主体が州・地区あるいは学校かを明記した。同じように(2)と(3)についても細部にわたり実施計画とその責任主体を示している。[10] この州も西オーストラリア州と同様に、エスニック・グループの教育について生徒だけでなく地域社会全体で受容できるような政策を示し、そのための責任主体も明確にしたのである。ここでは、本章の対象とするクイーンズランド州以外でエスニック・グループが多く住んでいる西オーストラリア州とニューサウスウェールズ州における最も新しい施策の概略を記したが、他の州・区でも前記した一九九五年のMCEETYAが出した「一九九六年から二〇〇二年のアボリジニー・トーレス海峡島しょ民の教育国家計画」のもとで、それぞれ独自の施策を出して、「公正」(equity) の理念のもと彼らの教育への参加と子どもの教育を受ける機会の保障をしようとしている。エスニック・グループがわずか二八九九人（一九九六年国勢調査）しか住んでいない首都直轄区 (Australian Capital Territory) でも、「アボリジニー・トーレス海峡島しょ民の教育」(Aboriginal & Torres Strait Islander Education) という学校政策を一九九六年に出していることからもわかる。[11]

クイーンズランド州のエスニック・グループに対する教育行政

クイーンズランド州は、一九九六年の国勢調査で人口は三三六万八八五〇人で前回の調査より一三・一%の増加を示し、そのうちエスニック・グループは九万五五一八人と三六・二%の増で全人口の二・八%を占めている。国全体では二・〇%を占めていることから、クイーンズランド州では全国平均を上回っていることが明らかである。

表1　クイーンズランド州4地区の概況

	人口(A)	エス・グル(B)	(B)/(A)
ペニンスラ地区	233,848	25,752	11.0%
ノーザン地区	194,176	10,496	5.4%
ノースウェスタン地区	38,434	7,967	20.7%
カプリコーニャ地区	305,556	10,720	3.5%
4地区計	772,014	54,935	7.1%

また、エスニック・グループのうちアボリジニーは七万四三九四人、トーレス海峡島しょ民は一万六三四六人、両者の混血四七七八人である(12)。

また、本章で対象とする四地区の概況は表1の通りである。

つまり、これら四地区だけで州全体に占める人口の割合は二二・九％であるが、エスニック・グループの割合は七・一％と州全体の二・八％を大きく上回っている。これをエスニック・グループに限定すれば州全体のエスニック・グループの約六割の五七・五％がこの地区に住んでいることがわかる。なかでもペニンスラ地区とノースウェスタン地区が人口の割合に比して州全体の割合の約四倍から七倍であることが明らかである。

クイーンズランド州におけるエスニック・グループに対する教育行政は、他の州と同じく前記したように、一九八九年に策定された「国家アボリジニー・トーレス海峡島しょ民のための教育政策」と、これを基盤として一九九五年にＭＣＥＥＴＹＡが出した「一九九六年から二〇〇二年のアボリジニー・トーレス海峡島しょ民の教育国家計画」に拠っている。とはいえ、クイーンズランド州では一九五〇年代から学校のカリキュラムで目立った検討はなされなかったため、一九九二年一一月に州政府はクイーンズランド大学教授のケン・ヴィルトシャイアーを座長とする独立検討委員会を設置して学校のカリキュラム全般について検討を進めた。この検討委員会は一九九三年に各方面からの情報を収集し、一九九四年三月に最終報告書を出した。「未来の形成」(Shaping the Future)がそれで、クイーンズランド州教育制度の未来を築く基盤となる報告書であった。この報告書は三分冊からなる大部なもので、従来なかった包括的なクイーンズランド州カリキュラムの検討であった。

エスニック・グループに対するカリキュラムの検討も随所でなされている。第三分冊には「カリキュラムにおける社会的公正」(Social Justice in the Curriculum) の欄を設け、そのなかでアボリジニー・トーレス海峡島しょ民の生徒も障害者、社会経済的に低い立場にいる人とともにとくに対象とする領域の一つであると明記している。[13] これらの人びとに関しては、従来カリキュラムの内容、実施、それに授業組織についてあった排他的な制約からより包括的に対応する必要のあることを報告した。さらに、「特別計画——欠落した型」(Special programs—the deficit model) の項を設け、特別の援助が必要とみなされる最初のグループにアボリジニー・トーレス海峡島しょ民の生徒を位置づけ、生徒に可能なカリキュラムを作成することが課題であるとした。そして、生徒の要請に包括的に対応するために、カリキュラム開発に関する次の五項目の試みを示した。[14]

(1) 包括的カリキュラムは対象とするグループが自分自身に関する学習ができるようにする。たとえば、アボリジニー・トーレス海峡島しょ民の生徒に彼らの歴史、文化を学ぶコースを設け、女子生徒に女性の科学面での貢献を学ぶコースを設ける。

(2) 包括的カリキュラムは大多数の生徒が学習の対象とするグループについて学習する内容を設ける。たとえば、すべての生徒にアボリジニーの歴史や女性の科学面での貢献を学ばせる。

(3) 包括的カリキュラムは対象とするグループに関する単元や追加科目を設ける。たとえば、アボリジニーの歴史や女性の科学面での貢献に関し重要とされるカリキュラムを中心に加える。

(4) 包括的カリキュラムは対象とするグループが成功できるように限定されたコースを設ける。

(5) 包括的カリキュラムは対象とするグループがそれ以外の人びとのために設定されたカリキュラムの学習をできるようにする。

この一九九四年三月の報告書は、現在のクイーンズランド州の教育行政、とくに教育内容行政の基本になっているが、この他にもクイーンズランド州の教育行政、とくにエスニック・グループに対する教育行政の基本になっているものが出されている。おもなものをあげると次のようであり、すべてが直接彼らだけを対象とした政策ではないものの、種々の政策のなかに彼らに関係するものが含まれている。

(1)「一九九四—九八年社会的公正確立計画」(Social Justice Strategy)

(2)「就業機会均等管理計画」(Equal Employment Opportunity Management Plan)

(3)「アボリジニー・トーレス海峡島しょ民幼児教育政策」(Aboriginal and Torres Strait Islander Early Childhood Education Policy)

(4)「遠隔教育独自の政策——組織と計画」(Distance Education Substantive Policy: Structures and Planning)

(5)「遠隔教育就学促進政策」(Distance Education Enrolment Policy)

(6)「反人種差別政策」(Anti-Racism Policy)

(7)「教育における文化的・言語的多様性」(Cultural and Language Diversity in Education)

(8)「学習困難に関する指針」(Learning Difficulties Guide)

このなかから「一九九四—九八年社会的公正確立計画」と「アボリジニー・トーレス海峡島しょ民幼児教育政策」をとりあげて、クイーンズランド州の彼らに対する政策を検討する。これらをとりあげた理由は、前記の政策のなかで中心的かつ基本的なものだからである。

社会的な公正を強く打ち出したのは一九八九年の「学校教育に関する同意された国家目標」(The Agreed National Goals for Schooling) いわゆるホバート宣言であり、これ以後、各州では州の事情を勘案して政策を策定してきた。クイーンズランド州でも一九九二年に学校をとりまく多くの人びと、学校支援センター、地方教育事務所などの努力で社会的公正を実現するための内容の検討がなされ、一九九三年に多くの学校で総合的な試行がなされた。参加したのは特殊学校五校、遠隔教育学校一校、初等学校一七六校、中等学校三〇校の合計二一二校でそれぞれの資料を提供した。[15] 結果は一九九四年に「社会的公正の検討」（Social Justice Review）と題する報告書で公表され、この内容を基盤に「一九九四－九八年社会的公正確立計画」が策定された。

これは草案では「活動の枠組み」と「検討項目と計画」の二分冊から成っている。前者では、目的と最終目標、社会的に公正な学校のビジョン、計画と検討、役割と責任、勧告と報告、行動計画と実施日程からなる枠組みを示した。後者では、アボリジニー・トーレス海峡島しょ民、文化的・言語的多様性、障害者、教育的困難、性、地理的疎遠、才能と能力、学習障害と学習困難、社会経済的に低い立場といった検討項目をあげ、それぞれの項目で社会的な公正を確立する計画を示している。[16] つまり、社会的公正の内容が具体的に何を指すのかが明らかであり、同時に本章で対象とするアボリジニー・トーレス海峡島しょ民に対する社会のなかでの公正な立場の確立を政策のなかで明確に位置づけていることがわかる。

アボリジニー・トーレス海峡島しょ民に関しては第一分冊の最初の項目に位置づけており、クイーンズランド州教育省の彼らに対する態度が伺われる。項目は対象行動領域と諸政策との関連に分け、さらに包括的カリキュラム、効果的学習と教授、学校支援体制、公正な施策、計画・実施・検討・報告に細分化して明記した。たとえば、効果的学習と教授では次の六項目をあげている。[17]

(1) 教師は教室での学習活動を計画するにあたり、アボリジニー・トーレス海峡島しょ民の学習スタイルの違いを知ること。
(2) 教材はアボリジニー・トーレス海峡島しょ民の生徒が手に入り開発することのできる適切な資料を配置すること。
(3) 親や地域社会の人が教育のために手を携えてとりくめるよう啓蒙すること。
(4) カリキュラムは前記のことが成就できるようなものであること。

(5) 教師は学習に最大限関連する適切な内容の教材を使うこと。
(6) 学習と教授はアボリジニー・トーレス海峡島しょ民の歴史、文化、言語、多様な社会に注意を払って行うこと。

「アボリジニー・トーレス海峡島しょ民幼児教育政策」もクイーンズランド州教育省の特色ある政策の一つといえる。州の北端からパプアニューギニアの間のトーレス海峡に諸島が点在することから、州教育省は彼らに対しても種々の政策を実施している。この「アボリジニー・トーレス海峡島しょ民幼児教育政策」は全体で一五頁からなり、基本原理、最終ゴール、ねらい、実施計画から構成され、最後にアボリジニー・トーレス海峡島しょ民の親、地域団体の参加と関与、それに地域社会のかかわりに関する情報を付記している。

基本原理では、早期幼児教育の特徴、アボリジニー・トーレス海峡島しょ民の文化、子どもに対する早期幼児教育の必要性に関し記し、この政策の実施により子どもの教育に平等と公正が実現されなければならないことを記している。[18] また、最終ゴールについては一二項目をあげているが集約すると、アボリジニー・トーレス海峡島しょ民の子どもの教育の計画、実施や評価の決定に際し、親や地域社会の人びとが参加する体制を確立すること、同年齢の他のオーストラリア人の子どもと比較して同じレベルの教育に参加することを保障し、なおかつ成果をあげること、彼らの歴史、文化、アイデンティティをすべての段階の子どもに得させるようなプログラムを開発すること、などを示した。[19] さらに、クイーンズランド州教育省はこの政策の実施を支援するための「教師用ハンドブック」を一九九七年に出し、各教科についてアボリジニー・トーレス海峡島しょ民の観点からの指導内容や評価などを示している。[20]

一方、アボリジニー・トーレス海峡島しょ民に関する学習も積極的に実施する政策を打ち出している。これはアボリジニー・トーレス海峡島しょ民に対する施策ばかりではなく、彼ら以外のオーストラリア人児童生徒に対するものであり、クイーンズランド州教育省は教育方法や内容に関しても、政策文書を出してその徹底に努めている。

表2　アボリジニーとトーレス海峡島しょ民の社会の多様性比較

アボリジニー社会の多様性	トーレス海峡島しょ民の多様性
○1788年当時は700以上にのぼる異なった言語集団に分かれていたと思われる．少なくとも250のアボリジニー言語が記録されてきている． ○各グループの生活様式は自然環境とは分離されておらず，それは適切な技術の開発に深くかかわってきた． ○絵画•彫刻，ダンスなどの芸術は各グループで種々様々であった．	○各島の氏族のアイデンティティは強く独立しており，相互に独立している． ○各島の地理的条件が生活様式を物語っている． 東部グループ　漁夫と庭師 西部グループ　漁夫と商人 中央グループ　商人と漁夫 ○商いルートや創造の物語はニューギニアとオーストラリアにかかわっている． ○今日トーレス海峡島しょ民の間には多様性がある．

「クイーンズランド州学校におけるアボリジニー・トーレス海峡島しょ民に関する学習の教授」（The Teaching of Aboriginal and Torres Strait Islander Studies in QLD Schools）がそれである。一九九五年州教育省から出されたもので「草案　就学前教育から第一二学年までの指針と枠組み」とあり、全体で四〇頁からなっている。内容は指針、アボリジニー学習の枠組み、トーレス海峡島しょ民学習の枠組みから構成され、注目すべきはアボリジニー学習とトーレス海峡島しょ民学習を別々に扱っていることである。内容の項目は占有の論理と信念、社会の多様性、経済、社会構造、侵略と抵抗、侵略の影響、文化の維持と再考、現代の課題で構成し、各項目について別々に記している。[21] たとえば、「社会の多様性」の項目で鍵概念としてあげているものを対比させれば、表2のようである。[22]

クイーンズランド州教育省の州段階のエスニック・グループに対する教育政策に関し記したが、彼ら自身に対する施策と州の生徒全体に対する彼らの理解を深める施策が出されていることが明白である。それも州全体の諸施策のなかでとりあげており、州段階のエスニック・グループに対する教育施策は州にとって避けて通れないものになっている。

4　地区段階のエスニック・グループに対する教育政策

ノースウェスタン地区

この地区のプロフィールについては前記した通りであるが、クイーンズランド州でも人口に比較してエスニック・グループの割合が最も高い地区である（人口比二〇・七％）。一九九六年七月、筆者が訪問した際にマウント・アイサ地区の校長指導研修会が催され、参加した小学校の校長が「児童は私の娘を除いてすべてアボリジニーの子どもです」と話してくれたが、まさにこの地区の状況を物語っている。他の校長も同じ状況であると話していた。ノースウェスタン地区教育事務所の一九九五年活動計画の年報草案に「アボリジニー・トーレス海峡島しょ民教育」があるが、このなかで地区教育事務所は、彼らの子どもに対し効果的な学習と教授法を支援し、かつ非アボリジニーのすべての子どもにアボリジニー・トーレス海峡島しょ民の歴史・文化を理解させるのに役立たせるのが草案の狙いであるとした。そして、学校支援、地域支援、専門性の開発、学校基盤の確立、地域の関与、カリキュラムなど一三項目にわたり実施の方法や誰がいつやるのかなどを明示した。(23) また、地区教育事務所内にあるマウント・アイサ地区教育支援センターも、『ニューズレター』のなかで「学校におけるアボリジニー・トーレス海峡島しょ民の生徒に対する効果的学習と教授」について特集している。(24) 連邦政府、州段階の政策のもとで、地区教育事務所は三人の専門職員を配置して地区の実情に合わせた政策を実施している。

ペニンスラ地区

この地区はクイーンズランド州でも人口に比較してエスニック・グループの割合がノースウェスタン地区に次い

で多い（人口比一一・〇％）。なかでも、この地区の北方にトーレス海峡があるところから、いわゆるトーレス海峡島しょ民が多いという特色がある。したがって、彼らに対する施策をペニンスラ地区教育事務所は積極的に実施している。

地区教育事務所には事務所長を支援する委員会が設置されているが、クイーンズランド・アボリジニー・トーレス海峡島しょ民教育諮問委員会のほかに、トーレス海峡島しょ民地区教育委員会（Torres Strait Islander Regional Education Committee）が設置されており、これはペニンスラ地区だけにみられる特色である。また、事務所組織にある学習担当セクションにも、アボリジニー・トーレス海峡島しょ民教育セクションが独立して設置され、教育相談、地域調整、参考資料整備の各グループに分かれて活動している[25]。実際の活動については、同事務所が出している「ペニンスラ地区紹介」（Introducing Peninsula Region）でアボリジニー・トーレス海峡島しょ民教育について記している。このなかでこの地区は彼らが僻遠の地域社会・島に点在しているため、特別の方法を考え、ユニークな施策をする必要があり、その点で特異な地区としている。たとえば、地域社会の開発過程で地域社会の要望に応え、計画・決定を彼らの協力のもとで行うことや、彼らの地域の学校には先住民の教員援助や補助教員（訓練を受けてない）を配置すること、ＴＡＦＥで二年間の訓練を受けた教員を配置して学校と地域社会の重要な連携を保つこと、さらには彼らの子どもの多様な希望に応ずるカリキュラムを実施することなどを重視している[26]。

ノーザン地区

この地区はペニンスラ地区の南に位置し、タウンズビルが中心都市である。エスニック・グループは約一万五〇〇〇人おり、人口に占める割合は五・四％と上記二地区に比較すると少ない。しかし、タウンズビルにはオーストラリア全国を担当するアボリジニー・トーレス海峡島しょ民教育支援センターがあり、また郊外にはアボリジニー・

トーレス海峡島しょ民の学生を受け入れているジェームズ・クック大学があることから、彼らに対する関心は高い地域である。

「一九九五／九六年ノーザン地区活動計画」(Northern Region Operational Plan 1995/96) によると、「学習施策と開発」の項目のなかでアボリジニー・トーレス海峡島しょ民教育を独立の項目で設けて、四項目の施策を明記している[27]。内容は彼らの生徒に対する効果的な学習と教授ができるように学校を支援すること、学校基盤の計画が可能な財政的な援助、地域社会の人の学校への関与を啓蒙すること、学校が就学前から一二学年までの指針を実施できるように支援することなどであった。そして、「学習施策と開発」の項目で一五項目の施策をあげて予算措置をしているが、彼らに対するものは三番目の額で重視している。また、学校でアボリジニー・トーレス海峡島しょ民の英語が第一言語でない児童が在籍する初等学校の先生向けに、ノーザン地区教育事務所は教授資料 (Helping Aboriginal & Torres Strait Islander Students with English as Second Language in the Primary Classroom) を刊行し教育活動の円滑化をはかっている。さらに、アボリジニー・トーレス海峡島しょ民教育支援センターでは、『マリ・ツシ』(Murri Thusi) と題するニューズレターを発行し、彼らに対する教育施策を地区民だけでなく国民全体に紹介し啓蒙している。人口に対する割合は前記した二地区に比較すると小さいものの、彼らに対する独自の施策を推進していることがわかる。

カプリコーニャ地区

この地区はクイーンズランド州の中部の沿海部に位置し、エスニック・グループの割合は人口に比し三・五％で、州全体の割合二・八％をわずかに上回る地区である。したがって、上記のノースウェスタン地区やペニンスラ地区に比較すればエスニック・グループの割合は低いわけで、彼らに対する教育施策の重要度は低いのが現状である。

地区教育事務所の係分担の組織図をみても明らかである。すなわち、組織名称でアボリジニーという名を用いた係分担は一つもなく、教育事務所長のマイク・マー（Mike Maher）は彼らに対しては、教育水準保証セクション（Quality Assurance）のなかのサブプログラムで取り扱っていると語っていた。上記三つの地区でアボリジニー・トーレス海峡島しょ民のための特別の委員会の設置や施策が進められているのとは対照的である。一九九五年一〇月に同地区教育事務所が出した「学習施策と開発計画一九九五－九六年実施計画」（Studies Policy and Development Program Operational Plan 1995-96）にも「社会的公正」（Social Justice）のなかのサブプログラムで触れているにすぎない。(28)

5　地区間の相違の背景と行政のねらい

本章ではオーストラリアにおけるエスニック・グループに対する教育行政に関し、州段階と州内の地区段階をとりあげて考察してきた。おもにとりあげたのはクイーンズランド州であり、同州でも州内の四地区を対象に考察してきた。この結果、同じ州のなかでも地方教育事務所により対応が違っていることが明らかになった。対応が違う要因は第一にエスニック・グループの居住状況である。州段階でも州内に居住する彼らの数により州間に差ができたように、州内の地区でも同じことがいえる。彼らの人口に占める割合が高ければ彼らからの教育要請も多く、結果は行政当局も専門に対処する部局を設置し、種々の施策を推進して対応せざるをえない。ノースウェスタン地区やペニンスラ地区にみられた彼らに対する効果的な学習方法の開発、種々の研修会の開催などはその例で、地区教育事務所も彼らに対する施策を優先的にせざるをえない状況であるといえる。一方でカプリコーニャ地区では、教育事務所の係分担組織図のなかで「アボリジニー・トーレス海峡島しょ民」という語で示された係は一つもなく、州内の地区でも大きな違いがみられる。第二は州段階でクイーンズランド州はトーレス海峡島しょ民が最も多く居住していることに起因する違いである。オーストラリアではアボリジニーを対象とした施策はどの州でもみられる。しかし、州の施策のなかでアボリジニーとトーレス海峡島しょ民の教育について別個に施策を策定し、より彼らに密着したものにしようとの姿勢を示している州は他にみられず、クイーンズランド州の特色である。地方教育事務所段階でもペニンスラ地区やノーザン地区で同じことがいえ、とくにノーザン地区ではアボリジニー・トーレス海峡島しょ民支援センターがあることから、トーレス海峡島しょ民に対する関心が高いという特色がある。

とはいえ、このように州間、州内の地区間で大きな違いがみられる背景には、第一にオーストラリアの建国以来一貫している国民主体の意識がある。多民族・多文化社会といわれるなかで、多種多様な国家的背景、文化、慣習のなかで育ってきた人びとの集合体である同国は、多様な背景をもつ国民を尊重しなければ国家として成り立たない事情がある。ここに国民主体の意識を確立しなければならない必然性があった。第二に、広大な国土に少ない人口という地理的背景がある。当然のことながら自然環境に大きな違いがあり、その違いの上に成立している州・地区の行政責任者は州内に居住する住民のために現実的な対応をせざるをえないのは当然である。これが多様な教育行政として現実化されている。第三はエスニック・グループの存在である。数は少ないとはいえ、彼らは白人の渡来以前から存在していたわけで、渡来した西欧人は彼らとの共存をはかることが宿命的な課題で、歴代の連邦政府、州政府の指導者はそれぞれ独自の対応を迫られてきたのである。

このような背景をもつなかで、「社会的公正」が国家統一の理念として掲げられてきたわけである。前記したように、多様な背景をもつ国民で構成されているために、この国民を国家の構成員として位置づける際の中心的な柱になる理念として位置づけられた。連邦政府、州政府にとっては、どのような立場にあっても、どのような地区に住んでいても国民として平等であり、社会的になんら差のない公正を保障することが至上命題である。本章で考察したエスニック・グループに対する連邦段階、州段階、地区段階の行政の基本的ねらいは、この至上命題を現実化するものであったわけで、結果として多様なものとなっていると集約できよう。

注

(1) Australian Bureau of Statistics, 1996. *Census of Population & Housing, Census Australia,* p. 1.

(2) Department of Employment, Education and Training(DEET), 1988. *Report of the Aboriginal Education Policy Task Force,* pp. 7-55.

(3) DEET, 1993. *National Aboriginal & Torres Strait Islander Education Policy,* pp. 12-13.(Joint Policy)

(4) DEET, 1993. *Commonwealth Programs for Schools,* p. 218.

(5) Reference Group Overseeing the National Review of Education for Aboriginal &Torres Strait Islander, 1994. *National Review of Education for Aboriginal & Torres Strait Islander Peoples; Summary and Recommendations,* p. 7.

(6) Education Department of W. A., 1997. *Aboriginal Education Operational Plan, 1997-1999,* p. 36.

(7) Education Department of W. A., 1993. *Aboriginal Attendance; Some Practical Strategies,* pp. 26-33.

(8) Education Department of W. A., 1997. *op. cit.,* p. 11.

(9) NSW Department of Education, 1995. *Aboriginal Education Policy,* p. 5.

(10) *Ibid.,* pp. 10-15.

(11) ACT Department of Education & Training and Children's, Youth & Family Service Bureau, 1996. *School Policy; Aboriginal & Torres Strait Islander Education,* p. 1

(12) Australian Bureau of Statistics, 1996. *Census of Population & Housing, Census Queensland,* p. 54.

(13) Office of the Minister for Education, Queensland, 1994. *QLD Curriculum Review; Shaping the Future,* vol. 3 p. 98.
(14) *Ibid.,* p. 103.
(15) Department of Education, QLD, 1995. *Social Justice Review Outcomes,* p. 1.
(16) Department of Education, QLD, 1994. *Social Justice Strategy 1994-1998,* Book two pp. 1-36.
(17) *Ibid.,* p. 2.
(18) Department of Education, QLD, 1992. *Aboriginal & Torres Strait Islander Early Childhood Education Policy,* p. 4.
(19) *Ibid.,* p.5.
(20) Department of Education, QLD, 1997. *Aboriginal & Torres Strait Islander Early Childhood Teacher's Handbook,* pp. 2-8.
(21) Department of Education, QLD, 1995. *The Teaching of Aboriginal & Torres Strait Islander Studies in QLD Schools,* pp. 21-39.
(22) *Ibid.,* p. 22, 32.
(23) North-Western Region, 1995. *Aboriginal & Torres Strait Islander Education; Regional Annual Operational Plan* (*Draft*), pp. 2-3.
(24) Mt. Isa Area School Support Centre, 1996. *Newsletter; 1 May 1996,* p. 4.
(25) Peninsula Region, 1995. *Departmental and Regional Consultative Structures for 1995-96,* (Chart)
(26) Peninsula Region, 1996. *Introducing Peninsula Region,* pp. 12-13.
(27) Northern Region, 1995. *Operational Plan 1995/96,* p. 2.
(28) Capricornia Region, 1995. *Studies Policy and Development Program; Operational Plan 1995-1996,* p. 4.

三章　多民族に対応する言語教育政策——オーストラリア社会をモデルとして

1　言語教育政策の州間比較の意義

近年、世界各地では新たに移住先を求める人びとの移動が活発になる一方で、地域間あるいは民族間の紛争が多発し、それにともなう難民が生じている。このように、今後は世界的に民族の多様化がますます進むことが予測され、多民族の共存が重要な課題となる。そこで、多民族の共存を円滑にするためには、異なる文化および言語の尊重と理解が不可欠になり、多文化教育の一環として、多民族に対応する言語教育は重要な役割を果たすと考えられる。

オーストラリアにおいて多民族に対応するといった場合、たんに並列に存在している民族への対処を示すものではない。一七八八年の移民の入植以来、移民を受け入れ続けているオーストラリアでは移民の世代も変わってきており、民族の概念が広く、多様なものとなっている。つまり、第二世代、第三世代の者となると、たとえばギリシャ系オーストラリア人、フランス系オーストラリア人といったように実に多様に個人としてのアイデンティティをもつようになっている。多文化主義のもとでのオーストラリア社会は、このような個人レベルで起きている民族・文化の融合までも受け入れる社会をめざしているのである。そのためには、常に身近に多様な民族・文化が存在しており、各個人のいつでも手に届くものであることが大きな意味をもつといえるだろう。言語は、そのような文化の一形態として存在していることから、多民族に対応する言語教育の重要性があるといえる。

オーストラリアでは、州によって民族の状況がかなり異なっており、それぞれの州がその状況に応じた独自の言語教育政策を実施している。よって、一つの国でありながら多様な言語教育政策の実施状況を明らかにすることが可能である。本章では、各州の民族の状況を明らかにしたうえで、州の言語教育政策の成立過程に焦点をあてて考察を行う。そして、オーストラリア以外の社会においても共有できるような、多民族に対応する言語教育政策策定のための指針を提案したい。

2　オーストラリアの教育における公正

オーストラリアにおいて多民族への対応の方向性を決定づけているのは、一九七〇年代中頃から提唱され、現在に至るまで国の方針とされている多文化主義である。多文化主義のもとで、多様な民族を受け入れて尊重する方針が示されたが、それを教育において実現可能にし、支えているのが公正の理念である。オーストラリアの教育において公正とは、「不利な立場にあるさまざまな生徒の教育成果の向上をめざした国家目標のもと、州政府と連邦政府が協力してとりくむ事項である」と連邦政府の政策のなかで明記されているものである。(1) とくに学校教育における公正の概念は、すべての子どもに対して効果的な教育を受ける権利を保障することを前提とし、学校教育に対して公正にアクセスして学校教育の恩恵を公正に配分することである。[2] つまり、すべての生徒が性別、文化、言語的な背景、人種、居住地、社会経済的な背景、心身の障害にかかわらず学習できるようにすることをめざすものである。具体的には優先的に支援する集団として六つを明記しているが、本章に関するものとしてはアボリジニーとトーレス海峡島しょ民の生徒、第二言語としての英語（ＥＳＬ）の援助を必要とする非英語系の生徒があげられる。[3] また、学校教育における公正に関する政策の目標は、第一にすべての生徒が学校教育に参加するためのアクセスを促進し、参加の質を高めることであり、第二にすべての生徒が教育成果を最大限に高めることができることである。[4] このように、手続きとしての公正を保障すると同時に、その結果を教育成果の向上に求めていることがわかる。しかし、結果として同等の教育成果を要求するのではなく、各個人が最大限の教育成果を発揮できることをめざしている。このような公正の理念に支えられ、教育における多民族への対応が可能となっているのである。

3　各州の民族状況の特徴

オーストラリアでは、「エスニック集団を、英国・アイルランド系以外の人々とする習慣があり、主流の人々とは異質な人々を意味する。大まかにいうと、非英語系の移民と難民の集団という意味で使われている」。[5] しかし、近年では多様な人種・エスニック集団が存在することから、英国・アイルランド系の人びとをも含めてエスニック、あるいはエスニシティという概念で集団関係を規定しようとする傾向も出てきている。また、アボリジニーおよびトーレス海峡島しょ民とのかかわりは、民族関係としてよりも人種関係として位置づけられる傾向があるが、人種関係も広くは民族関係に含まれると考えられる。そこで、本章において多民族への対応といった場合、非英語系の移民（以下難民も含めて移民とする）、アボリジニーとトーレス海峡島しょ民を対象とする。よって、州段階の民族状況を明らかにするために、最近の非英語系移民の居住状況、およびアボリジニーとトーレス海峡島しょ民（以下トーレス海峡島しょ民を含めてアボリジニーとする）の居住状況の特徴について考察する。

まず非英語系移民の居住状況についてであるが、非英語系の国出身者の最も多い州はニューサウスウェールズ州（八五万五五七三人）であり、それに次いで多いのはビクトリア州（七〇万七九三一人）である。(6) いずれの州も非英語系の国出身者の数が七〇万人以上であり、非英語系移民が最も多い州であるといえる。また、クイーンズランド州（二〇万八八一二人）、南オーストラリア州（一五万三六四人）、西オーストラリア州（一八万八九〇二人）は、非英語系の国出身者の数が一五万人以上二一万人未満であり、非英語系移民は比較的多い州であると位置づけられる。(7) それに対して、タスマニア州（一万八三三三人）、北部準州（一万六三三八人）、首都直轄区（三万九一五二人）は、非英語系の国出身者の数は一万六〇〇〇人以上四万人未満であり、非英語系移民の少ない州であるといえる。(8)

非英語系の国出身者の州人口に占める割合という点からみると、一四％以上を占めるのはビクトリア州（一六・七％）、ニューサウスウェールズ州（一四・九％）、首都直轄区（一四・〇％）である。(9) よって、ビクトリア州とニューサウスウェールズ州は、非英語系移民の数が多く、州の人口に占める割合も高いといえる。首都直轄区は、非英語系の国出身者の数は他の州に比べて少ないが、区の人口に占める割合が高いことから、区の人口が少ないわりには非英語系の住民が多く住んでいることがわかる。非英語系の国出身者の州人口に占める割合が七％以上一二％未満であるのが西オーストラリア州（一一・九％）、南オーストラリア州（一〇・七％）、北部準州（九・三％）、クイーンズランド州（七・〇％）である。(10) 非英語系の国出身者の数が他の州に比べて比較的多い西オーストラリア州、南オーストラリア州、クイーンズランド州がこのなかに含まれる。タスマニア州の割合は四・〇％と最も低く、非英語系の国出身者の数も少ないことから、非英語系住民の存在の薄い州であることが特徴である。[11]

次に、アボリジニーの居住状況である。一九九六年国勢調査によると、アボリジニーの数が最も多い州はニューサウスウェールズ州（一〇万一四八五人）であり、それに次いでクイーンズランド州（九万五五一八人）、西オーストラリア州（五万七九三人）、北部準州（四万六二七七人）となっている。[12] それ以外の州は、いずれもアボリジニーの数は三万人未満であり、アボリジニー住民の少ない州であるといえる。それらの州におけるアボリジニーの数は、ビクトリア州（二万一四七四人）、南オーストラリア州（二万四四四人）、タスマニア州（一万三八七三人）、首都直轄区（二八九九人）である。[13]

ニューサウスウェールズ州に住むアボリジニーの数は最も多く一〇万人を超えるが、州の人口に占める割合にするとわずか一・七％である。[14] これは、国全体の平均（二・〇％）よりも低く、州内でアボリジニーが大きな割合を占めているとはいいがたい。それに対し、北部準州のアボリジニーの数は四万六二七七人で、ニューサウスウェールズ州のアボリジニーに比べれば半数以下ではあるが、州の人口に占める割合にすると二三・七％と他の州と比べても高い割合になり、州内でアボリジニーが大きな割合を占めていることが明らかである。また、クイーンズランド州、西オーストラリア州、タスマニア州のアボリジニー居住者の数はそれほど多くないものの、州の人口に占める割合はクイーンズランド州（二・八％）、西オーストラリア州（二・九％）、タスマニア州（三・〇％）といずれも二％以上を占めており、国平均の二・〇％と比較してアボリジニーの占める割合が高い州であるといえる。また、ビクトリア州のアボリジニーが州人口に占める割合は〇・五％、首都直轄区の場合は一・〇％と一％以下にすぎず、両州はアボリジニーの数も少なく、州の人口に占める割合も低い州であると位置づけられる。

非英語系移民の居住状況とアボリジニーの居住状況からそれぞれの州の特徴について述べた。しかし、非英語系移民については出生地によって分析をしたために、第二世代あるいは第三世代の移民など出生地がオーストラリアであるために、非英語系の者として扱われない場合がある。また、アボリジニーについても、アボリジニーの血はひくものの、アボリジニーの文化および言語を踏襲していない、いわゆる都市化されたアボリジニーも多く存在する。よって、家庭における英語以外の言語の使用状況をみることで、各州の非英語系移民およびアボリジニーの民族性をより明確にしたい。

一九九六年国勢調査によると、英語以外の言語使用者数が多いのは順に、ニューサウスウェールズ州（一〇一万五八六二人）、ビクトリア州（八一万六五五八人）である。英語以外の言語の使用者が州の人口に占める割合は、ニューサウスウェールズ州が一六・八％、ビクトリア州が一八・七％であり、他の州に比べて高い割合を示している。次いで英語以外の言語の使用者数が多いのは、クイーンズランド州（二一万三五二二人）、西オーストラリア州（一八万三七八〇人）、南オーストラリア州（一六万三二五五人）の順である。[15]

注目すべきは北部準州で、非英語系移民の数は少ないのに比べて、英語以外の言語の使用者数は比較的多く四万一六四人となっており、英語以外の言語の使用者が州の人口に占める割合は二〇・六％と他の州と比べて最も高い割合を示している。そのうえ、英語以外の言語使用者のうち半数以上を占める二万五九三六人がアボリジニー言語の使用者であり、大きな特徴といえる。[16] また、北部準州に住むアボリジニーの数は四万六二七七人であるが、上記の二万五九三六人がアボリジニー言語を話しているということからもアボリジニーの文化を踏襲している者が多いことがわかる。首都直轄区の英語以外の言語使用者数は三万八二六四人で数としては少ないが、州の人口に占める割合は一二・八％と高い割合を示している。タスマニア州の場合は、他の州に比べて英語以外の言語の使用者は最も数の少ない一万四二四一人で、州の人口に占める割合も三・一％と低い割合を占めているにすぎない。

このように、一つの国のなかでも州によって民族の状況がかなり異なっていることが明らかである。したがって、多民族への対応といっても民族状況の違いによって種々の対応の仕方が必要となってくるわけである。そこで、州する。の民族状況の多様性をふまえたうえで、それぞれの州における多民族に対応する言語教育政策の変遷を追うこととする。

4　各州の言語教育政策の変遷

州段階の言語教育政策を考察する前に、連邦政府段階の言語政策について簡単にまとめるが、国の言語政策の成立過程とその後の展開を年代別に区分すると次のように分けられる。すなわち、⑴言語政策成立の準備期（一九八〇年代前半）、⑵言語政策の成立期（一九八〇年代後半）、⑶言語政策の整備期（一九九〇年代以降）となる。

国の言語政策が必要とされるようになった背景には、一九七〇年代中頃からの移民政策における多文化主義政策、アボリジニー政策における自決政策にみられるように、移民およびアボリジニーの文化を認識し尊重する方向性が示されたことがある。一九八〇年代初頭に公的な場において[17]はじめて国としての言語政策を確立する必要性が指摘されたのであるが、それは英語以外の言語（Languages Other Than English, LOTE）への対策を含む多民族に対応する言語政策の策定をめざすものであった。その後、一九八〇年代後半になって「言語に関する国家の政策」（National Policy on Languages, 1987）を策定したことにより、国の言語政策が成立したことになる。これは言語全般にかかわる政策であったが、言語教育政策はとくに重視され、⑴すべての者に対する英語教育（第二言語としての英語〈English as a Second Language, ESL〉を含む）、⑵アボリジニーの言語教育、⑶すべての者に対するＬＯＴＥ教育と大きな柱を三つ示しており、多民族への対策にとりくむ姿勢がみられた。とくに、オーストラリアの地域社会で話されてきたさまざまな言語はこれまでは言語教育から除外されてきたものであったが、ＬＯＴＥ教育として政策の中心に位置づけたことは注目すべき点である。一九九〇年代以降の整備期においては、LOTE教育を地域社会の言語の教育としてだけではなく、国の経済発展につながるものとすることが強調されるなど若干の整備が行われた。しかし、多民族への対応を前面に出した言語教育政策であることに変わりはない。

次に、連邦政府段階の言語政策をふまえたうえで、州段階での言語教育政策の変遷をまとめよう。一九八七年に連邦としてはじめての言語政策が策定されたのであるが、それ以前から多民族への対応を考慮した言語教育政策を展開してきた州としてまずあげられるのがビクトリア州である。ビクトリア州は前記したように、非英語系移民の数がかなり多く、州の人口に占める割合は他の州と比較して最も高い。そのため多民族への対応が必要に迫られる状況があった。そこで、他の州に比べてかなり早い時期から学校教育にLOTEおよびESLの教育をとりいれ、多民族に対応する言語教育を積極的に行ってきたのである。一九八四年には州教育大臣の書簡№6「ビクトリア州におけるカリキュラムの開発と計画」(Curriculum Development and Planning in Victoria) においてLOTEに対する大きな関心を示したのにはじまり、同年には「ビクトリア州の学校における地域社会語の位置づけ」(The Place of Community Languages in Victorian Schools) という討議報告書を出した(18)。そのなかで、「ビクトリア州の学校人口の多言語的な状況はかなり高まっている。ビクトリア州教育省の一九八三年民族教育一斉調査は、公立学校の生徒の四人に一人は非英語系の家庭からの者であることを明らかにした。中等学校では、この割合はほぼ三人に一人となる(19)」と記しており、多民族社会に対応する言語教育が必要な背景には州の多民族・多言語的な状況があるとしている。この報告書の基本方針は、多文化社会における言語教育はすべての子どもに対して根本的に重要であるという信念にもとづいている。そして、ビクトリア州の地域社会で日常的に使われている地域社会語を子どもが学習することによって、州の文化的多様性を深く認識し、異なる文化背景をもつ者との理解を深めること、異なる文化背景をもつ子どものアイデンティティの確立につながることをめざした。この報告書の勧告を要約すると第一に、学校教育において地域社会語の第二言語学習計画を導入し、非英語系の子どもに対する地域社会語の保持が学校教育の目標の一つとなること。第二に、このような言語学習計画が実施できない学校では、特定の民族学校との協力のもとで政策を実施することである。[20] つまり、学校教育において地域社会語の教育が標準的に行われることを意図したものであり、教育における公正の観点からすべての者に学習が可能となる方策を考慮に入れていた。また、この時期すでに非英語系移民に対するＥＳＬ教育は行われていたが、それは社会に同化させるための手段としての英語教育ではなかった。一九八七年に州独自のＥＳＬ教育政策の指針を示したのであるが、[21] そのなかで「第二言語としての英語教育は、多文化社会において、そして多文化社会のためにきわめて重要な要素である」と明記していることから、多民族への対応を考慮した言語教育政策であることが明らかである。このようにビクトリア州では、連邦政府の対応に比べてかなり早い段階で言語教育を通して多民族に対応する取り組みがなされていたのである。

ニューサウスウェールズ州は、非英語系移民が最も多く住んでおり、ビクトリア州と同様に多民族への対応の必要性が高い州であった。そのような背景があり、州政府は一九七八年に民族問題委員会（Ethnic Affairs Commission）を設置し、多民族への対処を行っていた。また、その当時の州知事は州の政策に関して「子どもの第一言語は価値のあるものであり、実に多くの子どもがバイリンガルになる見込みがある」[22] と述べており、多民族への対応として言語教育の必要性を認識していたことがわかる。実際に、一九八一年当時のニューサウスウェールズ州の海外出生者の数は一〇四万一八二人であり、これは州人口の二〇・五％を占めていた。[23] そこで、州教育省は一九七九年に「多文化教育政策声明」（Multicultural Education Policy Statement）を出し、教育における多民族への対応の方針を示した。[24] そのなかで、多文化主義は教育課程全体に浸透すべき重要なものであるとしたうえで、多文化教育の基本方針として教育課程に対する多文化的観点、異文化間理解のための教育をあげた。[25] さらに、民族学習、Ｅ

SL教育、言語を通じての文化教育を多文化教育の一環として位置づけたのである。このように、ニューサウスウェールズ州において、地域社会語およびESLの教育は多文化教育の一環として位置づけられたために、州の言語教育政策という形では成立しなかったが、多民族に対応する教育に積極的にとりくんでいたことは明らかである。また、一九六〇年代初頭に行われたワインダム（Wyndham）改革が学校でのLOTE教育を促進するうえでの制約となっていたこととも関連し、州が多民族に対応する言語教育を積極的に促進する政策を示したのは一九八〇年代後半になってからであった。[26]

ビクトリア州とニューサウスウェールズ州に比べれば非英語系移民がそれほど大きな割合を占めてはいないものの、連邦政府段階の言語政策が成立する以前から多民族に対応する言語教育が発展してきた州として、南オーストラリア州とクイーンズランド州があげられる。南オーストラリア州では、一九八一年当時で州人口の〇・八%がアボリジニーとトーレス海峡島しょ民、二三・〇%が海外出生者であり、州人口の二三・〇%（約三〇万人）が非英語系の国出身者の親（少なくとも片親）をもつ子どもであった。[27]多民族に対応する言語教育政策の成立には、州のこのような民族的な状況がかかわっているが、多文化教育研究の先駆者であるスモリッツ（J. J. Smolicz）が州内において研究活動を進めてきたこと、州教育省が政策立案の一員として彼を採用したことも大きく関与しているといえる。彼が中心となってまとめた報告書は、一九八四年に「文化的な民主主義のための教育」（Education for a Cultural Democracy）として公表された。これは、南オーストラリア州における多文化主義と教育との関連についての調査および勧告をまとめたものであり、多文化政策の対応として言語教育を重視する方針を示している。[28]この報告書のなかで「言語教育は、多文化社会の教育の中核にある」[29]と明記していることからも、多民族に対応する言語教育の重要性を認識していることが明らかである。また、このなかで提案された内容が一九八六年に州が策定した言語政策のなかに多くくみこまれていることから、提案の意義を認めることができる。[30]この州言語政策では「多文化社会においてわれわれに最も要望されることは、一つ以上の言語に精通することであり、学校は可能なかぎり英語以外の言語の学習を提供するべきである」[31]と明記しており、多民族に対応する言語教育政策にとりくむ必要性をはっきり示した。

クイーンズランド州では、一九八〇年代に入って多民族への対応として言語教育の重要性が認識されるようになった。たとえば、クイーンズランド州多文化調整委員会（Queensland Multicultural Coordinating Committee 一九七九年設置）は、一九八〇年に合同委員会としてクイーンズランド州現代言語教師協会（Modern Languages Teachers Association of Queensland）を設置し、言語教育を通して多文化主義を促進する方策について話し合いを行っていた。[32]また、州教育省は一九八〇年代中頃に初等学校におけるＬＯＴＥ計画についての文書（政策文書№4）を出し、初等学校でのＬＯＴＥ学習計画を推進した。しかし、実質的にＬＯＴＥ学習計画が行われるようになったのは、国の言語政策のもとで言語学習計画に対する助成が受けられるようになった一九八七年以降であった。

その他の西オーストラリア州、タスマニア州、北部準州、首都直轄区では、連邦段階の言語政策が成立する以前は州独自の取り組みがみられなかった。つまり、これらの州は一九八七年以降になってから、連邦政府の言語政策の方針を受けた形で州の言語教育政策を確立したことになる。州の多民族に対応する言語政策としてあげられるのは次の通りであった。西オーストラリア州は一九八八年の「西オーストラリア人の言語」（Languages for Western Australians）、タスマニア州は一九八七年の「タスマニア州の中等学校とカレッジにおけるＬＯＴＥ教育――政策声明」（The Study of Languages Other Than English in Tasmanian Secondary Schools and Colleges）、北部準州は一九八八年の「北部準州ＬＯＴＥ政策」（Northern Territory Policy on Languages Other Than English）、首都直轄区は一九九〇年の「一九九〇―二〇〇〇年首都直轄区の政府学校におけるＬＯＴＥ」（Languages Other Than English in ACT Government Schools 1990-2000）である。

表1　第一言語としての英語以外の言語を使用している者の数と割合

州／直轄区	英語以外の言語の使用者		第一言語として話されている英語以外の言語（州／直轄区人口の1％以上を占めるもの）
	使用者数	州／直轄区の総人口に占める割合	
ニューサウスウェールズ州	732,000	17.1%	アラビア語，ドイツ語，ギリシャ語，イタリア語，ユーゴスラビア語
ビクトリア州	678,000	22.1%	中国語，オランダ語，ドイツ語，ギリシャ語，イタリア語，マルタ語，ポーランド語，ユーゴスラビア語
南オーストラリア州	174,000	16.7%	オランダ語，イタリア語，ドイツ語，ギリシャ語，ポーランド語，ユーゴスラビア語
クイーンズランド州	167,000	9.3%	オランダ語，イタリア語，ドイツ語
西オーストラリア州	119,000	14.0%	オランダ語，イタリア語，ユーゴスラビア語
北部準州	28,000	27.7%	アボリジニーの言語，中国語，ギリシャ語
タスマニア州	13,000	4.1%	

注）1983年，15歳以上の者．この統計では，首都直轄区のデータはニューサウスウェールズ州に含まれている．
出典）State Board of Education and Ministerial Advisory Committee on Multicultural and Migrant Education, 1984. *The Place of Languages Other Than English in Victorian Schools*. p. 5.

以上、各州の言語教育政策の成立過程に焦点をあてて論じてきた。そこで、連邦段階の言語政策が成立する以前に州独自の取り組みがみられた州とみられなかった州との相違点についてまとめることとする。州独自の取り組みがみられた州は、ビクトリア州、ニューサウスウェールズ州、南オーストラリア州、クイーンズランド州である。これらすべての州で多民族に対応する言語教育政策が成立したのは一九八〇年代前半であるが、その当時の民族の状況を明らかにするために、表1で州別の英語以外の言語使用者数とその割合を示した。ビクトリア州、ニューサウスウェールズ州、南オーストラリア州に共通する点は、英語以外の言語使用者の割合が州の総人口の一五％以上を占めていること。第一言語として使用されている言語（州および直轄区人口の一％以上を占めるもの）は、いずれも五カ国語以上であり、他の州に比べて多様であることである。クイーンズランド州の場合は、英語以外の言語使用者の割合は九・

三％と低いが、その数は一六万七〇〇〇人と多い。つまり、これらの州は、非英語系の者の占める割合が高く、多民族に対応する言語教育政策の必要性が高かったといえる。

それに対して、連邦段階の言語政策が成立する以前に州独自の取り組みがみられなかったのは、西オーストラリア州、タスマニア州、北部準州、首都直轄区である。これらの州および区に共通することは、非英語系移民が州内でそれほど大きな存在を占めていなかったことである。表1に示したように、これらの州における英語以外の言語の使用者数は、一五万人以下であった。また、州の人口そのものが少ないとはいえ、タスマニア州ではわずか一万三〇〇〇人だけが英語以外の言語使用者であった。すなわち、これらの州においては多民族への対応について住民からの強い要請が生じなかったと考えられる。このように、多民族に対応する言語教育政策の成立にかかわる要因は、州の民族状況にあると集約できよう。

なお、表1の北部準州における英語以外の言語使用者の割合は二七・七％と他の州に比べて最も高いのであるが、これはアボリジニー言語の使用者が多いためである。多民族への対応として、本章では非英語系移民とアボリジニーを対象とすると記したが、州の言語教育政策の成立過程はおもに移民の英語以外の言語が契機となっているものがほとんどで、アボリジニーの言語とのかかわりはあまりみられなかった。これは、非英語系移民に比べるとアボリジニーの存在は小さいものであると同時に、先住民の声が政策に生かされることの難しさをあらわしているともいえよう。

5　多民族に対応する言語教育政策の成立にかかわる要因

多様な民族状況にある州の言語教育政策の成立過程を考察することにより、多民族に対応する言語教育政策を確立する際に要因となりうるものを集約することができた。国段階でおもな要因となりうるものは、第一に社会的背景、すなわち民族の状況である。オーストラリアでは、第二次大戦以前は非英語系移民の割合は低かった。全人口に占める割合は最も高いときでも一九〇一年の三・六%（一三万五三一九人）、最も低いときで一九三三年の一・九%（一二万六五六四人）であった[33]。しかし、一九四七年では一・九%（一四万二一七四人）であったのが、一九六一年には九・一%（九五万一二三二人）になったことから明白であるように、一九四七年以降、非英語系移民の割合は急増したのである。一九七一年には一〇・六%（一三五万四六七九人）と非英語系移民の占める割合が全人口の一〇%を超え、それ以降も非英語系移民の占める割合は増加の傾向をたどっている[34]。一九七〇年代以降に、多民族に対応する言語教育政策成立に向けての動きが起こったことから、非英語系移民の割合が一〇%以上を超えるようになり、多民族への対応が必至となったことが背景にあったといえよう。つまり、国の公用語以外の言語的背景をもつものが一〇%を超えるようになった場合、多民族への対応の一つとして言語教育政策の策定が必要になると考えられる。第二に、国段階での要因としてあげられるのは、政治的背景である。つまり、多民族に対して国がどのような方針を定めていくかが重要である。オーストラリアにおいては、多文化主義のもとで多民族の積極的な受け入れが前提にあって、言語教育政策が成立した。しかし、多民族を全面的に認める方針か否かによって言語教育政策のあり方は大きく左右される。ここに重要な要因を認めることができる。

このような国段階での要因があって、さらに州段階あるいは地域段階での要因が言語教育政策の成立に大きくかかわることになる。州段階あるいは地域段階での要因としてあげられるのは、第一に州あるいは地域の民族集団の構成による要因である。つまり、多民族社会に対する住民の意識、民族集団および先住民集団からの要請、行政側の多民族への対応などである。とくに、民族集団は地区を基盤にして結束することが多いが、民族集団の結成する団体などからの働きかけが言語教育政策の成立の契機となることが多いといえよう。オーストラリアの州間比較を通して、多民族に対応する言語教育の成立には、州あるいは地区の民族集団の構成による要因が最も大きな影響を与えることが明らかになった。第二に、政治的要因である。これは、多民族に対する州の方針がどのようなものであるかということである。実際に、州の選挙の結果で労働党が主導権を握るか、あるいは自由党が主導権を握るかによって民族に対する政策が大きく変わることとなる。第三に、経済的要因、つまり教育財政上の問題がかかわってくる。具体的には、州として独自の言語教育政策に財政を確保することができるか、それとも連邦政府による直接的な助成を必要とするかということである。その他の要因としては、州の教育行政、制度、政策の方針あるいは研究者による研究開発などがあげられる。

このように、多民族に対応する言語教育政策を確立するためには、さまざまな要因がかかわるのである。本章ではオーストラリアに焦点をあてて論じたが、わが国も例外ではなく世界的にこのような言語教育政策が必要となっている。民族状況が多様なオーストラリア各州の言語教育政策の成立過程を考察することによって導き出された要因は、今後諸外国において言語教育政策を策定する際の指標となるのではないかと考える。

6　多民族に対応する言語教育政策の指針

最後に、オーストラリア以外の社会でも共有できるような、多民族に対応する言語教育政策の指針について私見をまとめてみたい。まず、対象とする言語の領域についてである。これには次の三つの領域が考えられるだろう。第一に、すべての者に対する公用語の教育である。これは、すべての者に対する識字教育、そして公用語を第二言語とする者の教育という二つの要素をもつことになる。第二に、公用語以外の言語教育である。つまり、移民を対象とした母語教育、およびすべての者に対する公用語以外の言語教育ということになる。第三に、世界の多くの国ぐにに存在する先住民の言語教育である。これは先住民を対象とするもの、先住民以外を対象とするものの両方が必要となるであろう。ここでは、対象となる言語教育の領域として三つをあげたが、これは本研究を通して集約できた指針にすぎない。国によっては公用語が数カ国語におよぶ場合、あるいは先住民の言語が存在しない場合もあることから、それぞれの言語の状況に応じた対処が必要であることはいうまでもない。

さらに、多民族に対応する言語教育政策を策定する際の指針として考えられることとして、次の五つを示すことができる。第一に、教育における公正への配慮という観点からも、公教育の場で行うものであること。第二に、一部の者に対する保障的なものではなく、すべての者を対象としたものであること。すなわち、公用語以外の言語の教育は移民の母語教育だけにとどまらず、すべての者が学習する価値のあるものにするということである。第三に、国段階では言語教育政策の方針および枠組みを示すにとどめ、政策の実施方法、言語の選択などは地区段階で決定できるものであること。これは、民族状況あるいは言語的な状況は地区によって異なる場合が多いので、国段階での画一的な政策では十分に対応できないためである。第四に、常に変化する社会的・政治的・経済的・文化的背景を考慮したものであること。これは、言語教育政策をとりまく環境が常に変化していることに留意し、その変化への対応を行う必要があるということである。第五に、コミュニケーションの手段としての言語教育であると同時に、異なる民族および文化の理解をめざしたものであること。この点は、多民族に対応する言語教育政策の実現に最も不可欠な要素である。これらはそれぞれの状況に応じて変わりうるものではあるが、多民族に対応する言語政策を策定する際の重要な指針として認められるであろう。

注

(1) National Board of Employment, Education, and Training, 1993. *Equity Outcomes: A Report to the Schools Council's Task Force on a Broadbanded Equity Program for Schools*. p. Ⅲ.
(2) Ministerial Council on Education, Employment, Training and Youth Affairs, 1994. *National Strategy for Equity in Schooling*. p. 2.
(3) 他に、身体的障害、学習困難、情緒あるいは行動障害のある生徒、学校を中退して危機的な状態にある生徒、社会経済的な状況が悪かったり貧困生活を送っている生徒、地理的に遠隔地に住む生徒が優先的に支援する集団として明記されている(Ministerial Council on Education, Employment, Training and Youth Affairs, *op. cit.*, pp. 3-4.)。
(4) *Ibid.*, pp. 6-7.
(5) 関根政美『エスニシティの政治社会学——民族紛争の制度化のために』名古屋大学出版会、一九九四年、一一頁。
(6) Bureau of Immigration and Population Research, 1994. *Birthplace and Related Data from the 1991 Census-Expanded Community Profiles*. pp. 15-16(NSW), pp. 28-29(Vic).
(7) *Ibid.*, pp. 41-42(Qld), pp. 54-55(SA), pp. 67-68(WA).
(8) *Ibid.*, pp. 80-81(Tas), pp. 93-94(NT), pp. 106-107(ACT).
(9) *Ibid.*, pp. 28-29(Vic), pp. 15-16(NSW), pp. 106-107(ACT).

(10) *Ibid.*, pp. 67-68 (WA), pp. 54-55 (SA), pp. 93-94 (NT), pp. 41-42 (Qld).

(11) *Ibid.*, pp. 80-81 (Tas).

(12) Australian, Bureau of Statistics, 1997. *Census of Population and Housing: Selected Social and Housing Characteristics for Statistical Local Areas: Australia.* Canberra, Australian Government Publishing Service, pp. 6-8 (NSW), p. 11-13 (Qld), pp. 15-16 (WA), p. 18 (NT).

(13) *Ibid.*, pp. 8-11 (Vic), pp. 13-14 (SA), p. 17 (Tas), pp. 18-19 (ACT).

(14) 以下，州人口に占めるアボリジニーの割合は次の資料から算出した（Australian, Bureau of Statistics, 1997. *Census of Population and Housing: Selected Social and Housing Characteristics for Statistical Local Areas: Australia.* Canberra, Australian Government Publishing Service, pp. 6-19.）。

(15) 以下，各州の英語以外の言語使用者数および州人口に占める割合は次の資料からである（Australian, Bureau of Statistics, 1997. *Census of Population and Housing: Selected Social and Housing Characteristics for Statistical Local Areas: Australia.* Canberra, Australian Government Publishing Service, pp. 6-19.）。

(16) Australian Bureau of Statistics, 1997. *Census of Population and Housing: Selected Social and Housing Characteristics for Statistical Local Areas: Northern Territory.* Canberra, Australian Government Publishing Service, p. 24.

(17) 一九八二年に行われた連邦政府上院の教育・芸術に関する常任委員会（Senate Standing Committee on Education and Arts）においてであった。

(18) 最終的にこの討議報告書をまとめたものが翌年に公表された「ビクトリア州の学校におけるＬＯＴＥの位置づけ」（The Place of Languages Other Than English in Victorian Schools）である。

(19) State Board of Education and Ministerial Advisory Committee on Multicultural and Migrant Education, 1984. *The Place of Community Languages in Victorian Schools (Discussion Paper).* p. 3.

(20) *Ibid.*, p. 6.

(21) ＥＳＬ教育政策の指針として示したのは次の三つの文書である。

(a) The Teaching of English as a Second Language, Guidelines for Primary and Postprimary Schools

(b)First Language and Second Language Development
(c)English as a Second Language Program Development in Schools

(22) National Languages and Literacy Institute of Australia, 1994. *From Language Policy to Language Planning: An Overview of Languages Other Than English in Australian Education*. pp. 29-30.

(23) Bureau of Immigration and Population Research, 1994. *Immigration, Education and Training in New South Wales*. Canberra, Australian Government Publishing Service, p. 39.

(24) 「多文化教育政策声明」は再検討が行われ、一九八三年に改訂版を公表した。その補助文書のなかに、地域社会語教育、ESL教育についての文書が含まれている。

(25) New South Wales Education Department, 1979. *Multicultural Education Policy Statement*. n. p.

(26) National Languages and Literacy Institute of Australia, 1994. *op. cit.*, pp. 29-30.

(27) Task Force to Investigate Multiculturalism and Education, 1984. *Education for a Cultural Democracy: A Summary*. p. 11.

(28) *Ibid.*, p. 7.

(29) *Ibid.*, p. 20.

(30) Department of Education and Children's Service of South Australia, 1995. *Consolidating Gains, Recovering Ground: Languages in South Australia*. p. 9.

(31) Education Department of South Australia, 1986. *Languages Policy*. n. p.

(32) National Languages and Literacy Institute of Australia, *op. cit.*, p. 34.

(33) Bureau of Immigration Research, 1991. *Community Profiles: Non-English Speaking Born*. p. vii.

(34) *Ibid.*

四章　ニューカマーの子どもの学校教育——日本的対応の再考

1　多文化教育への接近

多文化教育は一九七〇年代以降、おもにアメリカ、カナダ、オーストラリア、イギリス等において多民族・多文化社会の政治統合理論として注目され、その後、政策的にもその有効性が一定程度確認される多文化主義[1]に基礎づけられた教育理論であり教育実践である。しかしながら、その定義や解釈、展開内容等においては国や地域によって理解が微妙に異なり、たとえばフランスやドイツ、オランダ等のヨーロッパ諸国では「多文化教育」よりも文化間・民族間関係をより重視する「異文化間教育」と呼称されるのが通例である。研究者間におけるその理解内容はさらに多様化し、共通理解を確定するのは容易ではないが、少なくともドミナントな文化への一方的な適応を強要する同化教育への否定を起点として概念化されているとの共通認識を見出すことができるであろう。

アメリカの教育史家であるスプリング（J. Spring）は「奪文化化」(deculturalization) の視点からアメリカにおける教育史の再編を試みている。かれによると「奪文化化」とは、「ある集団から文化を奪い、かれらになじみのない新たな文化を強要すること」と定義される。[2]学校教育における「奪文化化」は実に多様なプログラムや教育実践を通してなしうるが、おもに分離教育、言語教育、支配集団の文化を反映したカリキュラムおよび教科書、被支配集団の文化の抑圧、支配集団出身の教師による教育などが歴史的に（そして現在においても）検証される。[3]

多文化教育とはこのような「奪文化化」教育と対極に位置する。多文化教育が、マイノリティ集団の文化・歴史・言語等に関する内容をくみこんだカリキュラムや教科書の作成、バイリンガル教育、生徒の文化的背景を考慮した教育実践、人種的に統合された学校・教室、教職員に対する多文化的教育研修等々をおもなアプローチとして概念化されていることをみれば、[4]その関連性はおのずと明らかになるであろう。つまり、多文化教育は、「奪文化化」のプロセスにおいて抑圧され否定されてきた諸集団の文化、ないしアイデンティティの復権および承認を求める教育ともいえるのである。換言すれば、多様性（diversity）に根ざした公平（equity）への標榜が多文化教育を特徴づけているのである。したがって、それらに対して正当な承認を付与する教育へと学校を再統合・再編することが多文化教育の主要な目的となる。「ひとつの支配的な文化の反映」としての学校を、「多様な諸文化の価値の重要性を認める」[5]学校へと変革させるという学校教育改革運動として多文化教育が立ちあらわれてくるのである。

日本の状況に目を転じてみよう。モノ・カネ・情報が国境を越えて移動するいわゆるボーダーレスな国際社会の形成が進行するなかで、こうした外的状況に対応するうえでの「国際化」の必要性が認識されるとともに、日本社会それ自体の「国際化（内なる国際化）」の必要が論じられてきたことは周知のところである。さらに、近年では、中国帰国者・インドシナ難民・外国人労働者の参入により、日本社会の民族的・文化的多様性がこれまで以上にクローズアップされ、それにともない多文化的社会形成の必要性が指摘されている。[6]そして今日では、「内なる国際化」は多文化社会の形成という多文化主義とリンクして論じはじめられている。[7]しかしながら、多文化主義はいまのところ、「『希望的思考』として、あるいは『スローガン』として語られやすい[8]」傾向にあることも指摘されている。

多文化教育もまた同様の状況にあることは否めない。日本における多文化教育研究の嚆矢とされる『多文化教育の比較研究——教育における文化的同化と多様化』(小林哲也・江淵一公編、一九八五年)が出版されて以来、その関心は高まりつつあるが、多くの場合、諸外国における多文化教育の歴史・概念あるいは研究動向・政策・実践等の紹介にその関心が向けられてきた。その意味では、「課題意識において未だ横文字からの翻訳」(9)という段階にとどまっている感が強い。ひるがえって、昨今話題になっている「心の教育」をキーコンセプトとする学校教育改革や関連する教育改革研究のディスコースにおいては、多文化教育的視点を見出すことは困難である。

しかしながら、日本の公教育に即した多文化教育の検討の試みもはじまってはいる。とくに従来の在日韓国・朝鮮人教育や同和教育あるいは在日外国人教育の諸領域において、その研究・実践の蓄積を多文化教育とリンクすることにより、新たな展望をひらくための取り組みがなされている(10)。本章ではこうした試みの一環として、ニューカマーの子どもへの日本の学校の対応を検討することを通して、日本の公教育における多文化教育の展望ないしその可能性について考察してみたい。多文化教育をたんに「希望的思考」として語るのではなく、日本的文脈において展開する一助としたい。

2　ニューカマーの子どもの学校教育

日本的対応の諸側面と問題点

今日、日本の小・中学校に通っている外国人児童生徒の数は七万六〇〇〇人で、これは全児童生徒の約〇・六%

に相当する（一九九八年、文部省基本調査）。そのほとんどは戦前・戦中の日本の植民地政策に起因して日本に居住することになった韓国・朝鮮人の子どもである。彼／女ら（以下、「かれら」と表記する）の多くは日本で生まれ育っているがゆえに、日本の学校に通ううえで日本語に不自由することはないといってよい。このような定住外国人と対照的なのが、「ニューカマー」と呼ばれる比較的最近日本にやってくるようになった、外国で生まれ育ち、日本の学校に編入する時点においてほとんど日本語を話さない子どもである。かれらの存在が注目されはじめたのは、一九七〇年代の中国帰国者の子どもが最初であったが、その後、一九八〇年代に入るとインドシナ難民の子どもが加わり、そして一九九〇年代以降は日系のブラジル人やペルー人の子どもが日本の学校に就学することによって、その数は飛躍的に増大した。

今日では、これら以外の地域や国出身の子どもも多数日本の学校に在籍している。その数は二万人近くに達しており、地域によっては一〇人に一人がニューカマーの子どもである学校や、クラスに五〜六人かれらが在籍する学校もあらわれはじめている。(11)

言語的・文化的・民族的背景を異にするこのような子どもに対して、日本の学校がどのように対応しているのか、そしてそこにどのような問題を見出すことができるのかをみてみよう。

就学上の諸問題(12)

日本人の場合、学齢期（六〜一五歳）にある子どもの親や保護者にはその子どもに義務教育を受けさせる法令上の義務がある。これにより、子どもは基礎的な教育を受ける権利を法的に保障されていることになる。

では、日本国籍をもたない外国人の子どもの場合はどうなのであろうか。現行の法令上、外国人の場合には件の義務はないものとされている。(13)これにより外国人の子どもが日本の小・中学校に就学できないというのではないが、少なくとも法的には権利として義務教育が保障されていないことになる。かれらの小・中学校への就学は行政的な手続きを踏むことによって可能となる。つまり、親が当該教育委員会に子どもの就学を「希望」し、教育委員会がその申し出を「許可」することによってはじめて就学が実現するのである(14)。

就学が認められ学校へ編入学を「許可」された外国人に対しては、「日本人の子どもと同様に」扱うことが原則とされている。これには授業料の不徴収、教科書の無償配布や就学援助等、日本人と同等の行財政上の待遇を得ることが含まれるが、同時に、教育内容上、日本人とまったく同様の教育が行われることも意味している。つまり、教育内容に関しては、「日本人子弟と同様に取り扱うものとし、教育課程の編成・実施について特別の取り扱いをすべきではないこと(15)」とされている。

このように、外国人の日本の学校への就学は、(1)就学の機会は「権利義務」としてではなく、「許可」もしくは「恩恵」として提供される、(2)就学後は日本人と同様に扱われる、という二つの原則にもとづいて成立しているのである。外国人の就学に関するこの法制度的枠組みは、おもに在日韓国・朝鮮人の子どもを想定して形成されてきたものである。つまり、日本で生育して日本の学校に入学する外国人の子どもを前提としている。ニューカマー「外国人」の子どもの就学もこの枠組みのなかで処理されているのであるが、外国で生まれ外国の学校を経由してやってくるかれらにとって、はたして既存の枠組みは十全に対応しきれるのであろうか。いくつかの問題点を事例を交えながら検討してみよう。

外国から直接日本にやってくる子どもを受け入れる場合、まず最初に考えなければならないのが、どの学年に編入させるかである。これは一見単純そうで実は相当複雑な問題をはらんでいるのである。日本人の場合と同様に年齢相応の学年に編入するというのが一般的である(事実、文部省も年齢相応学年への編入を原則とする立場をとっている)が、この場合、子どもが自国で受けてきた学校教育と必ずしも相応しないような事態が生じることもある。

日本では、義務教育において次年度への進級は学習達成度とは無関係にほぼ自動的に進級するシステムとなっているが、諸外国でこのような「自動進級システム」を採用しているところはむしろまれで、進級には一定の到達基準が要求され、その基準をクリアしない場合はいわゆる「落第」となり、同学年をくりかえすことになる。自国で落第を経験している子どもが日本の学校に年齢相応の学年に編入されると「空白学年」が生じてしまう。

たとえば、過去に二度落第を経験しているブラジル出身の児童は、小学校四年生を終了して日本にきた。年齢相応学年に編入されると中学一年生となるので、親はブラジルで受けた教育と連動させるために小学校五学年への編入を希望したが、当該教育委員会は年齢相応学年への編入の原則をくずさず、その結果、中学校への編入であれば学力的に無理があると親が判断し、子どもの就学を断念した。

一方、年齢相応学年より下の学年に編入（下学年編入）する場合でも、問題がないわけではない。来日時の年齢相応学年が中学一年のブラジル出身の生徒の場合、日本語の理解力と滞在予定期間（三年）を考慮して小学校四年に編入することになった。編入後、一年経って、両親は子どもの日本語力が向上したことを理由に、中学一年に再編入することを教育委員会に申し出た。両親はブラジルの教育制度ではそれが可能であるため、日本でも同様の措置がなされると考えたのである。この申し出に驚いた教育委員会は日本の教育制度上、「飛び級」は認められず、したがって中学一年生への再編入は不可能であることを両親に説明したが、両親は編入時にそのような説明を受けなかったこともあり、納得せず、一時帰国をした後、再来日し年齢相応学年に再編入することも考えたというが、結果的には再編入を断念した。この生徒はその後、下学年に編入したままの状態で中学校に進んだが、自分より年齢の低いブラジル出身の生徒が年齢相応学年への編入によって上級学年に在籍することに不公平感を抱き、その結果、学習意欲を喪失し最終的には不登校状態のまま中学校を卒業し、職に就いている。

就学上のより深刻な問題は学齢期の子どもの不就学となってあらわれる。すでに述べたように、外国人には義務教育諸学校への就学義務はなく、希望者に対してのみ就学が認められるゆえに、就学を希望しない場合は不就学の状態となる。親が就学の手続き行為を起こさないかぎり、子どもは不就学のまま放置されるのである。不就学が生じるのは、このように当初から日本の学校（またはその他の学校、たとえばインターナショナル・スクール）へ就学をしない場合（たとえば、編入時の不都合ゆえ就学を断念した上記の事例）と、次に述べるように最初は学校に通っていたがなんらかの事情で退学する場合とが考えられる。

編入したものの学校に通わなくなり親が退学を申し出るケースは少なくはない。とくに中学校段階の退学が目立つ。校則や細々とした規則の遵守が強調される日本の学校文化になじめない生徒や帰国時期が決定した者、あるいは中学校三年生で高校進学の可能性が乏しいことが判明することによって退学する生徒は少なくないのである。このような傾向は全国的な統計にもあらわれている。文部省が一九九一年度から隔年ごとに実施している「日本語教育が必要な外国人児童生徒」に関する実態調査によると、中学二・三年生の生徒数の減少の割合が顕著である。学年が進むにしたがい当該児童生徒数が減少するとも考えられるが、小学生と比較した場合、中学生の減少の度合いは大きく、中途退学する生徒の多いことがうかがえる。(16) 地域によってはこのような生徒の存在が一般住民の目につくようになってきているが、現在のところ学校や行政当局は就学の督促の必要性がないとの文部省の立場にならい静観している。

いまひとつの主要な問題は未登録外国人（「不法」滞在者）の子どもの就学である。現行の法令上、未登録外国人の義務教育諸学校への就学を禁止する規定はないが、実際上、かれらの就学はきわめて困難な状況にある。文部省は一応、未登録外国人の就学を認めているが、就学に際しての具体的な手続きについては明確にしていない。外国人の場合、通常、当該教育委員会は外国人登録証によって子どもの氏名、年齢、住所を特定したうえで編入学の措置をとるが、未登録外国人の場合、このような編入手続きをどうするのかが定かになっていないのである。

また、就学手続き過程において、入国管理当局への届出の必要性を示唆しており、未登録外国人の就学は限りなく不可能に近いのが実情である。[17] 事実、ある未登録者の女性が子どもを小学校に就学させたい旨、教育委員会に申し出たところ、教育委員会はその場での受け入れはせず、小学校への就学が可能であることと、その結果として家族の強制退去処分の可能性を示唆して帰宅させており、実際には就学には至っていない。

日本語教育[18]

外国人の義務教育諸学校への就学に関する原則にしたがえば、ニューカマーの子どもは編入学後、「日本人と同様の」教育を受けることになる。つまり、日本の子どもと同じ教室で、同じ教科書を使い、同じ教師から、同じ内容の授業を受けるのが原則である。しかし、「日本の子どもと同様の教育」といったところで、これには明らかに無理がある。かれらは日本語を話さないし、日本の学校文化にもなじみがない。学校がかれらに対して「特別な」教育を行う必要性を認識するのには時間はかからない。日本語を話さない子どもを目のあたりにして、学校がまずとりくむのはかれらに日本語を教えることなのである。

日本語教育はさまざまな形態をもって行われる。小学校の場合であれば、指導内容や方法は担任教員に一任され、授業の合間や休み時間、放課後等を利用して指導するのが一般的である。学校内にニューカマーが何人かいる場合には、学級担任以外の教職員（校長・教頭・教務主任等）が日本語指導を担当することもある。この場合も子どもはそれぞれ学級に所属しているので、特定の時間だけ原学級から「取り出して」日本語を教えるのである。しかし、こうした体制では日本語指導はごく限られた時間、それも片手間にしかなされず、日本語が理解できないかぎり一日のほとんどは学級内で「お客さん」として過ごすことになる。

このような状況に対応するため、文部省は一九九二年度から日本語指導を担当する専任教員を特別に配置（加配）する措置をとっている。「日本語教育が必要な外国人児童生徒」が一定数在籍する学校にのみ加配教員が配置されるので、すべてのニューカマーの子どもがその「恩恵」に浴することはないが、行政上この方式がモデル的な施策として位置づけられている。加配教員が配置されている学校では、特定の時間に当該児童生徒を原学級から取り出して、日本語の指導を行っている。

加配教員といえども日本語を第一言語としない子どもに日本語を教えた経験をもつ者は皆無に等しい。かれらはたまたま日本語教育を担当することになったにすぎないのである。それゆえ、その実践はまさに手探りの状態にあり、教材や指導方法は実に多様であるが、ひらがな、カタカナ、漢字を順次習得させるという方略がとられるのが一般的である。その意味からは、日本の子どもが小学校に入学して、読み書きを習得するのと同じプロセスが想定されているが、より短期的・集中的な習得がめざされている。

では、このような日本語教育の成果はどのようなものであろうか。結論からいえば、初期的な対応として、「学校や学級での生活に支障をきたさない程度に日常会話ができ、かつ、ひらがなとカタカナ、そして簡単な漢字の読み書きができるようになること」という点に関してはおおむね成功しているようである。日本人に囲まれ、日本語だけが意思疎通の有効な言語手段という環境のなかで、子どもは必要上日本語会話の習得につとめるのであろう、日常会話は日本人との相互作用のなかで比較的早い時期に習得していく。個人差や年齢差はもちろんあるものの、編入時から半年も経てばその地方の方言を使いながら「日本人と同じように」遊ぶことができるようになるし、教師との意思の疎通も相当程度はかれるようになる。読み書きも、ひらがなやカタカナはもちろん、小学校一・二年生の漢字までは比較的スムーズに習得も進んでいく。

しかし、初期対応の成功が原学級の授業理解に直結するとはかぎらない。というのは、日常会話ができることと授業内容を理解する日本語力の間には大きな隔たりがあるからである。ある特定の状況のなかでなされる個人の会話では、話の内容はその文脈からある程度予測が可能であるし、相手の顔の表情やジェスチャーなどによって内容の理解が容易になる。子ども同士が遊ぶ際には、たんなる言葉のやりとりだけでなく、行動で示すことなどで話の内容が伝えられるのである。つまり、日常会話は言語の意味理解の助けとなる多くの非言語的要素を含む状況において成立していると考えられる。

これに対して学校の授業では、教科内容の理解はおもに教科書や活字を通して、つまり言語それ自体を媒介にしてなされるので、言語以外に内容理解の手がかりになるものは限定される。また、教師の話す言葉も日常会話に比べてより抽象的なレベルのものが多く用いられ、抽象的思考に必要な日本語力が求められる。欧米の研究によれば、第二言語としてこのような抽象的思考に必要な言語能力（学習思考言語）を習得するには五年程度は要するといわれている。(19)

授業についていくために必要な日本語能力を養成するには、比較的長期にわたる日本語教育が必要となる。それも文字学習のみに集中してとりくむのではなく、教科の授業のなかで行う必要がある。だが、実際の状況はどうかというと、半年程度の初期的な日本語学習を経た時点で、つまり日常会話と簡単な読み書きを身につけた時点で、「特別な」日本語教育は必要のないものと判断され、なんら学習上の援助なしに原学級の授業を受けることになる。もちろん、大半の子どもはこのような抽象的思考を可能にする日本語能力を習得していないので、授業についていくことはたいへん難しい。端的にいうならば、落ちこぼれていく。

授業理解を視野に入れたニューカマーに対する日本語教育は、原学級での授業のあり方そのものの変革を迫ることになる。しかしながら、このような変革志向は現実にはみられない。それゆえ、言語的に明らかに不利な状況にあるにもかかわらず、「日本人と同様に扱う」という原則ゆえに、「学力的に低いレベルにある日本人と同様」というのがニューカマーの子どもに対する、学校、そして教師の一般的認識となってしまいがちである。

ところで、現行の日本語教育の特徴は、子どもが母語（第一言語）を使用する機会がきわめて限られた状況で展開されていることである。学級担任や日本語教育担当教員で、子どもの母語であるポルトガル語やスペイン語あるいは中国語を話せる者は皆無に等しい。自治体によっては子どもの母語を話す職員を独自に確保し、「母語指導」を担当させているが、子どもがその指導の恩恵に浴するのはせいぜい一カ月に数回が限度である。また、ニューカマーの子どもが学校に複数在籍する場合でも、母語で話をする機会はあまりない。同学年に二人以上在籍する場合でも、「日本語に少しでも早く慣れるように」との「教育上の配慮」から、かれらを同じ学級に入れない方針をとる学校も多い。たとえ学級内に幾人かのニューカマー児童生徒がいたとしても、かれらが学級内で母語を心おきなく話せる機会はほとんどない。

母語がほとんど顧みられない学校環境のなかに身をおくことによって、子どもたちの日常会話は、日本語へと移行していく。とくに母語の識字能力が十分確立していない年齢層の子どもたちの変化は顕著である。こうして、子どもの多くは日常の学校生活のなかで、友達と遊んだり教師と意思の疎通をはかるために必要な日本語（社会生活言語）を確実に身につけていく。一方、母語での会話や読み書きはごく限られた機会しかなく、母語を保持することさえ困難な状況にある。こうした言語環境下で、多くの子どもの場合、日本語習得の過程はすなわち母語喪失の過程となる可能性が高いのである。

ここでとくに留意しなくてはならないのは、母語喪失という大きな代償にもかかわらず、多くの子どもは授業についていくために必要な日本語能力である学習思考言語を習得するに至っていないという事実である。つまり、母語と日本語双方において思考や表現の道具としての言語をもたない子どもが創出される、というきわめて深刻な事態を招く危険性をはらんでいるのである。

日本語教育と関連するいまひとつの問題は、そのプロセスにおいて教科学習へのアクセスが不十分となっている点である。現行の日本語教育においては、「授業言語は日本語」という大前提に立ち、十分な日本語力を習得するまでは、教科の学習に参加できないのは当然ではないにしても仕方のないこととみなされている。中学校に編入してくる生徒を例にとってみると、教科の授業に参加するだけの日本語力を短期間で習得することは不可能ではないにしてもきわめて困難である。中学三年間の実質的な学習内容が日本語のみというようなことにもなりかねない。日本語の習得が授業へのアクセスの絶対条件との前提に立脚するかぎり、子どもが母国の学校教育において獲得してきた認知能力の開発を阻害する結果をもたらすといっても過言ではない。

適応教育(20)

ニューカマー児童生徒への対応として日本語教育とともに学校がとりくむのは「適応教育」である。日本語がいくら話せるようになったとしても、日本人と同様の行動をとれるとはかぎらない。日本の学校習慣になじむことが肝要とされる。子どもたちが日本語を習得する過程はまたかれらが日本の学校に適応する過程でもあると考えられている。

自国で学校教育を受けた経験のある子どもは、日本の学校生活の多くの場面で両者の落差に直面する。集団登下校や通学路の選定、給食や清掃等の当番制、服装や持ち物の特定や規制、欠席時の連絡、そしてもちろん授業時における学習様式や態度等々数え上げればきりがない。このような日本の学校文化になじむように援助することが「適応教育」のねらいとされる。

したがって、受け入れの学校や教師はできるだけ早くかつスムーズに、日本人と同様の学校生活をかれらに送らせるために腐心するのが常である。たとえば、学校への持ち物ひとつにしても、すべてまわりの子どもと同じ物を用意させるのが当然のことと受けとめられている。小学校であれば編入時の持ち物リストはざっと次のようになる。

体操服・体操帽、上ばき・上ばき入れ、通学帽、ランドセル、名札、給食用の箸、連絡ノート、絵の具セット、習字道具、音楽で使う笛（リコーダ）、裁縫箱、文具類（筆箱、鉛筆、けしゴム、定規、色鉛筆、クレヨン）等々。日本の親にとってもこれだけの物を即座にそろえるのは容易でない。ましてや日本の学校を経験していない外国人の保護者にとって事はそう簡単に運ぶとは思われないが、担任は日本語が通じない保護者と苦心惨憺連絡をとりあいながら、まわりの子どもと同じ物をもってくるまで「指導」を続けるのである。

持ち物をそろえることのみではなく、集団行動や協調性の涵養を重視する日本の学校では、多くの規則の遵守が子どもに求められる。「違い」や「異なること」に対する許容度はきわめて小さいのが日本の学校文化の特徴である。

たとえば、女子中学生の場合をみると、制服やピアス・化粧などという文化的要素が強く反映する問題がしばしば取り沙汰される。編入学に際して制服の着用、ピアス・化粧の禁止を強くいい渡す学校もあるが、むしろ生徒自らが制服を着用し、ピアスをはずし化粧をやめるのを待つという方針をとる学校も多い。これはいわゆるピアー・プレッシャーが有効に作用することを予想した学校側の対応ともいえるが、事実ほとんどの生徒は時間の経過とともに学校内では化粧をせずピアスをはずしてしまう。たとえ、「制服を着るのがいやなら別に着る必要はないし、ピアス・化粧も個人の問題だから好きなようにすればよい」と学校からいわれたとしても、「好きなようにできる状況ではない」ことを彼女らが認識するのに長い時間は要しない。彼女たち以外のすべての生徒は制服を着ており、誰一人として化粧やピアスをしている者はいないからである。彼女たちは制服を着て登校するようになるし、少なくとも学校にいる間は化粧もやめピアスをはずすのである。

小学生の場合、来日して日の浅い外国人に対してはまわりの子どもたちはおおむね面倒をよくみるようである。日本語がわからないから親切にしなくてはならないという心情からであろうか。そして、日本語を話せないのでみんなと一緒に学習活動ができなくても当然と受けとめられる。しかし、日本語を話せるようになり、日本の子どもと一緒に遊べるようになると、このような見方が一変する。ある日系ペルー人児童は漢字の書写をすることが苦手で、ほとんど教師の指示通りには書写することがなかったが、学校に通いはじめて一年近くたち、日常会話にも不自由せずみんなと一緒に遊べるようになると、まわりの日本の子どもから「おまえ、なんでやらないのだ」「さぼっている」等と詰め寄られるようになった。

日本の学校文化への一方的な適応を迫られるこうした過程において、ニューカマーの子どもの反応は一様ではないが、さまざまな摩擦や問題が生じていることも事実である。たとえば、日系アルゼンチン人の男子児童は年齢相応学年の小学校五学年に編入したが、学校になじめず欠席をくりかえしていた。というのは、彼は自己をしっかりと主張する子どもで、遊びなどでもアルゼンチンで身につけた彼流のルールや遊び方を押し通していた。そのうち、まわりの日本の子どもがそのような彼の行動を受け入れなくなり、仲間からはずすようになったという。彼は日本の子どもの行動の不当性を担任に訴えたが、担任はむしろまわりに合わさない彼の行動に反省を求めた。これを契機として彼は学校から遠ざかり、登校したとしても外国人の子どものために設けられた日本語教室にしか出向かなくなった。彼はまた日本の食事も口に合わず、給食もほとんど食べずに午前中で帰宅してしまうのが常であった。その後、小学校は卒業したものの中学校には就学せず、自宅で保育園に通う妹の送り迎えや家事を手伝うのを日課とした生活を送っている。

このように退学にまで至らずとも、最初から最後まで「行進」の練習に明け暮れる体育の授業に閉口して、次回からその授業に出なくなった男子中学生。泳げないのにむりやり泳がされてプライドを傷つけられたと涙ながらに担任に訴える女子中学生。口に合わない食物でも残さず食べるように指導される給食がいやで午前中で帰宅する小学生。みんなの前で裸になって受ける健康診断を拒否する小学一年生。早朝からの練習や夕方おそくまで続く部活動に耐えきれず退部した中学生等々。このような事例は枚挙にいとまがないほどである。

もちろん、日本の学校への「適応」を拒む子どもだけでなく、一途に「適応」しようと努める子どもも一方にはいる。事実、こうした子どもが圧倒的多数を占めているのであるが、かれらのなかには、たとえば母国から新たに編入してきた生徒への通訳をたのまれると、「自分はそんな言葉知らない」といって拒否する中学生や、国際理解教育の行事として実施される母国の踊りに加わらない小学生も少なくない。かれらは日本の子どもや教師の前で外国人的要素をみせるのを拒んでいるのである。なかには「自分は外国人ではなく日本人だ」と主張する子どももいる。あるブラジル人小学生は中学校に進むのを契機に「ブラジル人をやめて日本人になる」ことを決意したという。また、ある小学校のクラスで、「外国人と話をしたことのある人」という質問を教師がしたところ、全員が「ある」と答えたのだが、その直後に日系人児童が「おれは外国人ではない」と叫んだという。「適応」への圧力が子どもの行動レベルを突き抜けてアイデンティティの域にまで達しているといえるであろう。

3 日本における多文化教育の可能性

「奪文化化」としての国民教育

ニューカマーの子どもへの日本の学校の対応を検討してみると、そこには冒頭で述べたアメリカにおける「奪文化化」教育に相通じる内容を含んでいることに気がつく。アメリカでの「奪文化化」教育のおもな対象となったのは、先住民族のネイティブ・アメリカン、アフリカ系アメリカ人（黒人）、ヒスパニック、アジア系等の、いわゆるメインストリームに属するヨーロッパ系白人とは人種的・民族的・文化的背景を異にする子どもであった。かれらに求められたのは、かれらとは異なる文化・言語・価値体系等を体現する学校への一方的適応であり、それはほかならぬメインストリームを構成するヨーロッパ系白人と同様の「アメリカ人」になることを意味していた。

ニューカマーの学校教育が「奪文化化」として立ちあらわれるのは、かれらへの対応が「国民教育」の枠組みにおいてなされているからにほかならない。「国民教育」とは、「国民的一体性の上に形成される近代国家[21]」と定義される国民国家体制のもとで行われる教育であり、国民的同質性の形成、その維持・強化にその主眼が置かれる。その目的は国民国家を担う国民の育成にある。つまり、日本においては、子どもを（日本）国民として教育し、（日本）国民に育て上げるのが「国民教育」の意味内容である。

義務教育諸学校への外国人児童生徒の就学に関する二つの原則（就学の機会は「許可」として提供され、就学後は日本人と同様に扱われる）は、公教育の対象を日本人のみに限定し、教育内容を日本人教育と規定したものと解される。外国人の子どもは積極的には排除されないものの、日本人と同等の就学上および教育上の正当な権利享受者とは想定されておらず、いわば例外的な存在として位置づけられている。たとえば、ニューカマーの子どものなかには編入学上さまざまな不利益を被るケースがあることは前述の通りであるが、このような当事者の不都合は例外的な事例として看過されることになる。

「国民教育」がニューカマー、つまり日本人とは異なる言語的・文化的・民族的背景をもつ子どもに適用されるとき、それは「奪文化化」教育として機能することになる。「日本人と同様に扱う」ことを可能にするためにとりくまれる「日本語教育」や「適応教育」によって、子どもの固有の言語・文化・習慣・行動様式等は無視されるかときには抑圧される。日本語以外の言語の識字能力は評価されないし、日本人の子どもに期待されないような知見は相手にもされない。非日本的要素がひたすら問題視され、日本的要素の付与が教育の眼目となる。

こうした「日本人化教育」のプロセスにおいていかなる問題が生起するかは前節で述べた通りである。ここに至ってわれわれは「国民教育」のオールタナティブとして多文化教育を構想する契機をえることになるが、しかし、それは古い車を乗り捨てて、新車に乗りかえるというような容易なものではない。なぜなら、「国民教育」が依って立つ国民国家体制は今日、そのゆらぎをみせてはいるものの、いまだそれに変わるシステムが確立されてはいないからである。したがって、「国民教育」をたんに否定することによって、多文化教育を構想することはできない。従来の「国民教育」を批判的にとらえかえすことがまず必要となる。「国民教育」の再構成・再構築の作業をいま「脱国民教育」(to denationalize education)と名づけるならば、この過程において多文化教育の可能性を見出すことができるのではないであろうか。ニューカマーの子どもの学校教育の再考を通して、「脱国民教育」としての多文化教育の可能性を考察してみたい。

「脱国民教育」としての多文化教育

(1) 「国民」の権利としての教育から「社会構成員」の権利としての教育へ

「国民教育」が対象とするのは日本国民であり、したがって義務教育諸学校への就学に関して、日本国民である日本人とそうでない外国人との間には、その取り扱いにおいて明確な一線が施されている。この場合の「国民」とは、日本国籍を有する者の謂にほかならない。つまり、国籍の有無が教育を受ける権利を大きく規定しているのである。

ところで「国民教育」が依って立つ国民国家は今日、その存立基盤を問われはじめている。つい最近までわれわれの前に高く堅固にそびえ立っていた国境の壁は、近年ますます低くなり、その存在感も希薄になりつつある。モノ・カネ・情報はいうに及ばず、ヒトも国境を越えて大規模に移動するボーダーレスな社会において、環境・人口・貧困・戦争などの地球規模の問題群を解決するうえで、国家を超えた普遍的意思形成の重要性と国家権力の制限が議論され、また国民経済の枠組みを越えたトランス・ナショナル経済が模索されるなど、従来の国家概念の再検討の必要性が高まりつつある。

なかんずく、ヒトの国際的な移動は、外国人居住者の存在をあらためてクローズアップすることにより、「国民によって構成される国家」という従来の枠組みの妥当性を問う契機となっている。「非」国民人口の増大によって、「一言語一民族一文化」によって定義される国民国家の組み直しが求められているといえよう。

国家を、国籍を有する個人（国民）によってのみ構成される「国民共同体」と規定するのではなく、外国人を含むすべての個人を社会の構成員と認める「住民共同体」として、次のように再定義するのはそのひとつの試みである。

> 国民という概念では正確にカバーしきれないマイノリティまたは先住民など異なるアイデンティティを保った集団の存在と、国籍・民族そして宗教は違っても社会の発展に参加し寄与している同じ住民から成り立っている住民共同体という認識と発想が必要不可欠になっている。[22]
>
> また、日本「国民」の再定義も同様に必要となる。国民を、日本国籍をもつ日本人と、外国籍を有する定住外国人の双方を日本社会における構成員としてとらえなおすことができる。この場合の「国民」は「国籍をもつ住民」ではなく、「国を構成する住民」と定義される。[23]

このように日本国籍保持者のみから構成されるという均質な国民（あるいは国家）概念を、より広義（expanded）かつ包括的（inclusive）な意味を有する概念へと再構築することによって、基礎的な教育を受ける権利をより普遍化することができる。「国民」の権利としての義務教育諸学校への就学は、多様な国籍をもつ社会構成員の権利として、日本国籍の有無を問わず平等な就学へのアクセスを保障することになる。さらに、国籍のみに限定されず、言語的・文化的・民族的背景を異にする子どもに対して、こうした相違にかかわらず、社会構成員としてすべての子どもに平等な教育を受ける権利を提供することができよう。

⑵「国語」としての日本語から「母語」としての日本語へ

ニューカマーの子どもに対して日本語教育が優先されるのは、学校での授業言語が日本語であるという現実的制約によることは否定できないが、そこにはいくつかの「前提」が暗示されている。すなわち、日本語は唯一正当の授業言語であること。日本語能力は授業に参加するための最低かつ最重要な要件であること。ニューカマーの子どもはこの要件を満たしていないこと。かれらは授業にアクセスするための日本語能力を欠いていること。換言すれば、日本語を習得するまでは授業には（実質的に）参加できないし、その内容も理解しえないということを意味している。ここには、就学上の日本国籍至上主義と同様の日本語至上主義をみてとることができる。日本語以外の言語およびその言語能力を一切承認しないという立場である。

授業言語が日本語という現実的条件が必然的にこのような日本語至上主義を帰結するとはかぎらない。たしかに、ニューカマーの子どもにとって日本語の習得は必要不可欠ではあるが、かれらにとって日本語は学校や社会生活への参加を可能にするためのいわば道具的言語にすぎない。言語はこのような機能上の意味のほかに、肯定的で積極的な自己意識の発達や、アイデンティティの確立のうえで重要な意味をもっている。こうした言語は通常「母語」と呼ばれる。それは、「生まれてはじめて出会い、それなしには人となることができない、またひとたび身につけてしまえばそれから離れることのできない、このような根源のことば」[24]なのである。

日本人の子どもにとっての日本語習得と、ニューカマーの子どもにおける日本語習得の間には本源的な意味の相違が存在する。それにもかかわらず、かれらに日本語のみが強制されるのはなぜであろうか。それは「国民教育」のフレームワークにおいて、日本語が「国語」として位置づけられているゆえにほかならない。日本語以外の「国語」は考えられず、オールタナティブが存在する余地はないのである。「国語」としての日本語が、日本人のみならず、日本語を母語としない子どもに対しても唯一無二の言語＝「国語」として課せられ日本人性の強化がはかられる。

しかしながら、人間存在のより根源的な側面である人間形成や基本的人権にかかわるのは「国語」ではなく母語である。日本人の場合であれば、一般的にはそれは日本語であるが、ニューカマーにとっては多くの場合、日本語ではなくポルトガル語でありスペイン語、あるいは中国語等である。日本語を母語としてとらえることによって、「国語としての日本語」の呪縛から脱却することができよう。それは日本語を母語として相対化することにより、他の言語と同等の地平に融合することでもある。

日本語の相対化は日本語を母語としない子どもに対する母語教育への道を開き、同時に子どもの母語を除去して第二言語である日本語に置き換える目的をもつ現行の「補償的日本語教育」の見直しを求めることをも意味する。端的にいうならば、「母語尊重の日本語教育」への転換であり、「母語の保持・伸長を目的とする母語教育」の導入である。前者に関していうならば、第二言語を習得するうえで母語（第一言語）が重要な役割を果たすことを十分に考慮することである。したがって、外国人児童生徒に対して母語能力を無視したやみくもな日本語教育は避けなければならない。母語の識字能力の不十分な低学年齢児に対しては、母語教育を優先しながら日本語指導を進めることが必要であるし、母語能力が一定程度確立している子どもにはその能力にみあったレベルの日本語教育を実施することが肝要となる。後者については、子どもの識字能力、認知発達、アイデンティティの確立という人間的成長にとって母語の保持・伸長は不可欠な要件であるという認識にもとづく。それゆえ、母語の学習のみならず、母語による学習（教科学習）は是非とも実現されなければならない課題となる。[25] このような課題は諸外国においては、バイリンガル教育としてとりくまれ、それは多文化教育のひとつの重要なプログラムとして位置づけられている。[26]

(3) 国際理解教育――適応教育の補完的機能からの脱却

文化的・民族的な背景を異にするニューカマーの子どもを受け入れることによって、学校にはある種の新しい環境が現出する。適応教育はこのような環境の変化に対して、子どもを既存の環境に順応させることによってその「変質」を防ぐ営みであるといいかえることができよう。

一方では、この新しい環境に積極的な意味を見出す試みもなされる。いわゆる国際理解教育と呼ばれる教育活動である。

日本人児童生徒と外国人児童生徒が共に、お互いの国の事情や文化、人々の暮らし方やものの考え方あるいは言語など多くのことについて学び、異文化を理解する……ことが重要である。(27)

では、国際理解教育は、ニューカマーの子どもに現存の環境に一方的な順応をもとめる「適応教育」へと帰結することなく、ここで述べられるような日本の子どもとの「共生」へと導くのであろうか。

ニューカマーの子どもの受け入れを契機として実践される国際理解教育の特徴は、特別に設定された授業のなかで、あるいは綿密な計画のもとで展開される学校行事として、つまり場面と時間があらかじめ限定された国際理解「学習」としてとりくまれていることにある。異文化（他者）理解もこのような「学習」の場で試みられるわけであるが、ニューカマーの子どもがもつ文化的背景から発せられる「差異」は、日常の学習活動や学校生活において、時と場面を選ばずに発現してくるものである。学習として「差異」を理解することと、教室等における立ち居振舞いにあらわれる「差異」を了解することの間には大きな隔たりがあることはすでに述べた諸事例から明らかである。

さらに、このような異文化（他者）理解の様式は同質性を強調するものとなっている。ニューカマーの子どもへの対応として、「学校や学級のなかに外国人児童生徒に対するこだわりのない雰囲気を作り出すこと」、あるいは「外国人も私たち（日本人）も同じ仲間（人間）だという心情を育てること」という目標を定める学校も少なくない。かれらの有する差異を脱色することによって、つまり「差異の同質化」[28]を通して異文化（他者）理解がはかられるわけである。異文化理解が「学習」のなかにとどまり、日常の学校や教室の「生きた場面」における差異の理解・承認にまで至らないとすれば、このような取り組みはニューカマーの子どもを、日本の学校に「適応」させるための環境づくりに貢献するという結果を招くことになる。

国際理解教育が適応教育の補完的機能を果たすことなく、外国人児童生徒と日本人児童生徒が共存する学校を創出するためには、「差異の同質化」という陥穽におちいるのではなく、学校を多様な構成員からなる「多文化共同体」としてとらえ、子どもをその多様性において承認する方向性を見出さねばならないであろう。それこそが、「ひとつの支配的な文化の反映」としての学校を、「多様な諸文化の価値の重要性を認める」学校へと変革する多文化教育の課題でもあるのである。

注

（1）関根政美「国民国家と多文化主義」初瀬龍平編著『エスニシティと多文化主義』同文館、一九九六年、四一〜六六頁。
（2）J. Spring, 1997. *Deculturalization and the Struggle for Equality: A Brief History of the Education of Dominated Cultures in the United States. 2nd ed.* New York: McGraw-Hill, p. 1.
（3）*Ibid.*, p. 49.
（4）J・A・バンクス（平沢安政訳）『多文化教育』サイマル出版会、一九九六年、三〜二七頁。
（5）C・テイラー「承認をめぐる政治」A・ガットマン編（佐々木毅他訳）『マルチカルチュラリズム』岩波書店、一九九六年、六一頁。
（6）金東勲『外国人住民の参政権』明石書店、一九九四年。
（7）初瀬龍平「日本の国際化と多文化主義」初瀬龍平編著、前掲書、二〇五〜二三〇頁。
（8）梶田孝道「『多文化主義』をめぐる論争点——概念の明確化のために」初瀬龍平編著、前掲書、六八頁。

(9) 尹健次『異質との共存――戦後日本の教育・思想・民族論』岩波書店、一九八七年、一〇九頁。

(10) たとえば中島智子「『在日外国人教育』から多文化教育へ」国際人権ブックレット二『人権教育は今、そしてこれから』ヒューライツ大阪、一九九七年、三三～四七頁、大阪府在日外国人教育研究協議会編『二一世紀を展望する多文化共生教育の構想』大阪府在日外国人教育研究協議会、一九九七年などを参照。

(11) 文部省の調査によると、「日本語教育が必要な外国人児童生徒」(小・中学校)は、一九九七年九月現在、一万六八三五人と報告されている。したがって、ニューカマーの子どものなかでも、「日本語教育を必要としない」と認識された者はこの統計からは除外されている。

(12) 詳しくは太田晴雄「外国人児童生徒の就学をめぐる状況と問題」(未刊行論文)を参照。

(13) 「外国人の就学」に関しては、以下のような教育委員会からの照会とそれに対する文部省の回答がある。

照会「外国人子弟については、従来昭和二三年一月二四日文部省官学第五号学校教育局通牒によって、学齢に該当する者は日本人同様市町村立又は私立の小学校又は中学校に就学させる義務を負わせて来たが、その根拠となった『朝鮮人送還計画に関する昭和二一年一一月二〇日付司令部発表』は、平和条約発効の現在、効力を失したものと解して日本の法律による就学義務はないものとして取り扱って差支えないか」。

回答「昭和二三年一月二四日付官学第五号は朝鮮人に就学義務を認めたが、当時においても、一般の外国人には就学義務はなかった。朝鮮人は、平和条約の発効に伴い内地に在住している者を含めてすべて日本の国籍を喪失したので、それ以後は、一般の外国人と同様で就学義務はない」(「外国人の就学について」一九五三年一月二〇日岩手県教育委員会委員長あて文部省初等中等教育局財務課長回答)。

なお、今日においては、次のような見解が文部省関係者によって示されている。「一般に外国人には教育の義務は課せられていません。このことは、我が国でも、憲法二六条の規定から明らかであり、就学義務を負うのは日本国民であって、日本国内に住所を有する外国人はこの義務を負うものではありません」(就学事務研究会編『改訂版　就学事務ハンドブック』第一法規、一九九三年、六四頁)。

(14) 「一般に外国人は教育の義務は課せられていないが、このことは義務として教育を受けることはないということであり、子どもの教育を受ける機会を得るために、外国人が我が国の公立小・中学校へ子どもの就学を願い出た場合には、市町村教育委員会はその就学を許可すべきです」（同上書、六四～六五頁）。

（15）「日本国に居住する大韓民国国民の法的地位及び待遇に関する日本国と大韓民国との間の協定における教育関係事項の実施について」（一九六五年一二月二五日文初財第四六四号。各都道府県教育委員会委員長　各都道府県知事あて　文部省事務次官通達）。

（16）東海地方のある教育委員会の試算によると、同市のニューカマー児童生徒の不就学率は、小学生一三・四％に対して中学生三五・二％となっている（試算方法――就学年齢相当の外国人登録者数から実際の就学者数を減じて不就学者を算出）。

（17）「外国人の滞在が不法であるかどうかは、市町村教育委員会において判断する事柄ではなく、入国管理当局の判断を待つべきものといえます。したがって、外国人の就学についての原則にしたがえば、不法滞在の疑いのある外国人の子どもについても、我が国の小・中学校への就学を希望する場合には、当該外国人の滞在が不法であることが確定し、強制退去の手続により退去強制令書が執行され我が国からの退去を強制されるまでは、市町村教育委員会は公立小・中学校への就学を認めざるを得ないでしょう。ただ、この場合でも、必要に応じて入国管理当局に相談するなど適切な処置をとることが望まれます」（就学事務研究会編、一九九三年、前掲書、六九頁）。

（18）詳しくは太田晴雄「日本語教育と母語教育――ニューカマー外国人の子どもの教育課題」宮島喬・梶田孝道編『外国人労働者から市民へ』有斐閣、一九九六年、一二三～一四三頁を参照。

（19）J. Cummins, 1981. "Four Misconceptions about Language Proficiency in Bilingual Education." *NABE Journal*, 5, pp. 31-45.

（20）詳しくは太田晴雄「日系外国人の学校教育の現状と課題――『日本語教室』の批判的検討を通して」『帝塚山大学教養学部紀要』四四輯、帝塚山大学教養学部、一九九五年、六三～八〇頁を参照。

（21）阿部齊・内田満編『現代政治学小辞典』有斐閣、一九八六年。

（22）金東勲、一九九四年、前掲書、一五頁。

（23）徐龍達「定住外国人の地方参政権」徐龍達編『定住外国人の地方参政権――開かれた日本社会をめざして』日本評論社、一九九二年、二二一～二二三頁。

（24）田中克彦『ことばと国家』岩波新書、一九九一年、二九頁。

(25) 太田晴雄、一九九六年、前掲論文、一四一頁。
(26) たとえば、太田晴雄「学校言語を母語としない子どもの教育——アメリカの場合」中島智子編著『多文化教育——多様性のための教育学』明石書店、一九九八年、三三〜五九頁、Christina B. Paulston (ed), 1988 *International Handbook of Bilingualism and Bilingual Education*. New York: Greenwood Press などを参照。
(27) 文部省『ようこそ日本の学校へ——日本語指導が必要な外国人児童生徒の指導資料』文部省、一九九五年、五八頁。
(28) テイラー、一九九六年、前掲論文。

五章　滞日ムスリムの教育問題――日本におけるもうひとつの異文化

1　イスラームと日本

全世界で一〇億を超えるというムスリム（イスラーム教徒）人口は、二一世紀はじめにはキリスト教徒人口を上回るものと予測されている(1)。布教や移民などによりムスリム人口は国境を越えて拡大し、その同化性の低さ、凝集性の高さゆえに、いわゆる先進諸国の多くで顕著なマイノリティ集団を形成している。教育の分野においても、その生活上の特性（服装・礼拝・食事など）や教義・理念上の要請などから世俗的公教育の制度や教育内容に不満や拒否反応を示しやすい傾向がある。ヨーロッパではフランスの北アフリカ系ムスリムのスカーフ着用問題(2)、ドイツのトルコ系ムスリムの教育と派遣教師の問題(3)、イギリスのアジア系ムスリムの独立学校要求問題(4)など、多文化教育・異文化間教育の分野でも危急のテーマとなる場合が多い。ムスリムの教育問題の特殊性は教室における服装・行動の顕示性、モスク礼拝などのための集団としての地理的蝟集性、イスラーム教理と教育内容の非分離性、ムスリム集団のなかの民族的多様性などがあげられる。

日本の教育においては、イスラームとの本格的接触ははじまったばかりであり、その集団としての規模は欧米におけるほどの社会的認知には至っていない。しかし日本の公教育の同化主義的傾向と異文化に対する経験の浅さは、イスラームのある意味で宗教を越えた、文明としての特殊性に対する認識を欠き、適切な配慮と対応に遅れをとる可能性が危惧される。在日・滞日外国人の教育問題が日本社会において新たな段階を迎えたといわれる今日、その集団としての規模だけでなく、個々の文化的・宗教的性格の違いにも慎重な対応が検討されるべきであろう。本章では日本におけるイスラームとムスリム児童生徒の教育問題とその特殊性について、歴史と現状と実践から考察することにしたい。

2 日本におけるイスラームの歴史

日本人によるイスラーム（教徒）との出会いの記録は、『続日本紀』にみられる遣唐使大伴古麻呂による玄宗皇帝との謁見式（七五三年）での「大食国（アラビア）」使臣との接触にまでさかのぼるといわれる。[5] その後、明治維新までは、来日使節の随伴者や遭難船の乗組員にムスリムがときおり含まれていたこと以外には人的交流はなく、日本とイスラームは中国文献による知識（伝聞）と文物の往来（貿易）を通じた細く長い関係にとどまってきた。

日本が宗教としてのイスラームに出会うのは明治維新直後、多くの日本人が海外に遊歴し、その途上中近東諸国で直接にイスラームの社会・文化・思想に触れるようになってからである。一八七六（明治九）年には早くも英書 *Life of Mohammed* が、後の外務大臣林薫によって訳され『馬哈默伝』として明教社から出版されている。[6] 一八八〇（明治一三）年には山岡光太郎が日本人として初めてメッカを巡礼している。[7] 小村不二男（一九八八年）によれば、最初の日本人ムスリムの誕生は一八九二（明治二五）年で、山田寅太郎がトルコで、有賀文八郎がインド、ボンベイでそれぞれ別個に改宗している。山田寅太郎の場合は紀伊半島沖で難破したトルコ軍艦の生存者を本国に送還する事業にとりくみ、自らも帰還船に乗り込みトルコの地でイスラームに帰依した。(8) またエル・セバイ（一九八一年）によれば、この頃エジプト人ムスリムが日本で開催された世界宗教者会議に参加し、その後二年間日本でイスラームを布教したという。(9)

大正時代に入ると日本の学界で外交史、東西交渉史、言語研究の分野でイスラーム研究の隆盛をみた。一九二〇（大正九）年には日本で最初の聖クルアーンの日本完訳『コーラン経』上下巻が、世界聖典全集の一部として坂本健一によって刊行された。翌年安島健の『回教及び回教国』、山岡光太郎の『回々教の神秘的威力』などの研究書が刊行され、さらに一九二二（大正一一）年には大川周明の「回教徒の政治的将来」が雑誌『改造』に発表されている。(10) この頃には逆に日本の発展もイスラーム世界に知られるようになり、エジプトやトルコなどからのイスラーム使節団も頻繁に来日するようになった。

昭和初期には日本の大陸進出熱に触発され、イスラーム・ブームが起こり、一九三〇年代には東京、名古屋、神戸に相次いでモスクが設立された。この時期のイスラーム熱の中心人物には軍部や右翼との関係がみられ、アジアのイスラーム諸国が列強に植民地化されつつあった当時、その解放を夢みた人びとがアジアにおける日本の役割とイスラームの重要性に注目したことが契機となっている。(11) 第二次大戦の勃発までにイスラム文化協会（一九三二年小林元）、大日本回教協会（一九三八年　林銑十郎）、回教圏研究所（一九三八年　大久保幸次）、東亜経済調査局、外務省調査部回教班などのイスラーム関係機関が設立され、イスラームに対する調査研究、啓蒙活動がさかんになった。これらの調査の多くは、ムスリムの居住する地域への軍事的進出のための工作としての側面が無視できない。(12)

戦後政治的なイスラーム諸機関は解散し、純粋な宗教・文化・学術団体としてのイスラム友の会が発足するが、その後ムスリム信徒だけによるイスラーム信仰団体である日本ムスリム協会（一九六八年 宗教法人）と、信仰とは別にイスラームの学術的研究をおもな対象とする日本イスラム協会（一九六七年 社団法人）の流れに別れて今日に至っている。[13] 一九七〇年代以降、イラン革命とオイルショックの経験を経て、日本経済の成長がイスラームの理解を含めたイスラーム諸国との関係に大きく依存することが一般にも認識されるようになった。さらに近年のイラン、パキスタン、東南アジアの外国人労働者の流入に際して、日本ははじめて一般ムスリムの集団を国内にかかえることになり、教育の問題も発生した。日本人のいままでにない規模でのムスリムとの接触がはじまることにより、その行動的特性や生活様式に至るまで、人びとのイスラームについての知識が深まるとともに、同時に深刻な差別や軋轢も発生してきている。

3 日本のムスリムの滞日の現状

法務省入国管理局によれば、日本に滞在する外国人は一六四万人を超え（一九九五年、不法残留者を含み密入国者を含まない）、総人口の一・三％に達しているが、そのうち正規の外国人登録者数は一三五万人とされる。入国管理局が入国者の宗教についての統計をとっていない以上、そのうちのムスリムの正確な人口は不明である。仮にその国籍から判断して、イラン、バングラデシュ、パキスタン、インドネシアからの入国者の九割、マレーシアからの入国者の三割がムスリムであると少なめに仮定しても、この五カ国だけで約五万三〇〇〇人、登録外国人人口の四％をムスリムが占めることになる。しかし登録人口一三五万人の半数弱（四三％）は在日韓国・朝鮮系などの特別永住者（オールドセトラー）であるので、その他の新来外国人（ニューカマー）に限れば、上記のムスリム人口は七％近くに達すると推計される。[14]

さらに二九万弱の不法残留者（オーバーステイ）に目を向ければ、一九九二年ではイラン、マレーシア、バングラデシュ、パキスタンの国籍の者が比率にしてそれぞれ第二、第三、第七、第八位を占め、上記と同様の計算を行えば、そのおよそ二二％（六万二〇〇〇人）がイスラーム人口ということになる。[15] 同じアジア系でもタイやフィリピンとは異なり、イスラーム諸国からの入国者は圧倒的に男性が多く、四カ国の不法残留者のうちの女性は一二・七％にすぎないことを考えれば、ほとんどが単身男性で子どもは南米系日系人などよりは少ないことは間違いない。教育の問題は今のところさほど大きな声とはなっていないが、しだいに本国より配偶者を呼び寄せたり、日本人との結婚が進んで、子どもは間違いなく増える傾向にある。教育委員会は子どもの人権保護の立場から、未登録外国人の子どもの就学希望があった場合、条件付きで認める方針をとっていることから、[16] 就学しても、しなくても問題は潜在化することになる。

試みに以上の登録外国人と未登録外国人のムスリムの推計値を加えれば、少なくとも一一万人のムスリムが日本に滞在しており、その他の国籍などを含めて二〇万から三〇万にも達するという説もある。関東では東武伊勢崎線沿線に多く分布し、埼玉県春日部市や群馬県伊勢崎市、境町などに礼拝所が建設され、マンションやアパートの一室を利用した礼拝所まで含めると首都圏の礼拝所の数は二〇〜三〇カ所に達するといわれる。[17]

これまでに日本のムスリムを対象とした組織的な教育調査は報告がない。特定の国籍の滞日者を対象にした就労調査のうちで、ムスリム人口の多い国を対象としたものとしては、バングラデシュ、[18] イラン、[19] マレーシア、[20] フィリピン[21]などの調査があるが、イスラームや教育に関する質問やインタビュー記録は多くはない。筑波大学の調査（一九九六年）では上野の滞日イラン人に対して、信仰心と礼拝への参加の状況について質問している。それによれば滞日イラン人（一四三人、平均年齢二六・四歳）の約三割が日本に来てから礼拝行動を行わなくなり、一七％が信仰心が弱くなったと自己評価している[22]。そしてその変化は滞在予定期間や学歴、差別経験の有無との関連よりも、まわりにイラン人コミュニティがあるかないかの影響が大きいという。また回答したイラン人の六割が日常生活においてイラン人への差別を感じており、それは日本語能力や日本人との付き合いの度合いが低いグループと高いグループの両極端で強く感じられていた[23]。

江崎泰子・森口秀志編（一九八八年）のインタビュー集『「在日」外国人――三五カ国一〇〇人が語る「日本と私」』にはムスリムの親が子どもを公立学校に入れたときの苦労の例も含まれている。それによればモロッコから日本に嫁いだ尾身カディーシャは娘を日本の公立学校に入れたとき、親の個人面談でも外国人の母親を相手にしたがらない教師の事例と、給食をめぐる宗教教義か仲間からの孤立かの間でゆれるディレンマを述べている[24]。「うちでは一切豚肉は食べない。だけど娘には給食があるから、しょうがないのね。イスラムセンターでは弁当もたせなさいって言うの。だけどそんなことしてたら学校のみんなと一緒になれない」。

ムスリムが日本の公立学校に通うことになった場合の問題点について関啓子・内藤正典他（一九九六年）の座談会「ムスリムから見た日本――日本教育の異文化共存体制について考える」がある。そこであげられた問題には、服装の問題、食べ物の問題、水泳など男女混合体育の問題、母語教育と外国籍教員の問題があげられていた。服装についてはフランスのスカーフ問題と同様のことが起こりうる。フランスでは政教分離の原則との衝突が問題となったが、日本では制服の問題が最大のネックになるであろうこと。学校給食という日本的な平等主義と一斉主義は均質的社会にのみ機能するもので、禁忌の問題とからんでムスリムの児童生徒には大きな苦痛となること。またこれは日本に限られないが、水泳などの実技が男女混合で行われることが多いことも大きな抵抗に感じられるであろう。言語の問題はムスリムの児童生徒の出身国がきわめて多様であることから、これに本気で対処するには本国から教員の派遣を要請する必要が出てくるが、これも日本の公務員の国籍条項に抵触する問題となる、ことなどが論じられていた。[25]

日本の公教育の外国籍児童生徒に対する対応は、基本的に当事者の希望に対する許可という形であり、一種の恩恵として与えられるものであり、その目的は外国人の子どもに日本語を教えて日本人として同化させることにある。ましてや個々人の宗教に対する配慮はなく、『就学事務ハンドブック』にも宗教を特定した規定や標記はみられない。したがって日本の公教育内部でのイスラームへの公的で特殊な対応（規定）はまったくないといっていい。ここでは公教育という共通テーマから少しはずれて、日本における数少ない組織的なイスラームにかかわる教育実践として、神戸ムスリムモスク付属学校と東京目黒の在日インドネシア学校の二例について簡単な報告をしてみたい。

4　神戸ムスリムモスク付属学校

神戸ムスリムモスクは一九三五年、名古屋モスク（一九三一年）、東京代々木モスク（一九三八年）と相次いで設立された戦前モスクのひとつであるが、名古屋と東京のモスクが戦災や取り壊しによって失われた今、現在日本で唯一の宗教法人として登録されたモスクとなっている。[26]四代目イマーム（導師）のモハマッド・サラマ・イマーム（Mohammed Salama Imam　エジプト出身）によれば、関西地区の六万人のムスリムのうち二〇〇〇ないし三〇〇〇人がこのモスクに関係をもっているという。戦前はトルコおよびインド系の貿易商の篤志によって支えられていたが、政治経済情勢の変化により、近年はパキスタン、マレーシア、インドネシアなどからの労働者や留学生、駐在員家族などがその主要な構成員となってきている。

神戸ムスリムモスクでは、隣接するイスラーム文化センターの活動の一部として子ども向けのコーラン学校を併設している。東京のイスラミックセンターなど各地で学習会やアラビア語学コースなどが多数開設されているが、子どもを対象とした定期コースを提供しているのは神戸モスクに限られるという。学校の責任者でイマーム氏の妻であるサルワ・サラマ（Salwa Salamah）校長によれば、「異なる（非イスラーム的）文化環境におけるムスリムはさまざまな困難に直面するが、大人は自らの信仰と理性と団結でなんとか乗り越えてゆける。しかし日本の公立学校やインターナショナル・スクールに通う子どもは、不安定な成長期にさらに大きな宗教的ストレスをかかえることになる。学校という権威に打ち勝って信仰を守るには、家庭教育がとくに重要であるが、日本のムスリム児童の場合、父親が外国人ムスリムで、母親が改宗した日本人である場合が多く、母親には十分な知識がなく、父親はただでさえ厳しい労働環境にあり子どもの宗教教育に手がまわらないケースが多い。その意味でモスクが中心となって、子どもの宗教的アイデンティティの保持と成長を助けることは重要な役目と考えられる(27)」と語った。

授業は土日の週二日、午前一〇時から午後一時まで四〜五歳から小学校上級くらいまでの子どもを対象にして、通常一クラス、語学ではレベル別に大部屋を分割して二〜三クラスの授業を行っている。科目は午前中はアラビア語、イスラーム知識、午後は食事を含めてイスラームマナーや訓話を中心としている。週休二日制を採用している学校と部分的な施行の学校があるため、土日両日参加できる児童とできない児童があり、児童数は一五人から三五人程度まで変動する。教員はイマーム夫妻と三人のアシスタントからなり、運営はモスクからも援助はまったくないため、月に一万円の授業料を徴収しているが、すべての親が支払っているわけではないようである。当初は随時入学システムでスタートしたが、一九九六年四月からは四月と一〇月の年二回入学のターム制に切り替えられた。

この神戸ムスリムモスク付属学校（Kobe Mosque Islamic School）は一九九五年に幼稚部として発足したが、保育所的性格から脱却するために翌年から小学校レベルへと対象が引き上げられた。しかし日本語で書かれた子ども向け教科書は皆無のため、アラビア・東南アジア諸国への旅行者が購入した現地教科書や訓話集を翻訳したり、教員個人の創意工夫によるオリジナルテキストの出版も計画中という。通常、子どもは大人の集団礼拝の席に加わることはなく、あっても女性席に母親同伴で入る場合が多いが、この学校のイスラームマナーの授業で優秀な成績を収めた子どもは、特別に大人の集団礼拝に同席することを許され、監督役の男性やイマームからその態度を採点評価されるシステムを採用している。これが子どもの学習評価と表彰の役割を果たし、あわせて子どものプライドとモチベーションの高揚を促進している。

日本におけるムスリムの子どもの問題は、いかにして世俗の環境においてムスリム・アイデンティティを保持し発達させていくかということに集約される。その成否には、両親の信仰と教育力、学校の質・性格、そして環境の要素が大きく関連している。日本の学校で使われている教科書が、西洋カトリック世界がイスラームに対してもっていた偏見や敵対心を、そのまま無批判にとりいれており、そのことがムスリム児童たちに混乱とひけめを植えつけている、という。[28] 子どもが学校でムスリムであることを理由にいじめを受けたというケースは、少なくともコーラン学校関係者にはあまり報告されていない。しかしこれは逆に考えれば、それだけ子どもが世俗学校の教室でムスリムであることを隠しているか、むしろ宗教を自覚していないことの裏返しともとれる。したがって、このモスク付属学校でのコーラン教育が効果をあげれば、そうしたムスリム児童が公教育で直面する問題がさらに顕在化する可能性がある。ムスリム児童が公立の学校に通う場合、教科書の記述の修正はもちろん、給食にはハラール（イスラームに許可された）な食材が選んで用いられるよう、あるいは断食月にはムスリム児童には特別の配慮を与えるようモスクは要請している。

この学校に子どもを通わせる親の国籍はインドネシアが最も多く、パキスタン、マレーシア、シリア、パレスチナ、エジプトなどがそれに続くという。一般に東南アジアムスリムの母国帰国率は高く、その分、流動性も高い。

インドネシアの滞日ムスリムはネットワークが発達しており協同性が高いといわれるが、関東では東京のインドネシア学校が大使館と直結してその中心となっているようである。次節ではその東京インドネシア学校についての調査を報告する。

5　東京インドネシア学校

インドネシアは赤道直下に位置し、約二億の人口を有する東南アジアの共和国である。人口の八七%がムスリムで、パキスタン、バングラデシュをしのぎ世界最大のムスリム人口をかかえる国である。しかし民族的には五〇〇以上の言語集団からなる多民族的社会構成を配慮し、国教をイスラームに定めず、カトリック、プロテスタント、仏教、ヒンズー教を公式の五宗教として認知している。教育制度は六歳より六年間の小学校、三年間の中学校までが義務教育、その後に三年間の高校と通常四年間の大学がある点などは日本と共通である。東京インドネシア学校(Sekolah Republik Indonesia, Tokyo)は、インドネシア教育文化省と外務省が日本に滞在するインドネシア人の子弟のために設立運営している、初等・中等レベル(幼稚部と後期中等レベルを含む)の学校であり、海外に滞在する日本人のための日本人学校に相応するものである。したがってインドネシア学校そのものはムスリムのための学校ではないが、その児童生徒の大部分はムスリムである。イラン、パキスタン、バングラデシュ、マレーシアなどが日本に自国人のための学校を設立していないため、数少ないイスラーム教育を行う教育機関となっている。

東京インドネシア学校は一九六二年四月にインドネシア学院(Taman Pendidikan Indonesia)という名称で在日本インドネシア大使館の教育部の指導で、東京都目黒区に設立され、翌六三年東京インドネシア学校と改名し、国内の学校と同等の地位を与えられた。当時の生徒数は幼稚部一一名、小学校三一名、中学校三名の計四五名であった。一九九五年には高等部が付置され、六六年には同じく認定された。一九九六／九七年の生徒数は幼稚部一四名、小学校三二名、中学校一九名、高校一〇名の合計七五名であった。生徒数は年によって変化し、これまでで最も多かったのは一九七五年の一八六名であった。現在常勤教員は校長と副校長を含めて九名、非常勤教員が一〇名、事務員が四名である(29)。学校の財政は外務省の管轄にあるが、教育運営には教育文化省や宗教省が協力しているほか、在日の有力企業の援助がある。父兄による教育援護会（ＢＰ３）も組織されている。学費は一般レートで、小学校が月七〇〇〇円、中学校九五〇〇円、高校一万二〇〇〇円であるが、大使館関係者の子弟には特別（割増）レート、学校教員や留学生の子弟には割引レートがある（一九九七年）。昼食は学校給食制度を採用しており有償であるが、児童生徒の母親が交替で調理奉仕を行っているため一日あたり三五〇円という安価に押さえられている(30)。

東京インドネシア学校はインドネシアの正規の学校と同等のものとして、インドネシアの教育カレン

表1 インドネシア学校カリキュラムとインドネシア本国標準カリキュラムの比較

	小学校						中学校	
	1/2年	3年	4年	5年	6年	5/6年	1−3年	
国　語	7(10)	8(10)	8(8)	8	8	(8)	6	(6)
英　語	2−	2−	2−	2	2	−	4	(4)
日本語	2−	2−	2−	2	−	−	2	−
数　学	7(10)	8(10)	8(8)	8	8	(8)	6	(6)
宗　教*	2(2)	2(2)	2(2)	2	2	(2)	2	(2)
パンチャシラ公民	2(2)	2(2)	2(2)	2	2	(2)	2	(2)
芸術家庭	6(2)	6(2)	3(2)	4	4	(2)	4	(2)
体　育	2(2)	2(2)	2(2)	2	2	(2)	2	(2)
地域科	−(2)	−(4)	−(5)	−	−	(7)	−	(6)
コンピュータ		1−		−	1	−	2	−
理　科		3(3)	6(6)	6	6	(6)	物理 3 生物 3	(6)
社会科		3(3)	5(5)	5	5	(5)	歴史 2 経済 2 地理 2	(6)
合　　計	30(30)	39(38)	40(40)	41	40	(42)	42	(42)

注）小学校1･2年── 1単位=30分，小学校3〜6年── 1単位=40分，中学校── 1単位=45分．
　＊宗教──イスラーム/キリスト教：小学1〜6年，中学1〜3年；ヒンズー教：小学1年．
出典）Jadwal Pelajaran Tahun Pelajaran, 1996/1997. Sekolah Republik Indonesia Tokyo; A Glance at Primary Schools in Indonesia 1995. Ministry of Education & Culture, Indonesia.

ダー（学年暦）、教育課程カリキュラム、学休日、初等・中等教育年次／修了テスト（EBTA／EBTANAS）、進級進学者向上計画にしたがって教育活動が行われている。全国一斉修了試験（EBTANAS）は、小学校六年、中学校三年、高校三年修了次に行われるが、各レベルでほとんど毎年一〇〇％近い合格率をあげている。[31]

表1は小学校と中学校の週あたりの教科別時間配分を、東京のインドネシア学校と本国の標準時間配分カリキュラム（カッコ内）とで比較したものである。東京でも基本的に本国の標準配分に準拠してカリキュラムが組まれていることがわかる。まず目につく特徴は語学が国語であるインドネシア語の時間を削って、週二単位の英語と日本語の授業を入れていることである。わが国の海外日本人学校などでも英語を小学校レベルから導入しているケースがあるが、[32]現地語（この場合、日本語）を含めて三言語を教えているのは異色である。とくに小学校五年生では語学は週一二単位にもなることを考えると、児童の負担も少なくない。その分、本国では小学校三年まではその地方の民族語を教えることが認められているが、日本では国語はすべてインドネシア語に統一されている。また表には出てこないが、本国では小学校の授業は日本と同じく基本的に担任が全教科を教える。東京では一人の教師の担当科目は普通二教科、多くても五教科で、その教科専門性は高くなっている。[33]これも小中高併設制による利点であろう。

地域科（Local Content/Muatan Lokal）とは国家カリキュラムによっては対応できない地域社会のニーズに応え、学校教育が生徒の生活から遊離するのを防ぐために、一九九四年度から導入された新しい科目である。インドネシア本国ではこの時間は、地域文化芸能、地域産業実習、都市観光地においては英会話などにあてられている。[34]東京インドネシア学校ではカリキュラム表をみるかぎりそれに相当する科目はみられないが、総時間数は本国とほぼ同じであるので、日本語、芸術・家庭科、コンピュータなどの科目や増時間分がその枠から振り分けられているものと考えられる。この学校では英語、日本語、コンピュータ科目は課外（カリキュラム外）活動として登録されているが、その他に拳法や空手、ブラスバンド、スカウト活動などが担当教員をつけて行われている。

カリキュラム時間配分表の比較で、全学年でインドネシア本国とまったく変化のない科目がいくつかある。たとえば宗教教育とパンチャシラ公民教育の時間は、すべての学年でそれぞれ週二単位が確保され、国内の規定に完全に従っている。パンチャシラ（Panca sila）とは五つの柱からなる国家の基本原理で、国家の社会的基礎、国民のよって立つべき政治・宗教・倫理的基盤を簡潔にまとめた条文である。パンチャシラ公民教育（ＰＰＫＮ）はその柱を中心に国民としての自覚、愛国心、忠誠心、歴史知識、道徳などを含んだ科目で、全児童生徒に必修となっている。

それとは別に児童生徒は自らの宗教について週二単位学習する。インドネシアでは信教の自由にもとづき、公認の五宗教については、児童生徒の親から希望があれば、同じ時間に、個別の教室に別れて学習することになっている。しかし地方の小規模校では実際にそれだけの教員や教室を手配するのは困難で、イスラームのみ、もしくはイスラームとキリスト教の提供に限られることも多い。東京校では小学一年から高校三年まで、イスラームとカトリック、プロテスタントの授業をそれぞれ設定し、ヒンズー教については小学校一年にのみカリキュラムを組んでいた。訪問時に観察したクラスでは、中学三年のイスラームのクラスが生徒六人、小学校一年のヒンズー教のクラスは児童はわずかに二人であった。海外の学校でこれだけの個別的要請に応えようという努力は、コストがかさむだけでなく、教員の確保だけでも大変な苦労であろう。

五つの宗教についてすべての学年用に国定の教科書が無償で用意されており、授業はそれを用いてインドネシア語で行われるが、一部祈りや訓話などについては、イスラームクラスではアラビア語、ヒンズー教ではサンスクリット語が使われていた。そのほか資料室には各宗教を紹介し、デモンストレートするための副読本や教材などが多数準備されていた。教育上の問題点はやはり日本という環境で、子どもたちは教室を一歩出ると非宗教的な世界に立ち戻り、学習内容を実践する環境がほとんど存在しないため、家庭の宗教への姿勢によっては学習効果に否定的影響を受ける場合もあるようである。また教員の確保も困難な問題で、各宗教ごとに生徒の入学・転入と教員の派遣・帰国の双方を頭に入れてカリキュラムを組まなくてはならない点が悩みの種となっていた。(35) 実際、ヒンズー教の授業は、教員は二人の生徒のうちの片方の母親であり、教室も校長室の一角を借りて行われていた。

東京インドネシア学校は学外活動についても積極的で、日本人家庭へのホームステイ、ボーイ・ガールスカウト活動によるキャンプやジャンボリー参加、国際子ども会議や国際子ども絵画展示会への参加、日本等のスタディツアーなどを行っている。これらの活動によって、国際社会、日本人社会そしてその子どもたちとの交流を促進し、東京の地にインドネシアの人びとの、イスラームを含めた文化や生活についての情報を提供するという点でも貢献しているといえる。(36)

6 イスラームと日本的教育風土

以上、日本におけるムスリムの教育問題とその実践についてみてきたが、これらのような組織的な教育活動はきわめて例外的なものであることを確認しておかなければならない。日本におけるムスリムの教育の大部分は、有志の個人的努力と負担のもとで、ノンフォーマル・インフォーマルな形で行われているにすぎない。日本におけるムスリム児童生徒の教育は二重の意味で困難をかかえている。ひとつは日本の公教育政策の同化主義的傾向のゆえに、教室に席をもらうだけでも恩恵として感謝すべきことであり、「ムスリムとしてのアイデンティティを保持しようとする教育」などは望むべくもないという点。もうひとつは、外国籍児童生徒に対する特別の配慮は、あったとしても数のうえで顕著なグループ（ポルトガル語、スペイン語、中国語など）にのみ限られており、少数ではあるが同化圧力によって著しい困難（苦痛など）を受けるグループに対する配慮がみられない、という点である。

日本のイスラーム関係史においてみたように、日本社会が政治家や知識人以外の一般ムスリムとこれだけの規模で接触するのは史上はじめての経験である。イスラームがたんなる宗教というよりは、人間の生活のあらゆる場面に規定力をもつ、ひとつの体系的な人間観・世界観であることを考えれば、日本に限らず、イスラームとの共存をめざすすべての地域・社会において、従来の文化的アイデンティティの保持プラス国民市民としての連帯意識の共有といった、折衷主義的な文化的多元主義の理念が、早晩限界に突きあたることは真摯に認識されなくてはならない。その意味で日本はイスラームの理解について最も遠い国のひとつではあるが、同時に過去の政治的・民族的衝突の呪縛からは比較的自由な国でもある。まずは日本の公教育の内容においてはイスラームについての正しい知識が反映されることを最初の目標にすべきであろう。

注

（1）豊田俊雄「イスラーム地域の教育とその近代化」『社会学研究』第五一号、東北社会学研究会、一九八七年、一六～一七頁、イスラミック・センター・ジャパン『イスラームとはなにか——訣れの説教』（パンフレット）発行年不明。

（2）宮島喬『ひとつのヨーロッパ いくつものヨーロッパ』東京大学出版会、一九九二年、一三六～一三九頁、宮島喬『外国人労働者と日本社会』明石書店、一九九三年、二二三～二二五頁。

（3）内藤正典『アッラーのヨーロッパ——移民とイスラム復興』（中東イスラム世界八）東京大学出版会、一九九六年、二五九～二六九頁。

（4）佐久間孝正『イギリスの多文化・多民族教育——アジア系外国人労働者の生活・文化・宗教』一九九三年、国土社、八四～九一頁。

(5) 小村不二男『日本イスラーム史』日本イスラーム友好連盟、一九八八年、九頁。
(6) 同上書、四二頁。
(7) 同上書、四三頁。
(8) 同上書、四七頁。
(9) エル・セバイ『イスラームと日本人——激動する世界の中で』潮文社、一九八一年、一四二〜一四三頁。
(10) 小村不二男、一九八八年、前掲書、六一頁。
(11) 田澤拓也『ムスリム・ニッポン』小学館、一九九八年、七三〜八〇頁。
(12) 日本イスラム協会『イスラム事典』平凡社、一九八二年、二八九頁。
(13) 小村不二男、一九八八年、前掲書、五三五〜五四〇頁。
(14) 法務省入国管理局『平成七年度版在留外国人統計』入管協会、駒井洋監修・編『定住化する外国人』（講座外国人定住問題 第二巻）明石書店、一九九五年、二〇〜二四頁に引用。
(15) 法務省入国管理局統計、駒井洋編『外国人労働者問題資料集成（上）政府関係篇』明石書店、一九九四年、三一〜三五頁。
(16) 就学事務研究会編『改訂版 就学事務ハンドブック』第一法規、一九九三年。太田晴雄「外国人児童の就学をめぐる状況と問題——愛知市の事例を通して」（報告資料）一三〜一四頁に引用。
(17) 田澤拓也「北一輝、大川周明、松岡洋右らが暗躍した知られざる〈ムスリムTOKYO〉の歴史」『SAPIO』一九九七年一月一五日、二八頁。
(18) モハマッド（Mohamood, R. A.）（バングラデシュ開発問題研究所）『日本への出稼ぎバングラデシュ労働者の実態調査』総合研究開発機構、一九九〇年。
(19) 駒井洋編「上野の街とイラン人」『外国人労働者問題資料集成（下）自治体・大学篇』明石書店、一九九四年、一八三〜二六三頁。筑波大学社会学研究室「在日イラン人——景気後退下における生活と就労」駒井洋編『外国人定住問題資料集成』明石書店、一九九六年、三二九〜四七九頁。
(20) 石井由香「日本の華人系マレーシア人非合法滞在者——面接調査を通じて」『南方文化』（第二一輯）天理南方文化研究会、一九九四年、一二三〜一五一頁。題名からわかるとおりこれは華人を対象とした調査でムスリムは含まれない。

（21）ダ・アノイ（Mary Angeline Da-anoy）「フィールド・ワーク：出稼ぎ労働者の検証——フィリピン人は日本にいるフィリピン人をどうみているか」会沢勲編『アジアの交差点——在日外国人と日本社会』社会評論社、一九九五年。

（22）筑波大学社会学研究室、一九九六年、前掲書、四五九～四七九頁。

（23）同上書、四五九～四六八頁。

（24）尾身カディーシャ「そして、この国へ：モロッコから来た花嫁：小指と小指が赤い糸で結ばれてたのね」江崎泰子・森口秀志編『「在日」外国人——三五カ国一〇〇人が語る「日本と私」』晶文社、一九八八年、四〇四～四〇九頁。

（25）関啓子・内藤正典・筒井晶子・石井貴子・柳井隆史「ムスリムから見た日本——日本教育の異文化共存体制について考える」内藤正典編『もうひとつのヨーロッパ——多文化共生の舞台』古今書院、一九九六年、一〇二～一一四頁。

（26）小村不二男、前掲書、一九八八年、三〇二～三〇三頁。

（27）サルワ・サラマ（Salwa Salamah）校長とのインタビュー（一九九七年一二月六日）、以下の記述も同様。

（28）同上、たとえば教科書などの「アッラーの神」という誤った同義反復表現が指摘されていた。

（29）Koentarso, Ny Poedji, 1992, *Sekolah Republik Indonesia Tokyo.* pp. 1-3: Data Sekolah dan Morid Sekolah RI Tokyo Triwolan IV/96-97, 1997.

（30）東京インドネシア学校事務官へのインタビュー（一九九七年八月一八日）。

（31）Koentarso, 1992, *op. cit.*, p. 4.

（32）笹田茂『シンガポール日本人学校校長奮戦記』平凡社、一九九一年、一二三頁。

（33）Pembagian Tugas Mengajar Tahun Pelajaran 1996-1997, Sekolah Republik Indonesia.（内部書類）。

（34）中矢礼美「インドネシアにおける『地域科』に関する研究——国民文化と民族文化の調整を中心に」『比較教育学研究』第二一号、東信堂、一九九五年、七三～七六頁。

（35）イスラーム科目担当ムナサー（Munasir）教諭、マナ・スペナウィジャヤ（Mana Supenawijaya）校長とのインタビュー（一九九七年八月一八日）。

（36）Koentarso, 1992, *op. cit.*, pp. 7-9.

六章　公立小学校における外国語教育――日本的教育課題の解決に向けて

1　公立小学校での外国語教育と多文化教育の接点

いじめ、不登校、凶悪犯罪の低年齢化など、日本の子どもたちの間で静かに広がりつつあるさまざまな変化には、いくつかの共通点がみられる。一つには現代の子どもが学校や社会で他者と共生するためのコミュニケーションがとれず苦しんでいるということ。もう一つには、学校や社会で子ども一人ひとりの個性を表出する場所がないということである。彼らは、肉親を含めた自分以外の人との距離をうまくとれずいじめられたり、いじめたり、あるいは自分という人間が押さえ込まれたような疎外感を味わって不登校になったり、反社会的行動に出たりする。公教育は、社会の維持・発展を担う国民を育成することがその大きな役割であり、前述のような問題に根本的に対処していく必要がある。そのためにはどのような教育実践が有効と考えられるだろうか。

子ども一人ひとりは個性をもつ存在であり、それが違いとして認識される。異なっていることをよしとして互いのコミュニケーションのなかから共通点や相違点をみつけ共生していく、そのための包括的な教育実践。この考え方は、過去三〇年近くにわたって試行錯誤がくりかえされてきたアメリカの多文化教育やヨーロッパの異文化間教育につながるものがあるだろう。多文化教育や異文化間教育は、元来、母語や宗教など基本的な生活文化が異なる子どもが、ある社会で共生していけるよう、さまざまな配慮がなされた教育政策やその実践をいう。このような教育は、大多数の者が日本語を話し、無宗教で、マスメディアや流通の発達によって地方と都会との生活水準差がほとんどなくなっている日本社会、暗黙のうちに同質性を認めようとしている日本社会における教育とは一見関係がないように思われる。ところが近年、海外からの帰国子女や日系移民の増加、在日外国人のアイデンティティの問題などとかかわって、ようやく多文化教育と接点をもつような教育実践がとりあげられるようになった。また、いわゆる国際化の流れのなかで、国際理解教育と称される教育実践が試みられてきた。さらに一九九六年には、中央教育審議会で小学校からの外国語教育について提言が行われた。安直かもしれないが、言語や文化が異なることが一目瞭然である外国の人とのコミュニケーションを考慮した教育から、日本人同士のコミュニケーション欠如の問題になんらかの示唆を与えられないかと私は考えた(1)。日本人同士のコミュニケーションも、自分とは異なる考えや家庭背景をもつ他者とのコミュニケーションであり、根底には同じものが存在すると考えられるからである。そこで、この章では、日本の小学校における外国語教育の考え方と実践を、他者との共生をめざしてよりよいコミュニケーションを身につける、という観点から分析し、今後の方向性を考察したい。それに先だって、次節で外国語教育をめぐる諸外国の状況を概観する。

2　外国語教育をめぐる世界的動向(2)

世界における多言語的状況

一つの国で一つの言語が採用され、日常生活でもほぼ一言語しか耳にすることがない、日本では当たり前のこの状況は世界的にみるときわめて異例のことである。たとえば移民の国として成立したアメリカでは、国家統合の象徴として、また社会生活の基盤として英語が唯一の国家言語として採用されてきたが、都市部や移民の多い地域での多言語状態は一般的であり、最近ではバイリンガル教育も注目を浴びるようになってきた。西ヨーロッパ諸国でも、原則的に一国家一言語を採用しているが、実社会における状況は、歴史的にみても、最近の移民の流入によっても多言語状態である。また、EUとのかかわりで、EU域内の言語の獲得が重視され、貿易力の強化のための域外の外国語教育にも力を入れるよう変化してきている(3)。

一方、東欧やアジア、アフリカ諸国に目を向けると一国内に多民族が混在し、多言語使用が際立っていることが多い。そのために、インドのように公用語であるヒンディ語、英語とそれぞれの州内での主流言語の三言語を学校で教授する、あるいはシンガポールのように国内に居住するどの民族からも等位置にある英語とそれぞれの民族語で教授することによって国内の統合と各民族間のコミュニケーションをとれるように政策的な配慮をしている国が多いのが実情である。

各国における英語教育の果たす役割

世界各国の状況は基本的に多言語状態であり、そのなかでそれぞれの国が統合していくため、あるいは国際的に孤立しないために、一方では一言語のみ、他方では二言語以上を用いていることは前項でみたとおりである。

前者は、アメリカやイギリスなど、国の公用語である英語が、世界規模でも通用するため外国語の重要性が認識されてこなかった国があげられる。これらの国では、外国語教育が重視されることはこれまでなかった。しかし、イギリスではEUとの関係で、仏語、独語などの外国語教育の見直しが進められ、アメリカではスペイン語人口の増大とマイノリティ言語を資源として活用することの意義が認められて、バイリンガル教育に注目が集まるなど、英語以外の言語教育が近年重視されるようになっている。

後者は、西欧の他の国ぐにやアジア諸国のように国語以外に外国語を学校教育でとりいれている国がほとんどである。西欧諸国での外国語の意義が国際経済上の便宜やEU域内の円滑なコミュニケーション、文化の多様性の保持といった点に見出されるのに対して、アジア諸国では旧宗主国との関係が国際社会での便宜とあいまって英語や仏語が重視されるという点が異なる。さらに、外国語、とくに英語をよりよく駆使できるものが社会経済的に高い位置につくという権力とも結びついて外国語教育が重視されるようになった。

このように、外国語教育重視の傾向は世界的な流れであるが、その理由として各国に共通するのは(1)政治や経済の国際的なつながりが拡大されるなかで、そこで通用する言語を獲得しなければならない、(2)そのような言語を個々人が獲得することで、その人の社会経済的地位や文化的な豊かさを高める、というものである。そして、外国語教育のなかでとくにとりあげられることが多いのが英語である。

たとえばヨーロッパのなかで最も英語が通用するオランダでは二〇年近くの準備期間を経て一九八六年から小学校で英語教育を導入したが、コミュニケーションを重視した、比較的短時間で簡単な英語教育が効果をあげている。(4)オランダを含め北欧諸国などヨーロッパの小国では昔から近隣諸国との交流によって、また最近ではマスメディアによっても日常的に外国語に触れる機会が多い。ヨーロッパ全体の共通文化や文字をもつのでアジア諸国に比べれば近隣の外国語の習得が容易であると考えられる。一方、シンガポール、マレーシアやフィリピンなど旧宗主国とのかかわりで英語と密接なつながりのあるアジアの国ぐにでも、中流以上の人びとの英語によるコミュニケーション能力はかなり高い。これらの国ぐにでは植民地以来の英語に対する反発感をかかえながらも、国際語として通用することの認識と英語習得と権力とが結びつくという認識から人びとの英語学習への動機づけが高い。(5) 一国内に多民族をかかえる多くのアジアの国ぐにでは英語を国民統合のための言語とみなして初等学校段階から導入しているところも多い。これらの国で一般に普及してきた英語は、シンガポール英語である「シングリッシュ」などにみられるように、発音・文法的に標準英語と異なる英語体系をもつものが多い。これは、これらの国の言語文化を反映したものだと考えられている。(6)

以上みてきたように、英米文化に親しんでいるいないにかかわらず、いや逆に、英語に対してある種のマイナスの感情をもっていたとしても、世界的に英語を媒体としたコミュニケーションの重要性は十分認識されており、それぞれの国の事情を反映した英語教育にもとづき、独自の英語を普及させてきたと考えられる。このような英語は、いわゆる英語帝国主義と批判されるものではなくて、国や文化圏を越えた「多文化英語」と位置づけられる。というのは、多文化英語はさまざまな国の人びとがお互いの意思の伝達をはかるために用いる、英語使用国への言語的文化的同化を必ずしも要求しない英語を指すからである。(7) 話者はたんに、自らを表現するための一助として英語を用いるにすぎないのである。

それでは、日本でもこれと同じような位置づけを英語に与えているのだろうか。日本では、この節のはじめに述べたように日常生活で外国語を使う必要はほとんどないにもかかわらず、国際語としての英語は十分認識されているし、重要視されている。乳幼児期からの英語教室や民間の英会話学校の興隆はそれを反映したものであろう。しかし「多文化英語」のように、英語をコミュニケーションの一手段にすぎないととらえるような認識が一般になされているといえるだろうか。次節では、まず、日本における小学校英語教育の考え方を、文部省の答申や研究協力校での取り組み方から検討する。続いて、京都市のフロンティア・キッズ事業とその実践例を多文化英語の観点から分析して、今後の小学校英語教育の可能性と方向性を検討したい。

3 日本における外国語教育の考え方

日本の文部省が、戦後はじめて小学校段階の外国語教育にかかわったのは、一九九二年に大阪市内の二つの公立小学校が、外国語教育に関する文部省の研究開発校に指定されたときであった。翌九三年、外国語教育の改善に関する調査研究協力者会議が文部省に提出した答申のなかで、外国語学習の開始年齢について、児童は外国語習得に適していると認めたが、同時に小学校時点での外国語教育の実施は実践的研究をもっと積み上げてからが望ましいと時期尚早の言及がなされた。教育の国際化、および中等教育以降の外国語教育の改善については、以前から指摘されていたにもかかわらず、それは既存の枠組みを修正するものにとどまっており、この時点でも事態は変化していないといえる。この三年後の一九九六年の中央教育審議会（以下、中教審）第一次答申においてようやく次のような言及がなされ、各都道府県に一校が研究開発校として指定されるに至った。(8)

小学校における外国語教育については、教科として一律に実施する方法は採らないが、国際理解教育の一環として「総合的な学習の時間」を活用したり、特別活動の時間において学校や地域の実態などに応じて、子どもたちに外国語、例えば英会話などに触れる機会や外国の生活・文化などに慣れ親しむ機会を持たせることができるようにすることが適当であると考えた。

小学校段階から外国語教育を教科として一律に実施することについては、外国語の発音を身につける点において、また、中学校以後の外国語教育の効果を高める点になどにおいてメリットがあるものの、……外国語教育については中学校以降の改善で対応することが大切であると考えた……。

この文脈からうかがえるのは、外国語教育の比重はやはり中等教育以降に大きくかけられるべきであり、初等教育については、文部省として積極的に教科やカリキュラムの開発に乗り出す可能性が少ないということである。期待されているのは、発音を身につけることといった程度である。また、国際理解教育の一環として各学校独自の裁量にまかせるということは、文部省自体なんらかの方向性をもっているとはいい難い。さらに、外国語を「例えば英会話」と言及している点については、この答申の前段部分で、欧米諸国に目を向けがちだった反省を述べた部分があり、そのためにこの答申の準備段階では「とりわけ」となっていた表現が緩和されたという指摘がある。これまでの日本における英語教育の普及度を考え、また、政治・産業・科学技術あらゆる分野における世界規模での英語の普及や「多文化英語」という視点で考えれば、もっと英会話を前面に出した言及ができたはずである。しかし、この答申では英語は英米文化圏を反映したものという狭いとらえ方に留まっているためにこのような表現になったと考えられる。

このように中教審の答申をみるかぎりでは、過去数年にわたって、小学校の外国語教育の実施に関する考え方にそれほど変化があったとは考えられない。しかし、一九九二年から文部省の指定を受けて実験的に英語教育を導入している大阪市立味原小学校と真田山小学校においては、その目的を発信型人間の育成とし、英語教育を通して積極的にコミュニケーションできる子どもを育てることに重点を置いているところが、中教審答申にはみられない独自の視点であり興味深い。また、国語科と連携しながら、日本各地に伝えられる祭りや夜店について調べ、外国の人に紹介するという試みや学校内の場所探しを体験しながら学習するという試みが成果をあげているようである。(9)

このようにみてみると、文部省の英会話に関する考え方は従来の発音重視、英米文化志向の域を出ず、また、小学校における英語教育への期待も薄いことから、文部省主導で全国の学校に英語教育が効率的に普及することは当面考えられない。一方、首都圏で行った児童の保護者への意識調査や東海地区で行った公立小学校教員への意識調査をみても、児童をとりまく大人たちの、小学校における英語教育に期待するものは文部省のそれとかわりはない(10)。すなわち、英語のリズム感や発音習得、英語圏の文化に触れさせたいという点が期待するものの上位にあがっているので、日本全国の多くの小学校で独自に英語教育が展開されたとしても、それを通して、他者とのコミュニケーションを円滑に進めることができる子どもの育成という観点でなされることもあまり期待できない。したがって、大阪での研究開発指定校の試みのように、教員の考え方と取り組み姿勢が、英語学習を通しての人間形成を期待したものとなっているか、あるいはたんなる英語習得に固執するかによって、日本の小学校における英語教育の方向性は大きく異なってくることが予想される。さらに、そのことから各地域あるいは各都道府県によって中等教育以降の英語教育にも習熟度にばらつきが出てくることが考えられる。

4　京都市における小学校英語教育の展開と今後の課題

この節では、京都市で一九九七年度からはじめられた「きょうと英語フロンティア・キッズ」事業の取り組みの概要を述べ、この事業の対象校の一つとして英語教育にとりくんでいる京都市立二条城北小学校の実践状況について概観したうえで、小学校における英語教育の今後の可能性について考えることとする。

はじめに、なぜ京都市のこの取り組みをとりあげたか、簡単に述べる。京都市では中教審の答申とはかかわりなく、また文部省の研究開発指定を受ける学校もない状態で、独自に一九九四年度から小学校における英語教育について研究を進めてきた。過去三年間にわたって、次に述べる京都市立二条城北小学校（当時は京都市立出水小学校）で試験的に英語教育を導入し、その成果にもとづいて一九九七年度から各地区内でいくつかの学校を選択し、全市レベルでの導入に踏み切った。したがって、予算も含め、文部省からのさまざまな補助や協力を受けることなしに進めてきたという点で、今後日本の各都市で進められていく可能性がある小学校の英語教育の一モデルをみることができるのではないかと考えたからである。

「きょうと英語フロンティア・キッズ」事業(11)

この事業は、京都市教育委員会の主導のもと、一九九七年度から三カ年計画で京都市の全小学校になんらかの形で英語教育を導入しようというものである。以下に、その主旨と実施方法について述べる。

(1) **趣　旨**——国際化が著しく進展するなかで、子どもたちが諸外国の人びとのなかで活躍していく素地を培うことが重視されている。このため、小学校において世界共通語ともいえる英語に慣れ親しむ機会を設ける。

(2) **ねらい**——(a)知識理解よりも実践的な能力の育成（英語の発音や会話のリズムに慣れ親しむことを主眼とする）、(b)国際理解教育の一環としての教育活動（世界共通語といえる英語に触れることを通して児童が外国の生活・文化に慣れ親しむ機会とする）、(c)学校全体への広がりを視野に入れた取り組み（実施方法は各学校にゆだねるがとくに低学年からの導入）、(d)教科学習の記録としての観点別評価や評定は行わない。

(3) **実施方法**——(a)希望者を対象にした特別活動（クラブ活動）や課外活動での指導、(b)学級を単位とした朝の会、終わりの会などでの指導とともに、全校児童を対象にした児童集会での英語の歌の合唱や劇の上演など、各校の実態に応じた取り組みを実施する。

(4) **指導者**——実施校の教員に加え、ネイティブ・スピーカーや海外在住経験者など英会話能力に優れた地域の方などに指導助手としての協力を得る。

(5) **経　費**——実施校の計画書にもとづき、予算の範囲内で委託料を配分する（九七年度の予算経費は全一〇五校で一九五六万円、その大部分が指導助手に支払う人件費）。

その他、留意点として、(1)指導助手とは活動の前に打ち合わせをし、相互理解に努めること、(2)世界地図や外国の風物のポスター、逆に日本文化や伝統の掲示などの環境づくりに配慮すること、(3)視聴覚教材やソフトを有効に活用すること、(4)身体を通して英語の音とリズムを感じとらせること、などが明記されている。

以上のような概要からいえるこの事業の方向性は次のようである。（少なくとも現時点で）実施方法が各学校の（担当教員の）裁量に任せられていること、必ずしも全校レベルで実施するわけではないこと、児童が楽しみながら英会話に親しむこと、といった諸点から、この事業は中学校からはじまる英語教育との連携をめざすものではなく、また、必ずしも一定レベルの英会話力の習得をめざすものでもない、たんに英会話に対する肯定的な態度を養うということが目的だと指摘できる。実施方法が各校の裁量に任せられているということは、現時点で暗中模索状態であり、各学校の方法や成果の報告をもとに今後ある一定の方針が打ち出されることが期待される。そうでなければ、担当教員や指導助手の考え方や方法による成果のばらつきが大きく出ると考えられるからである。また、指導助手の条件となっている「英会話能力に優れた地域の方」という表現も、何をもって「優れた」というのか曖昧でわかりにくい。さらに、国際理解教育の一環、実践的な能力の育成、子どもたちが諸外国の人びとのなかで活躍していくための素地を培う、という言葉から期待される成果と実際にこの概要から受けとれるメッセージ、すなわち英会話に対して肯定的な態度を養うというメッセージとのギャップも大きい。これらのことから、「きょうと英語フロンティア・キッズ」事業は、概要をみるかぎりではその期待できる成果は曖昧で、今後三年間の各学校の実践状況をもとになんらかの方向性が確定していくことが期待される。
では、次にこの事業の一環として活動を実施している小学校の一例をみることによって、実際にこの事業がどのように受けとめられ、展開されているのかをみていくことにする。

京都市立二条城北小学校における実践報告(12)

京都市立二条城北小学校は、京都市内の中心部からやや北西よりにある中規模の学校（一学年二クラス、児童数四六九名）である。市内中心部の児童数減少により、一九九七年度までの待賢小学校と出水小学校とが統廃合してできた新しい学校である。児童のうち半数くらいは昔からの京都の伝統産業従事者の家庭出身である。この学校での英会話学習は二つに分類される。一つは中学年（三年・四年）を対象に、学年ごとの合同クラス（七〇～八〇人）で週一回放課後の三〇分をあてるというもの、もう一つは高学年（五年・六年）対象で、前年度英会話学習した者のうち、興味をもった児童に対してクラブ活動として行う、というものである。ここでは、前者について、授業がはじまってしばらくたった頃と二学期の終わり頃との二回の授業観察を比較し、この授業を展開している教師と外国人指導助手の観点やその他の教師の観点をふまえながら、小学校における英語教育の今後のあり方について考察する。

(1) 授業実施日――毎週金曜の放課後　一四時四〇分～一五時一〇分（三〇分）
(2) 対　象――第三学年二クラス　計七六名
(3) 形　態――ピアノとスクリーンのある広い作業室に集まって、授業を受ける。原則としてテーブルは使わない。
(4) 教　員――各クラスの担任二名、英語担当のティームティーチング（以下TTと略記）教員一名、外国人指導助手二名（アメリカ出身男性一名、日系女性一名、二人とも語学教育に関しては素人）計五名

(5) 内　容――relax, review, new, activity for fix, notice の四つの部分から授業を構成（原則）、また文字（アルファベット）も原則として用いないで、耳で言葉を聞き分けることを中心とする。

授業の実際については、一九九七年六月二七日㈮と一二月四日㈮の事例を表1と表2に示した。

問題点と今後の課題(13)

表1と表2に示した実践報告は、すでに過去二年間研究にとりくんできた担当教員がTT教員として在籍する小学校で、断続的な二回をとりあげることによって逆に時期による変化を比較することができた点で興味深いものとなった。しかし継続的な調査ではない点、他の実施校との比較ができなかった点については今後の課題としたい。

さて、京都市の事業の大きな目的であり、また、このTT教員の目的でもある、「英語に対して楽しみながら、肯定的な態度を養う」という点については、二回目の授業における児童の態度変化でも明らかなようにほぼ達成できていたと考えられる。また、指導助手の一人が日系人であったことにより、「英語を話す人といえば欧米系外国人」というステレオタイプをなくすために効果があったと思われる。しかし、他者と積極的にコミュニケーションをとろうとする人間の育成という視点ではどうであろうか。児童の態度変化は、英語の授業形態や指導助手の雰囲気に慣れたことへの証明にはなっても、新しい状況、見知らぬ人に対する積極性を示すものとはいえない。また、二回目の授業の review に関するコメントに述べたように、児童が教員の期待する答えとは違う形式や内容で答えた場合に、それをすぐに修正することは、児童の発話への意欲をそぐのではないかと懸念される。さらに、担任が他教科の授業と同じように「静かに聞く、行儀よく聞く」ということに注意を向けるならば、やはり児童の発話しようという気持ちをつみとることになるのではないかとも考えられた。

京都市教育委員会でも引き続き行われている研究では、自然な場面における自然な言語習得こそがコミュニケー

表１　1997年６月27日㈮の授業

授業スケジュール

14：40　あいさつ……Hello, How are you? I'm fine, thank you.
（教員１人ひとりと児童全員とが交互に呼びかけ，はじめのうちは指導助手のいうことをオウム返しにしていたがそのうちきちんと応答するようになった）

14：45　ビデオ　英語の歌
（NHK教育で放送している英語番組のなかで歌われている，朝・昼・夜のあいさつが入っているものをみながら，一斉に歌う）

14：50　New words …… read, play, eat, drink, sing
（１人の指導助手がそれぞれ動作をあらわす大きめの絵カードをみせて，もう１人がその動作をしながら発音する．補助教材として，水の入ったペットボトル，おにぎりの形をしたおもちゃ，本などが用いられ，何の動作をしているのかよりわかりやすくしようとしていた）
New phrase …… What are you doing? I'm ～ing.
（１人が What are you doing? と質問し，もう１人が動作をしながら I'm ～ing. と答える．クラス全員に絵カードをみせながら質問し，児童に教員とともに答えさせる．それぞれの担任やTTも補助教材をもって動作をしながら答える）

15：00　Fix activity ……ゲーム①
（２クラスに分かれ，それぞれの児童１人ひとりに動作を書いた絵カードのコピーを渡し，はじめにあてた子どもには教員から，その後の子はあてた子が指名して，What are you doing? と尋ね，あてられた子が I'm～ing. と答える，をくりかえす）

15：05　ゲーム②
（１クラスを半分に分け，円をつくって座り，ハンカチ落としの要領でゲームをする．オニになった児童は，たとえば１人ひとりの児童の後ろで reading, reading,……といいながら歩き，次にオニにしようとする児童の後ろで eating と単語を変える．それに気づいた児童がはじめの子を追いかけるというものである）

15：10　終わりのあいさつ…… Good bye everyone. See you next week.

指導方法および授業内容に関するコメント

・外国人指導助手とTT教員とは各授業の前に打ち合わせをすることになっている．ただし，日系女性はかなり好意的に早めにきて，教材も自分なりに考えたものを用意してくるが，男性の方ははじまる５分前くらいにきて，今日の授業の主旨を聞き，終わるとすぐ帰るのが普通である．また，この回の授業内容について指導助手とTT教員との間で次のようなやりとりがあった．TT教員は，児童にリズムによってフレーズを覚えさせたかった．(例) What | are you | doing?（♩ | ♪♪ | ♩）
そこで授業中に，手拍子をとるなどこのリズムをとりいれたいと尋ねた．これに対して，指導助手は「なぜリズムにこだわるのか？　質問する側は必ず一定のリズムをもって話しかけてくるとは限らない」と反論した．
・ビデオをみながらの歌について――歌詞をしっかりとわかって歌っているかどうかは疑問だが，歌には集中し声もよく出ていた．
・上記ゲーム②を提案したのは，指導助手の男性である．不特定多数の子どもをあてることができるし，あたった子は単語をくりかえしいうことで覚えることができるし，座っている子は単語が変化したことに気づくことができるからよいのではないかというのが意図であった．しかし残念ながら，少数の子どもを除いて声が小さく，彼らの発音が聞こえにくかったこと，単語が変化したことを座っている子が気づくというよりも，オニである児童が急に走り出すことによってわかる，といった具合で，指導助手の意図がこのゲームで定着できているとは思えなかった．
・子どもによっては英会話を習っている子どももいるらしいので，単語を知っている児童とそうでない児童のばらつきがある．
・英語そのものよりも動作やゲームに集中してしまう感がある．
・指導助手に対して名前でなく「英語の兄ちゃん」と話しかける児童がいる一方，授業の前後では子どもは一緒になって遊んでいる．
・せっかく子どもがある程度リラックスして授業を受けているのに，担任がいつもの授業のように行儀や整列をうるさく注意することに抵抗があった．

表 2　1997年12月 4 日㈮の授業

授業スケジュール	
14：40	歌　Old MacDonald had a farm（日本語では「一郎さんの牧場で」） （担任教員のピアノ伴奏にあわせ，2クラス合同で歌う．歌のなかで出てくるそれぞれの動物と鳴き真似のところではTT教員が動物の写真カードをみせて確認している）
14：45	あいさつ…… Good afternoon. How are you? I'm ～. (Good afternoon everyone － Good afternoon Peter と応答. How are you? 児童一斉にぐちゃぐちゃと答える．教員から手招きを受けて児童から How are you, Peter? How are you, Miyako? などと教員へ聞き返す．教員がそれに対して，I'm fine. I'm tired. I'm happy. などと答える）
14：48	Review …… What's this ?　It's a ～. (動物の写真カードをみながら，指導助手が質問し児童に答えさせる．次に，TTや担任の教員を指して，What's this? と質問し，児童に答えさせる）
14：53	New phrase…… What are you?　I am a ～. （まず，指導助手１人が動物の写真カードをもち，もう１人が尋ねると，I am a monkey. というように答える．次に児童を１人ずつ前に出して写真カードをもたせて，残りの児童全員に What are you? と尋ねさせる．すると前に出た児童が自分の写真にあわせて，I am a duck. などと答える）
14：58	Fix activity ……ゲーム （児童１人ずつがバラバラの写真カードのコピーを渡される．カードの種類は Lion, Cow, Pig, Duck, Dog, Cat, Monkey, Chicken の７種類である．児童がお互いに What are you? と聞きあって同じグループを捜すというものである．同じグループができると，教員が１つひとつのグループに What are you? と尋ね，グループごとに答えるということで今日の phrase の定着をはかっていた）
15：05	歌　Old MacDonald had a farm　もう１度 （先ほどのゲームで分かれたグループごとに自分の動物とその鳴き真似がでてくる順番のときに立って歌う）
15：10	終わりのあいさつ…… Good bye everyone. See you next year.

指導方法および授業内容に関するコメント

- はじめのあいさつおよび New phrase――１学期のときの授業と比較すると児童の声出しも大きく，集中度がかなり高まったことがわかる．前に出た児童も格段に大きな声でいうようになり，積極的に前に出たいという児童も増えた．
- review のときの，児童と指導助手のやりとりについて――問いかけである What's this? に対して，まず児童は一斉に１単語で Cat! と答えた．ところが，指導助手が It's a cat. といいなおしていたのが印象に残った．なぜ１語の応答ではいけないのだろう．次に，TT教員を指した呼びかけのときも，児童は元気よく It's Miyako.（←この教員の名前は美也子である）と答えたのに対し，指導助手は No. It's a teacher. といいなおしていた．そこで児童は同じように It's a teacher. と反復していたのだが，児童の応答をもっと肯定的に受けとめることができないのだろうかという疑問が残った．後で，指導助手に聞くと正しい英語で答えさせることが大切だといっていたが，なお疑問が残った．
- 最後のゲームのとき，私も児童のなかに混じって，何人かに What are you? と尋ねてみた．きちんと答える子もいたなかで，やはり，１語で答える子も多く，また，dog と duck の発音を聞きとれず間違っている子もいた．さらに，私に chicken て鳥肉でしょ？　と聞く子もいて，たしかに日本では鳥そのもののイメージよりもスーパーやファストフード店で売っている鳥肉（とその加工食品）を指すと思い知らされた．

ション能力を伸ばすのであり、つくられた場面における言語学習では困難であるという指摘がある。[14] 外国語の自然な言語習得には段階があって、何か返事を返すときにはまず言語外の、つまり動作や表情による応答にはじまり、一単語による応答、二〜三語による応答へと段階が高まっていく。続いてようやくフレーズや文による応答の段階になるのだが、これに従えば、この授業を受けている児童の段階はまだはじめの方の段階に達したばかりなのではないだろうか。今後、この研究の成果を受けて、二条城北小学校での英会話授業にフィードバックされ、指導方法や状況設定が変えられていくことが期待される。また、前述の研究では、中教審の答申とは違い、英語を外国語としてとりあげるのに妥当な言語であるとの見解を示し、多文化英語に通じる「日本人英語」を身につけるように将来性を模索したいとも言及している。さらに、京都市の他教科の試みとして、他者の感じたことを自分も知ることによって他者に共感したり、反発したりするという授業展開による国際理解教育も考えられている。[15] これらが総合的にかかわって、子どもたちのコミュニケーション能力が変化していくことを期待して、今後も継続的に京都市の取り組みについて調査を行っていく予定である。

5 時代に対応した新しい公教育を

日本は、明治維新以降西欧をモデルとした学校体系をつくり、とくに第二次大戦後はアメリカの単線型モデルで公教育制度を整備してきた。元来アメリカの公教育は、共通の歴史的伝統をもたない人びとを、学校という共通の体験を経ることを通してアメリカ国民にすることを目的としていた。その際、機会均等と能力主義のメカニズムがとりいれられたのである。しかし、アメリカに比べればはるかに似通った言語、文化を共有している人びとの国である日本で、階層格差が少なくなり、機会均等が平等主義にすりかえられ、能力主義が学歴主義にすりかえられた結果、公教育は人間が本来もっている「違い」を押しつぶす一助となってしまったのではないか。

人間のつくったものには必ず寿命がある。戦後日本で整備されてきた公教育は、一応の成果をあげた後、いまその寿命がきていると考えられる。今後発展していくであろう日本の公立小学校における外国語教育が、国際理解という冠をつけた一科目にとどまることなく、他者と適切なコミュニケーションがとれる人格を形成するための根幹をなす科目として重視され、その他の教科科目も、専門分化したそれぞれの枠のなかで知識を伝達するのではなく、互いに連携しながら全体として児童にかかわっていくことが期待される。そのようにカリキュラムや試験のあり方を根本的に変えていくことで、時代に対応した新しい公教育がスタートするのではないだろうか。

注

（1）倉地曉美「コミュニケーション能力」『教職研修』一〇月増刊号、教育開発研究所、一九九六年、六二～六六頁　田中共子「異文化間コミュニケーションと対人評価」江淵一公編『異文化間教育研究入門』玉川大学出版部、一九九七年、一一六頁などを参照。

（2）J. Cummins, 1992. “Multilingual Education.” In *International Encyclopedia of Linguistics*. Oxford: Oxford University Press, pp. 178-182; B. B. Kachru, 1992. “Multilingualism and Multiculturalism.” *ibid.*, pp. 182-185 などを参照。

（3）V. Els, T. J. M. and V. Hest, E. W. C. M., 1990.“Foreign Language Teaching Policies and European Unity: The Dutch National Action Programme.” *Language, Culture and Curriculum*. vol. 3, No. 3, pp. 199-210; H. B. Beardsmore, 1993. “European Models of Bilingual Education: Practice, Theory and Development.” *Journal of Multilingual and Multicultural Development*. vol. 14 No. 1-2, pp. 103-119 などを参照。

（4）松香洋子「オランダの小学校の英語教育」樋口忠彦他編『小学校からの外国語教育』研究社出版、一九九七年、八二～八七頁。

（5）M. L. Tickoo, 1996. “English in Asian Bilingual Education: Hatred to Harmony.” *Journal of Multilingual and*

Multicultural Development, vol. 17, No. 2-4, pp. 225-237.

(6) 本名信行「外国語教育と異文化間教育」江淵一公編、前掲書、一〇一～一〇五頁。

(7) 中山行弘「ボーダーレス時代の外国語の役割――多文化英語のすすめ」樋口忠彦他編、前掲書、三五～四一頁。

(8) 後藤典彦「小学校外国語教育への気運――経緯と展望」同上書、二～一六頁などを参照。

(9) 野上三枝子「公立小学校における国際理解教育・外国語教育の試み」同上書、一二八～一三二頁、西中隆・大阪市立真田山小学校編『公立小学校における国際理解・英語学習』も参照。

(10) 北村豊太郎「アンケートに見る賛否」樋口忠彦他編、前掲書、二四～二七頁。

(11) 「きょうと英語フロンティア・キッズ」事業概要のリーフレットおよび担当者と筆者との面談による。

(12) 筆者の三回の学校訪問のうちの二回について、授業の参観および教員への面談をもとに再現されたものである。

(13) 黒田美也子「小学校における英会話学習の試み」『平成六年度京都市立永松記念教育センター研究報告』、一九九五年、黒田美也子「小学校における英会話学習の試み二」『平成七年度京都市立永松記念教育センター研究報告』、一九九六年なども参照。

(14) 中村節男「自発的な発話を目指した小学校英語カリキュラムの作成」『平成八年度京都市立永松記念教育センター研究報告』、一九九七年、一～六頁。

(15) ある図形をみて、何にみえるか。人によって異なっていることや同じ図形が何通りにもみえることを確認したり、小説などを読んだ感想文を生徒間で回して、感想に対する感想を書き、またそれをもとの生徒にもどすことによって自分の感情を他者がどのように思っているかを認識させるというような試み。北村淳「『国際理解教育』を効果的に進める教育プログラムの開発に向けて」同上報告を参照。

執筆者一覧（五十音順、＊は編者）

天野　正治	聖徳大学人文学部教授・筑波大学名誉教授	Ⅰ—五
池田　賢一	中央学院大学商学部講師	Ⅰ—六
馬越　　徹	名古屋大学教育学部教授	Ⅰ—八
＊江原　武一	京都大学大学院教育学研究科教授	はじめに、Ⅰ—一
太田　晴雄	帝塚山大学人文科学部教授	Ⅱ—四
小口　　功	近畿大学豊岡短期大学助教授	Ⅰ—四
神島　直子	日本学術振興会特別研究員・青山学院大学非常勤講師	Ⅱ—三
小林　順子	清泉女子大学文学部教授	Ⅰ—三
笹森　　健	青山学院大学文学部教授	Ⅱ—二
佐藤　実芳	愛知淑徳大学文学部助教授	Ⅰ—四
杉本　　均	京都大学大学院教育学研究科助教授	Ⅱ—五
田中圭治郎	佛教大学教育学部教授	Ⅰ—二
松浦　真理	京都大学研修員・京都精華大学非常勤講師	Ⅱ—六
見世千賀子	東京学芸大学海外子女教育センター講師	Ⅰ—七
宮本健太郎	トロント大学大学院博士課程	Ⅱ—一

〔マ　行〕

〔ヤ　行〕

〔ラ　行〕

〔ワ　行〕

〔ナ　行〕

〔ハ　行〕

〔サ　行〕

〔タ　行〕

〔カ　行〕

索　引

□**編著者**

江原　武一（Ehara Takekazu）
京都大学大学院教育学研究科教授
1941年生まれ．東京大学教育学部卒業．同大学大学院博士課程単位修得．教育学博士．東京大学教育学部助手，奈良教育大学教育学部助教授を経て，現職．
専攻：比較教育学・教育社会学
著書：『現代高等教育の構造』（東京大学出版会，1984年），『国際化社会の教育課題』（共編著・行路社，1987年），『現代アメリカの大学』（玉川大学出版部，1994年），『大学のアメリカ・モデル』（玉川大学出版部，1994年），『自己意識とキャリア形成』（共編著・学文社，1996年），『大学教授職の国際比較』（共編著・玉川大学出版部，1996年）．
訳書：『リースマン　高等教育論』（共訳・玉川大学出版部，1986年）．

多文化教育の国際比較——エスニシティへの教育の対応

2000年2月25日　第1刷

編著者　江　原　武　一
発行者　小　原　芳　明
発行所　玉川大学出版部

〒194-8610　東京都町田市玉川学園6-1-1
TEL　042-739-8935　FAX　042-739-8940
http://www.tamagawa.ac.jp/sisetu/up
振替　00180-7-26665

NDC 373　　印刷・製本　誠和印刷

ISBN4-472-40091-X C3037

現代アメリカの大学
ポスト大衆化をめざして

江原武一

カーネギー高等教育調査のデータ分析に基づいて現代アメリカ大学の動向を総合的にとらえ、多様化と序列化のゆくえを展望する。

Ａ５・４８００円

大学のアメリカ・モデル
アメリカの経験と日本

江原武一

ポスト大衆化を迎えたアメリカの大学はどのような問題に直面しどう変わったのか。変革期にある日本の新しい大学像をいかに構築するかを探る。

Ｂ６・２８００円

大学教授職の国際比較

有本章・江原武一編著

世界の大学教員の現状を一四カ国・一地域を対象とした世界最初の大規模な国際調査を元に分析。日本の大学教授職の特徴と課題を明らかにする。

Ａ５・４０００円

アジアの大学
従属から自立へ

Ｐ・Ｇ・アルトバック他編
馬越徹・大塚豊監訳

アジアの大学はどのようにして興りどこへ向おうとしているのか。欧米との知のネットワークにいかに調和させ自立への道を開いていくかを分析。

Ａ５・７０００円

比較高等教育論
「知」の世界システムと大学

Ｐ・Ｇ・アルトバック
馬越徹監訳

知識・情報の世界システムとして大学がアメリカを中心に形成されている現状を「知」のネットワークのファクターの観点から解明する高等教育論。

Ａ５・４８００円

アメリカの学生と海外留学

Ｂ・Ｂ・バーン
井上雍雄訳

海外留学による学士教育の国際化を推進するアメリカ8大学の取り組みを、大学・教員・学生ごとに実施した調査をもとに提示する。

Ａ５・３８００円

表示価格に消費税が加算されます

玉川大学出版部